隋書

四部備要

史部

中華書局據武英殿本校刊

桐鄉 陸費逵 總勘
杭縣 高時顯 吳汝霖 輯校
杭縣 丁輔之 監造

隋書卷三十三

唐太尉揚州都督監修國史上柱國趙國公臣長孫無忌等撰

志第二十八

經籍二 史

史記一百三十卷（目錄一卷漢中書令司馬遷撰）史記八十卷（宋南中郎外兵參軍裴駰注）史記音義十二卷（宋中散大夫徐野民撰）史記音三卷（梁輕車錄事參軍鄒誕生撰）古史考二十五卷（晉義陽亭侯譙周撰）漢書一百一十五卷（漢護軍班固撰太山太守應劭集解）漢書集解音義二十四卷（應劭撰）漢書音訓一卷（服虔撰）漢書音義七卷（韋昭撰）漢書音二卷（梁尋陽太守劉顯撰）漢書音二卷（夏侯詠撰）漢書音義十二卷（國子博士蕭該撰）漢書音十二卷（廢太子勇命包愷等撰）漢書集注十三卷（晉灼撰）漢書注一卷（齊金紫光祿大夫陸澄撰）漢書續訓三卷（梁平北諮議參軍韋稜撰）漢書訓纂三十卷（陳吏部尚書姚察撰）漢書集解一卷（姚察撰）論前漢事一卷（蜀丞相諸葛亮撰）漢書駁議二卷（晉安北將軍劉寶撰）定漢書疑二卷（姚察撰）漢書敘傳五卷（項岱撰）漢疏四卷（梁有漢書孟康音九卷劉孝標注漢書一百四十卷陸澄注漢書一百二卷梁元帝注漢書一百一十五卷並亡）東觀漢記一百四十三卷（起光武記注至靈帝長水校尉劉珍等撰）後漢

書一百三十卷無帝紀吳武陵太守謝承撰後漢記六十五卷本一百卷梁有今殘缺晉散騎常侍薛瑩撰續漢
書八十三卷晉祕書監司馬彪撰後漢書十七卷本九十七卷今殘缺晉少府卿華嶠撰後漢書八十五卷
本一百二十二卷晉祠部郎謝沈撰後漢南記四十五卷本五十五卷今殘缺晉江州從事張瑩撰後漢書九十五卷
本一百卷晉祕書監袁山松撰後漢書九十七卷宋太子詹事范曄撰後漢書一百二十五卷范曄本梁剡令劉昭
注後漢書音一卷後魏太常劉芳撰范漢音訓三卷陳宗道先生臧競撰范漢音三卷蕭該撰後漢
書讚論四卷范曄撰漢書纘十八卷范曄撰梁有蕭子顯後漢書一百卷王韶後漢林二百卷韋闡後漢音二卷亡魏書
四十八卷晉司空王沈撰吳書二十五卷韋昭撰本五十五卷梁有今殘缺吳紀九卷晉太學博士環濟撰晉有張勃
吳錄三十卷亡三國志六十五卷敘錄一卷晉太子中庶子陳壽撰宋太中大夫裴松之注魏志音義一卷盧宗道撰論
三國志九卷何常侍撰三國評志三卷徐爰撰梁有三國志序評三卷晉著作佐郎王濤撰亡晉書八十六卷
本九十三卷今殘缺晉著作郎王隱撰晉書二十六卷本四十四卷訖明帝今殘缺晉散騎常侍虞預撰晉書十卷未成本十
四卷今殘缺晉中書郎朱鳳撰訖元帝晉中興書七十八卷起東晉宋湘東太守何法盛撰晉書三十六卷宋臨川內
史謝靈運撰晉書一百一十卷齊徐州主簿臧榮緒撰晉書十一卷本一百二卷梁有今殘缺蕭子雲撰晉史草
三十卷梁蕭子顯撰梁有鄭忠晉書七卷沈約晉書一百一十一卷庾銑東晉新書七卷亡宋書六十五卷宋中散大夫徐爰撰宋

書六十五卷齊冠軍錄事參軍孫嚴撰 宋書一百卷梁尚書僕射沈約撰梁有宋文明中所撰宋書六十一卷亡 齊書六十卷梁吏部尚書蕭子顯撰 齊紀十卷劉陟撰 齊紀二十卷沈約撰梁有江淹齊史十三卷亡 梁書四十九卷梁中書郎謝吳撰本一百卷 梁史五十三卷陳領軍大著作郎許亨撰 梁書帝紀七卷姚察撰 通史四百八十卷梁武帝撰起三皇訖梁 後魏書一百三十卷後齊僕射魏收撰 後魏書一百卷著作郎魏彥深撰

陳書四十二卷訖宣帝陳吏部尚書陸瓊撰 周史十八卷未成吏部尚書牛弘撰

右六十七部三千八十三卷通計亡書合八十部四千三十卷

古者天子諸侯必有國史以紀言行後世多務其道彌繁夏殷以上左史記言右史記事周則太史小史內史外史御史分掌其事而諸侯之國亦置史官又春秋國語引周志鄭書之說推尋事迹似當時記事各有職司後又合而撰之總成書記其後陵夷衰亂史官放絶秦滅先王之典遺制莫存至漢武帝時始置太史公命司馬談爲之以掌其職時天下計書皆先上太史副上丞相遺文古事靡不畢臻談乃據左氏國語世本戰國策楚漢春秋接其後事成一家之言談卒其子遷又爲太史令嗣成其志上自黃帝訖于炎漢合十二本紀十表

八書三十世家七十列傳謂之史記遷卒以後好事者亦頗著述然多鄙淺不足相繼至後漢扶風班彪綴後傳數十篇并譏正前失彪卒明帝命其子固續成其志以爲唐虞三代世有典籍史遷所記乃以漢氏繼於百王之末非其義也故斷自高祖終於孝平王莽之誅爲十二紀八表十志六十九傳潛心積思二十餘年建初中始奏表及紀傳其十志竟不能就固卒後始命曹大家續成之先是明帝召固爲蘭臺令史與諸先輩陳宗尹敏孟冀等共成光武本紀擢固爲郎典校祕書固撰後漢事作列傳載記二十八篇其後劉珍劉毅劉陶伏無忌等相次著述東觀謂之漢記及三國鼎峙魏氏及吳並有史官晉時巴西陳壽刪集三國之事唯魏帝爲紀其功臣及吳蜀之主並皆爲傳仍各依其國部類相從謂之三國志壽卒後梁州大中正范頵表奏其事帝詔河南尹洛陽令就壽家寫之自是世有著述皆擬班馬以爲正史作者尤廣一代之史至數十家唯史記漢書師法相傳並有解釋三國志及范曄後漢雖有音注既近世之作並讀之可知梁時明漢書有劉顯韋稜陳時有姚察隋代有包愷蕭該並

爲名家史記傳者甚微今依其世代聚而編之以備正史

紀年十二卷 汲冢書并竹書同異一卷
漢紀三十卷 魏秘書監荀悅撰
後漢紀三十卷 袁彥伯撰
後漢紀三十卷 張璠撰
獻帝春秋十卷 袁曄撰
魏氏春秋二十卷 孫盛撰
魏紀十二卷 左將軍陰澹撰
漢魏春秋九卷 孔舒元撰
晉紀四卷 陸機撰
晉紀二十三卷 干寶撰訖愍帝
晉紀十卷 晉前軍諮議曹嘉之撰
漢晉陽秋四十七卷 訖愍帝晉滎陽太守習鑿齒撰
晉紀十一卷 訖明帝晉荊州別駕鄧粲撰
晉陽秋三十二卷 訖哀帝孫盛撰
晉紀二十三卷 宋中散大夫劉謙之撰
晉紀十卷 宋吳興太守王韶之撰
晉紀四十五卷 宋中散大夫徐廣撰
續晉陽秋二十卷 宋永嘉太守檀道鸞撰
續晉紀五卷 宋新興太守郭季產撰
宋略二十卷 梁通直郎裴子野撰
宋春秋二十卷 梁吳興令王琰撰
齊春秋三十卷 梁奉朝請吳均撰
齊典五卷 王逸撰
齊典十卷
三十國春秋三十一卷 梁湘東世子蕭萬等撰
戰國春秋二十卷 李槩撰
梁典三十卷 劉璠撰
梁典三十卷 陳始興王諮議何之元撰
梁撮要三十卷 陳征南諮議陰僧仁撰
梁後略十卷 姚勗撰
梁太清紀十卷 梁長沙蕃王蕭韶撰
淮海亂離志四卷 蕭世怡撰敘梁末侯景之亂
齊紀三十卷 紀後齊事崔子發撰
齊志十卷 後齊事王劭撰

右三十四部六百六十六卷

自史官放絕作者相承皆以班馬爲準起漢獻帝雅好典籍以班固漢書文繁難省命潁川荀悅作春秋左傳之體爲漢紀三十篇言約而事詳辯論多美大行於世至晉太康元年汲郡人發魏襄王冢得古竹簡書字皆科斗發冢者不以爲意往往散亂帝命中書監荀勗令和嶠撰次爲十五部八十七卷多雜碎怪妄不可訓知唯周易紀年最爲分了其周易上下篇與今正同紀年皆用夏正建寅之月爲歲首起自夏殷周三代王事無諸侯國別唯特記晉國起自殤叔次文侯昭侯以至曲沃莊伯盡晉國滅獨記魏事下至魏哀王謂之今王蓋魏國之史記也其著書皆編年相次文意大似春秋經諸所記事多與春秋左氏扶同學者因之以爲春秋則古史記之正法有所著述多依春秋之體今依其世代編而敘之以見作者之別謂之古史

周書十卷（汲冢書似仲尼刪書之餘） 古文瑣語四卷（汲冢書） 春秋前傳十卷（何承天撰） 春秋前雜傳九卷（何承天撰） 春秋後傳三十一卷（晉著作郎樂資撰） 戰國策三十二卷（劉向錄） 戰國策二十一卷（高誘撰注） 戰國策論一卷（漢京兆尹延篤撰） 楚漢春秋九卷（陸賈撰） 古今注八卷（伏無忌撰） 越

絕記十六卷子貢撰 吳越春秋十二卷趙曄撰 吳越春秋削繁五卷楊方撰 吳越春秋十卷皇甫遵撰 吳越記六卷○南越志八卷沈氏撰 小史八卷○漢靈獻二帝紀三卷漢侍中劉芳撰殘缺梁有六卷 山陽公載記十卷樂資撰 漢末英雄記八卷王粲撰殘缺梁有十卷 九州春秋十卷司馬彪撰記漢末事 魏武本紀四卷梁并曆五卷 魏尚書八卷孔衍撰梁十卷成 魏晉世語十卷晉襄陽令郭頒撰 魏末傳二卷梁又有魏末傳并魏氏大事六卷亡 呂布本事一卷毛范撰 晉諸公讚二十一卷晉秘書監傅暢撰 晉後略記五卷晉下邳太守荀綽撰 晉書鈔三十卷梁豫章內史張緬撰 晉書鴻烈六卷張氏撰 宋中興伐逆事二卷○宋拾遺十卷梁少府卿謝綽撰 左史六卷李槩撰 魏國統二十卷梁祚撰 梁帝紀七卷○梁太清錄八卷○梁承聖中興略十卷劉仲威撰 梁末代紀一卷○梁皇帝實錄三卷周興嗣撰記武帝事 梁皇帝實錄五卷梁中書郎謝吳撰記元帝事 棲鳳春秋五卷臧嚴撰 陳王業曆一卷陳中書郎趙齊旦撰 史要十卷漢桂陽太守衛颯撰約史記要言以類相從 典略八十九卷魏郎中魚豢撰 史漢要集二卷晉祠部郎王蔑撰抄史記入春秋者不錄 三史略二十九卷吳太子太傅張溫撰 史記正傳九卷張瑩撰 後漢略二十五卷張緬撰 漢皇德紀三十卷漢有道徵士侯瑾撰起光武至沖帝 洞紀四卷韋昭撰記庖犧已來至漢建安二十七年 續洞紀一卷臧榮緒撰 帝王世紀

十卷皇甫謐撰起三皇盡漢魏 帝王世紀音四卷虞綽撰 帝王本紀十卷來奧撰 續帝王世紀十
卷何茂材撰 十五代略一卷吉文甫撰起庖犧至晉 帝王要略十二卷環濟撰紀帝王天官地理喪服 及周載
八卷東晉臨賀太守孟儀撰略記前代下至秦本三十卷今亡 漢書鈔三十卷晉散騎常侍葛洪撰 拾遺錄二卷僞秦姚萇
方士王子年撰 王子年拾遺記十卷蕭綺撰 華夷帝王世紀三十卷楊曄撰 正史削繁九十
四卷阮孝緒撰 童悟十二卷○帝王世錄一卷甄鸞撰 先聖本紀十卷劉縚撰 年曆帝紀
三十卷姚恭撰 帝王諸侯世略十一卷○王霸記三卷潘傑撰 歷代記三十二卷○
隋書六十卷未成秘書監王劭撰
右七十二部九百一十七卷通計亡書七十三部九百三十九卷
自秦撥去古文篇籍遺散漢初得戰國策蓋戰國遊士記其策謀其後陸賈作楚漢春秋以述誅鋤秦項之事又有越絕相承以爲子貢所作後漢趙曄又爲吳越春秋其屬辭比事皆不與春秋史記漢書相似蓋率爾而作非史策之正也靈獻之世天下大亂史官失其常守博達之士愍其廢絕各記聞見以備遺亡是後羣才景慕作者甚衆又自後漢已來學者多鈔撮舊史自爲一書或起

自人皇或斷之近代亦各其志而體制不經又有委巷之說迂怪妄誕真虛莫測然其大抵皆帝王之事通人君子必博采廣覽以酌其要故備而存之謂之雜史

趙書十卷一曰二石集記石勒事偽燕太傅長史田融撰 二石傳二卷晉北中郎參軍王度撰 二石偽治時事二卷王度撰 漢之書十卷常璩撰 華陽國志十二卷常璩撰梁有蜀平記十卷蜀漢偽官故事一卷亡 燕書二十卷記慕容儁事偽燕尚書范亨撰 南燕錄五卷記慕容德事偽燕尚書郎張詮撰 南燕錄六卷記慕容德事偽燕中書郎王景暉撰 南燕書七卷遊覽先生撰 燕志十卷記馮跋事魏侍中高閭撰 秦書八卷何仲熙撰記苻健事 秦記十一卷宋殿中將軍裴景仁撰梁雍州主簿席惠明注 秦紀十卷記姚萇事魏左民尚書姚和都撰 涼記八卷記張軌事偽燕右僕射張諮撰 ○涼書十卷記張軌事偽涼大將軍從事中郎劉景撰 西河記二卷記張重華事晉侍御史喻歸撰 涼記十卷記呂光事偽涼著作佐郎段龜龍撰 涼書十卷高道讓撰 涼書十卷沮渠國史 托跋涼錄十卷 ○敦煌實錄十卷劉景撰 十六國春秋一百卷魏崔鴻撰 纂錄一十卷 ○戰國春秋二十卷李槩撰 漢趙記十卷和苞撰 吐谷渾記二卷宋新亭侯段國撰梁有翟遼書二卷諸國略紀二卷永嘉後纂年記二卷段業傳一卷亡 天啓紀十卷記梁元帝子諝據湘州事

右二十七部三百三十五卷（通計亡書合三十三部三百四十六卷）

傳曰不有君子其能國乎自晉永嘉之亂皇綱失馭九州君長據有中原者甚衆或推奉正朔或假名竊號然其君臣忠義之節經國字民之務蓋亦勤矣而當時臣子亦各記錄後魏克平諸國據有嵩華始命司徒崔浩博采舊聞綴述國史諸國記注盡集祕閣爾朱之亂竝皆散亡今舉其見在謂之霸史

穆天子傳六卷（汲冢書郭璞注）　漢獻帝起居注五卷○晉泰始起居注二十卷（李軌撰）　晉咸寧起居注十卷（李軌撰）　晉泰康起居注二十一卷（李軌撰）　晉元康起居注一卷（梁有永平元康永寧起居注六卷又有惠帝起居注二卷永嘉建興起居注十三卷亡）　晉建武大興永昌起居注九卷（梁有二十卷）　晉元康起居注一卷○晉咸和起居注十六卷（李軌撰）　晉咸康起居注二十二卷○晉建元起居注四卷○晉永和起居注十七卷（梁有二十四卷）　晉升平起居注十卷○晉隆和與寧起居注五卷○晉咸安起居注三卷○晉泰和起居注六卷（梁十卷）　晉寧康起居注六卷○晉泰元起居注二十五卷（梁五十四卷）　晉隆安起居注十卷○晉元興起居注九卷○晉義熙起居注十七卷（梁三十四卷）　晉元熙起居注

二卷　晉起居注三百一十七卷宋北徐州主簿劉道會撰梁有三百二十二卷流別起居注三十七

卷梁有晉宋起居注鈔五十一卷晉宋先朝起居注二十卷亡　宋永初起居注十卷○宋景平起居注三卷

○宋元嘉起居注五十五卷梁六十卷宋孝建起居注十二卷○宋大明起居注十

五卷梁三十四卷又有景和起居注四卷明帝在藩注三卷亡宋泰始起居注十九卷梁二十三卷　宋泰豫起居

注四卷梁有宋成徽起居注二十卷昇明起居注六卷亡　齊永明起居注二十五卷梁有三十四卷又有建元起居注十

二卷隆昌延興建武起居注四卷中興起居注四卷亡　梁大同起居注十卷○後魏起居注三百三十六

卷○陳永定起居注八卷○陳天嘉起居注二十三卷○陳天康光大起居注

十卷○陳太建起居注五十六卷○陳至德起居注四卷○後周太祖號令三

卷○隋開皇起居注六十卷○南燕起居注一卷

右四十四部一千一百八十九卷

起居注者錄紀人君言行動止之事春秋傳曰君舉必書書而不法後嗣何觀周官內史掌王之命遂書其副而藏之是其職也漢武帝有禁中起居注後漢明德馬后撰明帝起居注然則漢時起居似在宮中爲女史之職然皆零落不

可復知今之存者有漢獻帝及晉代已來起居注皆近侍之臣所錄晉時又得汲冢書有穆天子傳體制與今起居正同蓋周時內史所記王命之副也近代已來別有其職事在百官志今依其先後編而次之其僞國起居唯南燕一卷不可別出附之於此

漢武帝故事二卷○西京雜記二卷○漢魏吳蜀舊事八卷○晉朝雜事二卷○晉宋舊事一百三十五卷○晉要事三卷○晉故事四十三卷○晉建武故事一卷○晉咸和咸康故事四卷（晉孔愉撰）晉修復山陵故事五卷（車灌撰）交州雜事九卷（記士燮及陶璜事）晉八王故事十卷○晉四王起事四卷（晉廷尉盧綝撰）大司馬陶公故事三卷○郗大尉爲尚書令故事三卷○桓玄僞事三卷○晉東宮舊事十卷○秦漢已來舊事十卷○尚書大事二十卷（范汪撰）沔南故事三卷（應思遠撰）天正舊事三卷（釋亡名撰）皇儲故事二卷○梁舊事三十卷（內史侍郎蕭大環撰）東宮典記七十卷（左庶子宇文愷撰）開業平陳記二十卷

右二十五部四百四卷

古者朝廷之政發號施令百司奉之藏于官府各修其職守而弗忘春秋傳曰吾視諸故府則其事也周官御史掌治朝之法太史掌萬民之約契與質劑以逆邦國之治然則百司庶府各藏其事太史之職又總而掌之漢時蕭何定律令張蒼制章程叔孫通定儀法條流派別制度漸廣晉初甲令已下至九百餘卷晉武帝命車騎將軍賈充博引羣儒刪采其要增律十篇其餘不足經遠者爲法令施行制度者爲令品式章程者爲故事各還其官府搢紳之士撰而錄之遂成篇卷然亦隨代遺失今據其見存謂之舊事篇

漢官解詁三篇漢新汲令王隆撰胡廣注　漢官五卷應劭注　漢官儀十卷應劭撰　漢官典職儀式選用二卷漢衞尉蔡質撰梁有荀攸魏官儀一卷韋昭官儀職訓一卷亡　晉公卿禮秩故事九卷傅暢撰　晉新定儀注十四卷梁有徐宣瑜晉官品一卷荀綽百官表注十六卷干寶司徒儀一卷宋職官記九卷晉百官儀服錄五卷大興二年定官品事五卷百官品九卷亡　百官階次一卷○齊職儀五十卷齊長水校尉王珪之撰梁有王珪之齊儀四十九卷亡　齊職儀五卷○梁選簿三卷徐勉撰　梁勳選格一卷○職官要錄三十卷陶藻撰　梁官品格一卷○百官階次三卷○新定將軍名一卷○吏部用人格一卷○官族傳十

四卷何晏撰 百官春秋五十卷王秀道撰 百官春秋二十卷○魏晉百官名五卷○晉百官名三十卷○晉官屬名四卷○陳百官簿狀二卷○陳將軍簿一卷○新定官品二十卷梁沈約撰 梁尚書職制儀注四十一卷○職令古今百官注十卷郭演撰

右二十七部三百三十六卷通計亡書合三十六部四百三十三卷

古之仕者名書於所臣之策各有分職以相統治周官冢宰掌建邦之六典而御史數凡從正者然則冢宰總六卿之屬以治其政御史掌其在位名數先後之次焉今漢書百官表列衆職之事記在位之次蓋亦古之制也漢末王隆應劭等以百官表不具乃作漢官解詁漢官儀等書是後相因正史表志無復百僚在官之名矣搢紳之徒或取官曹名品之書撰而錄之別行於世宋齊已後其書益繁而篇卷零疊易為亡散又多瑣細不足可紀故刪其見存可觀者編為職官篇

漢舊儀四卷衛敬仲撰梁有衛敬仲漢中興儀一卷亡 晉新定儀注四十卷晉安成太守傅瑗撰 晉雜儀注十

一卷○晉尚書儀十卷○甲辰儀五卷江左撰封禪儀六卷○宋儀注十卷○宋
儀注二十卷○宋尚書雜注十八卷本二十卷宋東宮儀記二十三卷宋新安太守張鏡撰徐
爰家儀一卷○東宮新記二十卷蕭子雲撰梁吉禮儀注十卷明山賓撰梁賓禮儀注九
卷賀瑒撰案梁明山賓撰吉儀注二百六卷錄六卷嚴植之撰凶儀注四百七十九卷錄四十五卷陸璉撰軍儀注一百九十卷錄二卷司馬褧撰嘉儀注
一百一十二卷錄三卷並亡存者唯士吉及賓合十九卷皇典二十卷梁豫章太守丘仲孚撰雜凶禮四十二卷○政
禮十卷何胤撰梁有何胤士喪儀注九卷亡雜儀注一百八十卷○陳尚書雜儀注五百五十卷
○陳吉禮一百七十一卷○陳賓禮六十五卷○陳軍禮六卷○陳嘉禮一百
二卷○後魏儀注五十卷○後齊儀注二百九十卷○雜嘉禮三十八卷○國
親皇太子序親簿一卷○隋朝儀禮一百卷牛弘撰大漢輿服志一卷魏博士董巴撰魏
晉謚議十三卷何晏撰汝南君諱議二卷○決疑要注一卷摯虞撰車服雜注一卷
徐廣撰禮儀制度十三卷王逡之撰古今輿服雜事二十卷梁周遷撰晉鹵簿圖一卷○鹵
簿儀二卷○陳鹵簿圖一卷○齊鹵簿儀一卷○諸衞左右廂旗圖樣十五卷
○內外書儀四卷謝元撰書儀二卷蔡超撰書筆儀二十一卷謝朏撰宋長沙檀太妃

薨弔答書十二卷〇弔答儀十卷王儉撰　書儀十卷王弘撰　皇室儀十三卷鮑行卿撰　吉書儀二卷王儉撰　書儀疏一卷周捨撰　新儀三十卷鮑泉撰　文儀二卷梁修端撰　趙李家儀十卷錄一卷李穆叔撰　書儀十卷唐瑾撰　言語儀一卷〇嚴植之儀二卷〇邇儀四卷馬樞撰　婦人書儀八卷〇僧家書儀五卷釋曇瑗撰　要典雜事五十卷

右五十九部二千二十九卷通計亡書合六十九部三千九十四卷

儀注之興其所由來久矣自君臣父子六親九族各有上下親疏之別養生送死弔恤賀慶則有進止威儀之數唐虞已上分之爲三在周因而爲五周官宗伯所掌吉凶賓軍嘉以佐王安邦國親萬民而太史執書以協事之類是也是時典章皆具可履而行周衰諸侯削除其籍至秦又焚而去之漢與叔孫通定朝儀武帝時始祀汾陰后土成帝時初定南北之郊節文漸具後漢又使曹褒定漢儀是後相承世有制作然猶以舊章殘缺各遵所見彼此紛爭盈篇滿牘而後世多故事在通變或一時之制非長久之道載筆之士刪其大綱編于史志而或傷於淺近或失於未達不能盡其旨要遺文餘事亦多散亡今聚其見

存以爲儀注篇

律本二十一卷杜預撰漢晉律序注一卷晉僮長張斐撰雜律解二十一卷張斐撰案梁有杜預雜律七卷亡晉宋齊梁律二十卷蔡法度撰梁律二十卷梁義興太守蔡法度撰後魏律二十卷○北齊律十二卷目一卷陳律九卷范泉撰周律二十五卷○周大統式三卷○隋律十二卷○隋大業律十一卷○晉令四十卷○梁令三十卷錄一卷○梁科三十卷○北齊令五十卷○北齊權令二卷○陳令三十卷范泉撰陳科三十卷范泉撰隋開皇令三十卷目一卷隋大業令三十卷○漢朝議駮三十卷應劭撰案梁建武律令故事一卷應劭律略論五卷亡晉雜議十卷○晉彈事十卷○南臺奏事二十二卷○漢名臣奏事三十卷○魏主奏事十卷○魏名臣奏事四十卷目一卷陳壽撰魏臺雜訪議三卷高堂隆撰魏廷尉決事十卷○晉駮事四卷○晉雜制六十卷○晉刺史六條制一卷○齊五服制一卷○陳新制六十卷

右三十五部七百一十二卷通計亡書合三十八部七百三十六卷

刑法者先王所以懲罪惡齊不軌者也書述唐虞之世五刑有服而夏后氏正

刑有五科條三千周官司寇掌三典以刑邦國司刑掌五刑之法麗萬民之罪太史又以典法逆于邦國內史執國法以考政事春秋傳曰在九刑不忘然則刑書之作久矣蓋藏于官府懼人之知爭端而輕於犯及其末也肆情越法刑罰僭濫至秦重之以苛虐先王之正刑滅矣漢初蕭何定律九章其後漸更增益令甲已下盈溢架藏晉初賈充杜預刪而定之有律有令有故事梁時又取故事之宜於時者爲梁科後齊武帝時又於麟趾殿刪正刑典謂之麟趾格後周太祖又命蘇綽撰大統式隋則律令格式並行自律已下世有改作事在刑法志漢律久亡故事駮議又多零失今錄其見存可觀者編爲刑法篇

三輔決錄七卷（漢太僕趙岐撰摯虞注）海內先賢傳四卷（魏明帝時撰）四海耆舊傳一卷○海內士品一卷○先賢集三卷○兗州先賢傳一卷○徐州先賢傳一卷○徐州先賢傳贊九卷（劉義慶撰）海岱志二十卷（齊前將軍記室崔慰祖撰）交州先賢傳三卷（晉范瑗撰）益部耆舊傳十四卷（陳長壽撰）續益部耆舊傳二卷○諸國清賢傳一卷○魯國先賢傳二卷（晉大司農白褒撰）楚國先賢傳贊十二卷（晉張方撰）汝南先賢傳五卷（魏周斐撰）陳留耆舊

傳二卷漢議郎圈稱撰陳留耆舊傳一卷魏散騎侍郎蘇林撰陳留先賢像贊一卷陳英宗撰陳留志
十五卷東晉剡令江敞撰濟北先賢傳一卷○廬江七賢傳二卷○東萊耆舊傳一卷
王基撰襄陽耆舊記五卷習鑿齒撰會稽先賢傳七卷謝承撰會稽後賢傳記二卷鍾離岫撰
會稽典錄二十四卷虞豫撰會稽先賢像贊五卷○漢世要記一卷○吳先賢傳
四卷吳左丞相陸凱撰東陽朝堂像讚一卷晉南平太守留叔先撰豫章烈士傳三卷徐整撰豫章
舊志三卷晉會稽太守熊默撰豫章舊志後撰一卷熊欣撰零陵先賢傳一卷○長沙舊傳
讚三卷晉臨川王郎中劉彧撰桂陽先賢書贊一卷吳左中郎張勝撰武昌先賢志二卷宋天門太守郭
緣生撰蜀文翁學堂像題記二卷○聖賢高士傳贊三卷嵇康撰周續之注高士傳六卷
皇甫謐撰逸士傳一卷皇甫謐撰逸民傳七卷張顯撰高士傳二卷虞槃佐撰至人高士傳讚二
卷晉廷尉卿孫綽撰○高隱傳十卷阮孝緒撰高隱傳十卷○高僧傳六卷虞孝敬撰止足傳十
卷○續高士傳七卷周弘讓撰孝子傳讚三卷王韶之撰孝子傳十五卷晉輔國將軍蕭廣濟撰孝
子傳十卷宋員外郎鄭緝之撰孝子傳八卷師覺授撰孝子傳二十卷宋躬撰孝子傳略二卷○
孝德傳三十卷梁元帝撰孝友傳八卷○曾參傳一卷○忠臣傳三十卷梁元帝撰顯忠

錄二十卷梁元帝撰 丹陽尹傳十卷梁元帝撰 英蕃可錄二卷張萬賢撰武侯新注 邵高才不遇傳

四卷後齊劉晝撰 良吏傳十卷鍾岏撰 海內名士傳一卷〇正始名士傳三卷袁敬仲撰 江

左名士傳一卷劉義慶撰 竹林七賢論二卷晉太子中庶子戴逵撰 七賢傳五卷孟氏撰 文士傳

五十卷張隱撰 列士傳二卷劉向撰 陰德傳二卷宋光祿大夫范晏撰 悼善傳十一卷〇雜傳

三十六卷任昉撰本一百四十七卷亡 東方朔傳八卷〇毌丘儉記三卷〇管輅傳三卷管辰

撰 雜傳四十卷賀蹤撰本七十卷亡 雜傳十九卷陸澄撰 雜卷十一卷〇玄晏春秋三卷皇甫

謐撰 孔子弟子先儒傳十卷〇李氏家傳一卷〇桓任家傳一卷〇王朗王肅家

傳一卷〇太原王氏家傳二十三卷〇褚氏家傳一卷褚覬等撰 薛常侍家傳一卷

〇江氏家傳七卷江祚等撰 庾氏家傳一卷庾斐撰 裴氏家傳四卷裴松之撰 虞氏家記五

卷虞覽撰 曹氏家傳一卷曹毗撰 范氏家傳一卷范汪撰 紀氏家紀一卷紀友撰 韋氏家

傳一卷〇何顒使君家傳一卷〇明氏家訓一卷偽燕衛尉明岌撰 明氏世錄六卷梁信

武記室明粲撰 陸史十五卷〇王氏江左世家傳二十卷王褒撰 孔氏家傳五卷〇崔氏

五門家傳二卷崔氏撰 暨氏家傳一卷〇周齊王家傳一卷姚氏撰 尒朱家傳二卷

王氏撰 周氏家傳一卷○令狐氏家傳一卷○新舊傳四卷○漢南家傳三卷○何氏家傳三卷○童子傳二卷王瑱之撰 幼童傳十卷劉昭撰 訪來傳十卷來奥撰 懷舊志九卷梁元帝撰 知己傳一卷盧思道撰 全德志一卷梁元帝撰 同姓名錄一卷梁元帝撰 列女傳十五卷劉向撰曹大家注 列女傳七卷趙母注 列女傳八卷高氏撰 列女傳頌一卷劉歆撰 列女傳頌一卷曹植撰 列女傳讚一卷繆襲撰 列女後傳十卷項原撰 列女傳六卷皇甫謐撰 列女傳七卷綦毋邃撰 列女傳要錄三卷○女記十卷杜預撰 美婦人傳六卷○妬記二卷虞通之撰 道人善道開傳一卷康泓撰 名僧傳三十卷釋寶唱撰 高僧傳十四卷釋僧祐撰 江東名德傳三卷釋法進撰 法師傳十卷王巾撰 衆僧傳二十卷裴子野撰 薩婆多部傳五卷釋僧祐撰 梁故草堂法師傳一卷○尼傳二卷皎法師撰 法顯傳二卷○法顯行傳一卷○梁武皇帝大捨三卷嚴屬撰 列仙傳讚三卷劉向撰鬷續孫綽讚 列仙傳讚二卷劉向撰晉郭元祖讚 列仙傳十卷葛洪撰 說仙傳一卷朱思祖撰 養性傳二卷○漢武內傳三卷○太元真人東鄉司命茅君內傳一卷弟子李遵撰 清虛真人王君內傳一卷弟子華存撰 清虛真人裴君內傳一卷○正一真人三天法師張君內傳一卷○太極左仙公

葛君內傳一卷○仙人馬君陰君內傳一卷○仙人許遠遊傳一卷○靈人辛
玄子自序一卷○劉君內記一卷王珍撰陸先生傳一卷孔稚珪撰列仙讚序一卷郭元
祖撰集仙傳十卷○洞仙傳十卷○王喬傳一卷○關令內傳一卷鬼谷先生撰南嶽
夫人內傳一卷○蘇君記一卷周季通撰嵩高寇天師傳一卷○華陽子自序一卷
○太上真人內記一卷李氏撰道學傳二十卷○宣驗記三十卷劉義慶撰應驗記一
卷宋光祿大夫傅亮撰冥祥記十卷王琰撰列異傳三卷魏文帝撰感應傳八卷王延秀撰古異傳三
卷宋永嘉太守袁王壽撰甄異傳三卷晉西戎主簿戴祚撰述異記十卷祖沖之撰異苑十卷宋給事劉敬叔撰
續異苑十卷○搜神記三十卷干寶撰搜神後記十卷陶潛撰靈鬼志三卷荀氏撰志
怪二卷祖台之撰志怪四卷孔氏撰神錄五卷劉之遴撰齊諧記七卷宋散騎侍郎東陽元疑撰續齊諧
記一卷吳均撰幽明錄二十卷劉義慶撰補續冥祥記一卷王曼穎撰漢武洞冥記一卷郭氏
撰嘉瑞記三卷陸瓊撰祥瑞記三卷○符瑞記十卷許善心撰靈異錄十卷○靈異記
十卷○研神記十卷蕭繹撰旌異記十五卷侯君素撰近異錄二卷劉質撰鬼神列傳一
卷謝氏撰志怪記三卷殖氏撰舍利感應記三卷王劭撰真應記十卷○周氏冥通記

一卷〇集靈記二十卷顏之推撰寃魏志三卷顏之推撰

右二百一十七部一千二百八十六卷通計亡書合二百一十九部一千五百三卷

古之史官必廣其所記非獨人君之舉周官外史掌四方之志則諸侯史記兼而有之春秋傳曰虢仲虢叔王季之穆勳在王室藏於盟府臧紇之叛季孫命太史召掌惡臣而盟之周官司寇凡大盟約涖其盟書登于天府太史內史司會六官皆受其貳而藏之是則王者誅賞具錄其事昭告神明百官史臣皆藏其書故自公卿諸侯至于羣士善惡之迹畢集史職而又閭胥之政凡聚衆庶書其敬敏任卹者族師每月書其孝悌睦婣有學者黨正歲書其德行道藝者而入之於鄉大夫鄉大夫三年大比考其德行道藝舉其賢者能者而獻其書王再拜受之登于天府內史貳之是以窮居側陋之士言行必達皆有史傳自史官曠絕其道廢壞漢初始有丹書之約白馬之盟武帝從董仲舒之言始舉賢良文學天下計書先上太史善惡之事靡不畢集司馬遷班固撰而成之股肱輔弼之臣扶義俶儻之士皆有記錄而操行高潔不涉於世者史記獨傳夷

齊漢書但述楊王孫之儔其餘皆略而不記又漢時阮倉作列仙圖劉向典校經籍始作列仙列士列女之傳皆因其志尚率爾而作不在正史後漢光武始詔南陽撰作風俗故沛三輔有耆舊節士之序魯廬江有名德先賢之讚郡國之書由是而作魏文帝又作列異以序鬼物奇怪之事嵇康作高士傳以敘聖賢之風因其事類相繼而作者甚衆名目轉廣而又雜以虛誕怪妄之說推其本源蓋亦史官之末事也載筆之士刪採其要焉魯沛三輔序贊並亡後之作者亦多零失今取其見存部而類之謂之雜傳

山海經二十三卷（郭璞注） 水經三卷（郭璞注） 黃圖一卷（記三輔宮觀陵廟明堂辟雍郊畤等事） 洛陽記四卷〇洛陽記一卷（陸機撰） 洛陽宮殿簿一卷〇洛陽圖一卷（晉懷州刺史楊佺期撰） 述征記二卷（郭緣生撰） 西征記二卷（戴延之撰） 婁地記一卷（吳顧啓期撰） 風土記三卷（晉平西將軍周處撰） 吳興記三卷（山謙之撰） 吳郡記一卷（顧夷撰） 京口記二卷（宋太常卿劉損撰） 南徐州記二卷（山謙之撰） 會稽土地記一卷（朱育撰） 會稽記一卷（賀循撰） 隋王入沔記六卷（宋侍中沈懷文撰） 荊州記三卷（宋臨川王侍郎盛弘之撰） 神壤記一卷（記滎陽山水黃閔撰） 豫章記一卷（雷次宗撰） 蜀王本記一卷（楊雄

撰　三巴記一卷譙周撰　珠崖傳一卷僞燕聘晉使蓋泓撰　陳留風俗傳三卷圈稱撰　鄴中記二
卷晉國子助教陸翽撰　春秋土地名三卷晉裴秀客京相璠撰　衡山記一卷宋居士撰　遊名山志一卷謝靈
運撰　聖賢冢墓記一卷李彤撰　佛國記一卷沙門釋法顯撰　遊行外國傳一卷沙門釋智猛撰　交州
以南外國傳一卷○十洲記一卷東方朔撰　神異經一卷東方朔撰張華注　異物志一卷後漢
議郎楊孚撰　南州異物志一卷吳丹陽太守萬震撰　蜀志一卷東京武平太守常寬撰　發蒙記一卷束皙撰載
物產之異　地理書一百四十九卷錄一卷陸澄合山海經已來一百六十家以爲此書澄本之外其舊事並多零失見存別部自行者
唯四十二家今列之於上　三輔故事二卷晉世撰　湘州記二卷庾仲雍撰　吳郡記二卷晉本州主簿顧夷撰　日
南傳一卷○江記五卷庾仲雍撰　漢水記五卷庾仲雍撰　居名山志一卷謝靈運撰　西征記一
卷戴祚撰　廬山南陵雲精舍記一卷○永初山川古今記二十卷齊都官尚書劉澄之撰　元
康三年地記六卷○司州記二卷○幷帖省置諸郡舊事一卷○地記二百五
十二卷梁任昉增陸澄之書八十四家以爲此記其所增舊書亦多零失見存別部行者唯十二家今列之於上　山海經圖讚二卷
郭璞注　山海經音二卷○水經四十卷酈善長注　廟記一卷○地理書抄二十卷陸澄撰
地理書抄九卷任昉撰　地理書抄十卷劉黃門撰　洛陽伽藍記五卷後魏楊衒之撰　荆南地志

二卷蕭世誠撰巴蜀記一卷〇交州異物志一卷楊孚撰元康六年戶口簿記三卷〇
元嘉六年地記三卷〇九州郡縣名九卷〇扶南異物志一卷朱應撰臨海水土
物志一卷沈瑩撰益州記三卷李氏撰湘州記一卷郭仲彥撰湘州圖副記一卷〇四海
百川水源記一卷釋道安撰京師寺塔記十卷錄一卷劉璆撰華山精舍記一卷張光祿撰南雍
州記六卷鮑至撰京師寺塔記二卷釋曇景撰張騫出關志一卷〇外國傳五卷釋曇景撰
歷國傳二卷釋法盛撰西京記三卷〇京師錄七卷〇尋江源記一卷〇後園記一
卷〇江表行記一卷〇淮南記一卷〇古來國名二卷〇十三州志十卷闞駰撰
慧生行傳一卷〇宋武北征記一卷戴氏撰林邑國記一卷〇涼州異物志一卷
〇閟象傳二卷闇先生撰司州山川古今記三卷劉澄之撰江圖一卷張氏撰江圖二卷劉氏
撰廣梁南徐州記五卷虞孝敬撰水飾圖二十卷〇甌閩傳一卷〇北荒風俗記二
卷〇諸蕃風俗記二卷〇男女二國傳一卷〇突厥所出風俗事一卷〇古今
地譜二卷〇輿地志三十卷陳顧野王撰序行記十卷姚最撰魏永安記三卷溫子昇撰國
都城記二卷〇周地圖記一百九卷〇冀州圖經一卷〇齊州圖經一卷〇齊

州記四卷李叔布撰幽州圖經一卷○魏聘使行記六卷○聘北道里記三卷江德藻撰李諧行記一卷○聘遊記三卷劉師知撰朝覲記六卷○封君義行記一卷李繪撰輿駕東行記一卷薛泰撰北伐記七卷諸葛穎撰巡撫揚州記七卷諸葛穎撰○大魏諸州記二十一卷○并州入朝道里記一卷蔡允恭撰趙記十卷○代都略記三卷○世界記五卷釋僧祐撰州郡縣簿七卷○大隋翻經婆羅門法師外國傳五卷○隋區宇圖志一百二十九卷○隋西域圖三卷裴矩撰隋諸州圖經集一百卷郎蔚之撰隋諸郡土俗物產一百五十一卷○西域道里記一卷○諸蕃國記十七卷○方物志二十卷許善心撰并州總管內諸州圖一卷

右一百三十九部一千四百三十二卷通計亡書合一百四十部一千四百三十四卷

昔者先王之化民也以五方土地風氣所生剛柔輕重飲食衣服各有其性不可遷變是故疆理天下物其土宜知其利害達其志而通其欲齊其政而修其教故曰廣谷大川異制人居其閒異俗書錄禹別九州定其山川分其圻界條其物產辨其貢賦斯之謂也周則夏官司險掌建九州之圖周知山林川澤之

阻違其道路地官誦訓掌方志以詔觀事以知地俗春官保章以星土辨九州之地所封之域以觀祅祥秋官職方掌天下之圖地辨四夷八蠻九貉五戎六狄之人與其財用九穀六畜之數周知利害辨九州之國使同其貫司徒掌邦之土地之圖與其人民之數以佐王擾邦國周知九州之域廣輪之數辨其山林川澤丘陵墳衍原隰之名物及土會之法然則其事分在衆職而冢宰掌建邦之六典實總其事太史以典逆冢宰之治其書蓋亦總爲史官之職漢初蕭何得秦圖書故知天下要害後又得山海經相傳以爲夏禹所記武帝時計書既上太史郡國地志固亦在焉而史遷所記但述河渠而已其後劉向略言地域丞相張禹使屬朱貢條記風俗班固因之作地理志其州國郡縣山川夷險時俗之異經星之分風氣所生區域之廣戶口之數各有攸敘與古禹貢周官所記相埒是後載筆之士管窺末學不能及遠但記州郡之名而已晉世摯虞依禹貢周官作畿服經其州郡及縣分野封略事業國邑山陵水泉鄉亭城道里土田民物風俗先賢舊好靡不具悉凡一百七十卷今亡而學者因其經歷

並有記載然不能成一家之體齊時陸澄聚一百六十家之說依其前後遠近
編而爲部謂之地理書任昉又增陸澄之書八十四家謂之地記陳時顧野王
抄撰衆家之言作輿地志隋大業中普詔天下諸郡條其風俗物產地圖上于
尚書故隋代有諸郡物產土俗記一百三十一卷區宇圖志一百二十九卷諸
州圖經集一百卷其餘記注甚衆今任陸二家所記之內而又別行者各錄在
其書之上自餘次之於下以備地理之記焉

世本王侯大夫譜二卷○世本二卷劉向撰世本四卷宋衷撰漢氏帝王譜三卷梁有
宋譜四卷劉湛百家譜二卷亡齊帝譜屬十卷○百家集譜十卷王儉撰梁有王逡之續儉百家譜四卷南族譜二卷百家
譜拾遺一卷又有齊梁帝譜四卷梁帝譜十三卷亡百家譜三十卷王僧孺撰百家譜集鈔十五卷王僧孺撰百家
譜二十卷賈執撰百家譜十五卷傅昭撰百家譜世統十卷○百家譜鈔五卷○姓
氏英賢譜一百卷賈執撰案梁有王司空新集諸州譜十一卷又別有諸姓譜一百一十六卷益州譜四十卷關東關北譜三十三卷梁武
帝總責境內十八州譜六百九十卷亡後魏辯宗錄二卷元暉業撰後魏皇帝宗族譜四卷○魏孝文
列姓族牒一卷○後齊宗譜一卷○益州譜三十卷○冀州姓族譜二卷○洪

州諸姓譜九卷○吉州諸姓譜八卷○江州諸姓譜十一卷○諸州雜譜八卷○袁州諸姓譜八卷○揚州譜鈔五卷○京兆韋氏譜二卷○謝氏譜一十卷○楊氏血脉譜二卷○楊氏家譜狀并墓記一卷○楊氏枝分譜一卷○楊氏譜一卷○北地傅氏譜一卷○蘇氏譜一卷○述系傳一卷姚最撰氏族要狀十五卷○姓苑一卷何氏撰復姓苑一卷○齊永元中表簿五卷○竹譜一卷○錢譜一卷顧烜撰錢圖一卷

右四十一部三百六十卷通計亡書合五十三部一千二百八十卷

氏姓之書其所由來遠矣書稱別生分類傳曰天子建德因生以賜姓周家小史定繫世辨昭穆則亦史之職也秦兼天下剗除舊迹公侯子孫失其本繫漢初得世本敘黃帝已來祖世所出而漢又有帝王年譜後漢有鄧氏官譜晉世摯虞作族姓昭穆記十卷齊梁之間其書轉廣後魏遷洛有八氏十姓咸出帝族又有三十六族則諸國之從魏者九十二姓世爲部落大人者並爲河南洛陽人其中國士人則第其門閥有四海大姓郡姓州姓縣姓及周太祖入關諸

姓子孫有功者並令爲其宗長仍撰譜錄紀其所承又以關內諸州爲其本望其郡氏官譜及族姓昭穆記晉亂已亡自餘亦多遺失今錄其見存者以爲譜系篇

七略別錄二十卷劉向撰 七略七卷劉歆撰 晉中經十四卷荀勖撰 晉義熙已來新集目錄三卷○宋元徽元年四部書目錄四卷王儉撰 今書七志七十卷王儉撰 梁天監六年四部書目錄四卷殷鈞撰 梁東宮四部目錄四卷劉遵撰 梁文德殿四部目錄四卷劉孝標撰 七錄十二卷阮孝緒撰 魏闕書目錄一卷○陳祕閣圖書法書目錄一卷○陳天嘉六年壽安殿四部目錄四卷○陳德教殿四部目錄四卷○陳承香殿五經史記目錄二卷○開皇四年四部目錄四卷○開皇八年四部書目錄四卷○香廚四部目錄四卷○隋大業正御書目錄九卷○法書目錄六卷○雜儀注目錄四卷○雜撰文章家集敘十卷荀勖撰 文章志四卷摯虞撰 續文章志二卷傅亮撰 晉江左文章志三卷宋明帝撰 宋世文章志二卷沈約撰 書品二卷○名手畫錄一卷○正流論一卷

右三十部二百一十四卷

古者史官既司典籍蓋有目錄以爲綱紀體制湮滅不可復知孔子刪書別爲之序各陳作者所由韓毛二詩亦皆相類漢時劉向別錄劉歆七略剖析條流各有其部推尋事迹疑則古之制也自是之後不能辨其流別但記書名而已博覽之士疾其渾漫故王儉作七志阮孝緒作七錄並皆別行大體雖準向歆而遠不逮矣其先代目錄亦多散亡今總其見存編爲簿錄篇

凡史之所記八百一十七部一萬三千二百六十四卷通計亡書合八百七十四部一萬六千五百五十八卷

夫史官者必求博聞強識疏通知遠之士使居其位百官衆職咸所貳焉是故前言往行無不識也天文地理無不察也人事之紀無不達也內掌八柄以詔王治外執六典以逆官政書美以彰善記惡以垂戒範圍神化昭明令德窮聖人之至賾詳一代之亹亹自史官廢絕久矣漢氏頗循其舊班馬因之魏晉已來其道逾替南董之位以祿貴遊政駿之司罕因才授故梁世諺曰上車不落

則著作體中何如則祕書於是尸素之儔盱衡延閣之上立言之士揮翰蓬茨之下一代之記至數十家傳說不同聞見舛駁理失中庸辭乖體要致令允恭之德有闕於典墳忠肅之才不傳於簡策斯所以爲蔽也班固以史記附春秋今開其事類凡三十種別爲史部

隋書卷三十三

隋書卷三十三考證

經籍志二漢皇德紀三十卷注漢有道徵士侯瑾撰○監本瑾訛謹按後漢文苑傳侯瑾字子瑜

涼書十卷注沮渠國史○監本沮訛汨按晉書載記沮渠蒙遜爲北涼

交州雜事九卷注記士燮及陶璜事○監本璜訛黄按晉書陶璜傳孫皓時璜爲蒼梧太守遂陷交趾因用爲交州刺史璜有謀策開置三郡及九真屬國三十餘縣入晉封宛陵侯

條流派别○監本派訛㴲按㴲音孤水名與流派之派匹卦切者異

隋書卷三十三考證

唐太尉揚州都督監修國史上柱國趙國公臣長孫無忌等撰

志第二十九

經籍三 子

晏子春秋七卷齊大夫晏嬰撰 曾子二卷目一卷魯國曾參撰 子思子七卷魯穆公師孔伋撰 公孫尼子一卷尼似孔子弟子 孟子十四卷齊卿孟軻撰趙岐注 孟子七卷鄭玄注 孟子七卷劉熙注梁有孟子九卷綦毋邃撰亡 孫卿子十二卷楚蘭陵令荀況撰梁有王孫子一卷亡 董子一卷戰國時道無心撰 魯連子五卷錄一卷魯連齊人不仕稱爲先生 新語二卷陸賈撰 賈子十卷錄一卷漢梁太傅賈誼撰 鹽鐵論十卷漢廬江府丞桓寬撰 新序三十卷錄一卷劉向撰 說苑二十卷劉向撰 揚子法言十五卷解一卷揚雄撰李軌注梁有揚子法言六卷侯芭注亡 揚子法言十三卷宋衷撰 揚子太玄經九卷宋衷注梁有揚子太玄經九卷揚雄自作章句亡 揚子太玄經十卷陸績宋衷撰 揚子太玄經十卷蔡文邵注梁有揚子太玄經十四卷虞翻注揚子太玄經十三卷陸凱注揚子太玄經七卷王肅注亡 桓子新論十七卷後漢六安丞桓譚撰 潛夫論十卷後漢處士王符撰梁有王逸正部論八卷後漢侍中王逸撰後序十二卷後漢司隸校尉應奉撰周生子要論一卷錄一卷魏侍中周生烈撰亡 申鑒五卷荀悅撰 魏子三

卷後漢會稽人魏朗撰梁有文檢六卷似後漢末人作亡 牟子二卷後漢太尉牟融撰 典論五卷魏文帝撰 徐氏中論

六卷魏太子文學徐幹撰梁目一卷 王子正論十卷王肅撰梁有去伐論集三卷王粲撰亡 杜氏體論四卷魏幽州刺史杜恕撰梁有新書五卷王基撰周子九卷吳中書郎周昭撰亡 顧子新語十二卷吳太常顧譚撰通語十卷晉尚書左丞殷興撰典語十卷典語別二卷並吳中夏督陸景撰亡 譙子法訓八卷譙周撰梁有譙子五教志五卷亡 袁子正論十九卷袁準撰梁又有袁子正書二十五卷袁準撰孫氏成敗志三卷孫毓撰古今通論二卷松滋令王嬰撰蔡氏化清經十卷蔡洪撰通經二卷晉丞相從事中郎王長元撰亡 新論十卷晉散騎常侍夏侯湛撰梁有揚子物理論十六卷揚子大元經十四卷並晉徵士揚泉撰新論十卷晉金紫光祿大夫華譚撰梅子新論一卷亡 志林新書三十卷虞喜撰梁有廣林二十四卷又後林十卷虞喜撰干子十八卷干寶撰閎論二卷晉江州從事蔡韶撰顧子十卷晉揚州主簿顧夷撰亡 要覽十卷晉郡儒林祭酒呂竦撰 正覽六卷梁太子詹事周捨撰梁有三統五德論二卷曹思文撰亡

諸葛武侯集誡二卷○衆賢誡十三卷○女篇一卷○女鑒一卷○婦人訓誡集十一卷○婦姒訓一卷○曹大家女誡一卷○貞順志一卷

右六十二部五百三十卷通計亡書合六十七部六百九卷

儒者所以助人君明教化者也聖人之教非家至而戶說故有儒者宣而明之其大抵本於仁義及五常之道黃帝堯舜禹湯文武咸由此則周官太宰以九

兩繫邦國之人其四曰儒是也其後陵夷衰亂儒道廢闕仲尼祖述前代修正六經三千之徒並受其義至于戰國孟軻子思荀卿之流宗而師之各有著述發明其指所謂中庸之教百王不易者也俗儒為之不顧其本苟欲譁衆多設問難便辭巧說亂其大體致令學者難曉故曰博而寡要

鬻子一卷 周文王師鬻熊撰

老子道德經二卷 周柱下史李耳撰漢文帝時河上公注梁有戰國時河上丈人注老子經二卷漢長陵三老毋丘望之注老子二卷漢隱士嚴遵注老子二卷虞翻注老子二卷亡

老子道德經二卷 王弼注梁有老子道德經二卷張嗣注老子道德經二卷蜀才注亡

老子道德經二卷 鍾會注梁有老子道德經二卷晉太傅羊祜解釋老子經二卷東晉江州刺史王尚述注老子二卷晉郎中程韶集解老子二卷邯鄲氏注老子二卷常氏傳老子二卷孟氏注老子二卷盈氏注亡

老子道德經二卷音一卷 晉尚書郎孫登注

老子道德經二卷 劉仲融注梁有老子道德經二卷巨生解老子道德經二卷晉西中郎將袁真注老子道德經二卷張憑注老子道德經二卷釋惠琳注老子道德經二卷釋惠嚴注老子道德經二卷王玄載注亡

老子道德經二卷 盧景裕撰

老子音一卷 李軌撰梁有老子音一卷晉散騎常侍戴逵撰亡

老子四卷 梁曠撰

老子指歸十一卷 嚴遵注

老子指趣三卷 毋丘望之撰

老子義綱一卷 顧歡撰梁有老子道德論二卷何晏撰老子序次一卷葛僊公撰老子雜論一卷何王等注老子私記十卷梁簡文帝撰老子玄示一卷韓壯撰老子玄譜一卷晉柴桑令劉遺民撰老子玄機三卷宗塞撰老子幽易五卷又老子志一卷山琮

撰亡老子義疏一卷顧歡撰梁有老子義疏一卷釋慧觀撰亡老子義疏五卷孟智周私記老子義疏四卷
韋處玄撰老子講疏六卷梁武帝撰老子義疏九卷戴詵撰老子節解二卷○老子章門一
卷○文子十二卷文子老子弟子七略有九篇梁七錄十卷亡鶡冠子三卷楚之隱人列子八卷鄭之隱人列禦
寇撰東晉光祿勳張湛注莊子二十卷梁漆園吏莊周撰晉散騎常侍向秀注本二十卷今闕梁有莊子十卷東晉議郎崔譔注亡莊子
十六卷司馬彪注本二十一卷今闕莊子三十卷目一卷晉太傅主簿郭象注梁七錄三十三卷集注莊子六
卷梁有莊子三十卷晉丞相參軍李頤注莊子十八卷孟氏注錄一卷亡莊子音一卷李軌撰莊子音三卷徐邈撰莊
子集音三卷徐邈撰莊子註音一卷司馬彪等撰莊子音三卷郭象注梁有向秀莊子音一卷莊子外
篇雜音一卷○莊子內篇音義一卷○莊子講疏十卷梁簡文帝撰本二十卷今闕莊子講
疏二卷張機撰亡莊子講疏八卷○莊子文句義二十八卷本三十卷今闕梁有莊子義疏十卷又莊子義
疏三卷宋處士李叔之撰亡莊子內篇講疏八卷周弘正撰莊子義疏八卷戴詵撰南華論二十五
卷梁曠撰本三十卷南華論音三卷○莊成子十二卷梁有蹇子一卷今亡玄言新記明莊部二
卷梁澡撰守白論一卷任子道論十卷魏河東太守任嘏撰梁有渾輿經一卷魏安成令桓威撰亡唐子十
卷吳唐滂撰梁有蘇子七卷晉北中郎參軍蘇彥撰宣子二卷晉宜城令宣聘撰陸子十卷陸雲撰亡杜氏幽求新書二十卷杜夷

撰抱朴子內篇二十一卷音一卷葛洪撰梁有顧道士新書論經三卷晉方士顧谷撰亡孫子十二卷孫綽撰

符子二十卷東晉員外郎符朗撰梁有賀子述言十卷宋太學博士賀道養撰少子五卷齊司徒左長史張融撰梁有養生論三卷嵇康撰攝生論二卷晉河內太守阮侃撰無宗論四卷聖人無情論六卷亡夷夏論一卷顧歡撰梁二卷梁又有談衆三卷亡簡文談疏六卷晉簡文帝撰無名子一卷張太衡撰玄子五卷○遊玄桂林二十一卷目一卷張機撰廣成子十三卷商洛公撰張太衡注疑近人作

右七十八部合五百二十五卷

道者蓋爲萬物之奧聖人之至賾也易曰一陰一陽之謂道又曰仁者見之謂之仁智者見之謂之智百姓日用而不知夫陰陽者天地之謂也天地變化萬物蠢生則有經營之迹至於道者精微淳粹而莫知其體處陰與陰爲一在陽與陽不二仁者資道以成仁道非仁之謂也智者資道以爲智道非智之謂也百姓資道而日用而不知其用也聖人體道成性清虛自守爲而不恃長而不宰故能不勞聰明而人自化不假修營而功自成其玄德深遠言象不測先王懼人之惑置于方外六經之義是所罕言周官九兩其三曰師蓋近之矣然自

黃帝以下聖哲之士所言道者傳之其人世無師說漢時曹參始薦蓋公能言黃老文帝宗之自是相傳道學衆矣下士爲之不推其本苟以異俗爲高狂狷爲尚迂誕譎怪而失其眞

管子十九卷齊相管夷吾撰 商君書五卷秦相衛鞅撰梁有申子三卷韓相申不害撰亡 愼子十卷戰國時處士愼到撰

韓子二十卷目一卷韓非撰梁有韓氏新書三卷漢御史大夫鼂錯撰亡 正論六卷漢大尙書崔寔撰梁有法論十卷劉邵撰政論五卷魏侍中劉廙撰阮子正論五卷魏清河太守阮武撰亡 世要論十二卷魏大司農桓範撰梁有二十卷又有陳子要言十四卷吳豫章太守陳融撰蔡司徒難論五卷晉三公令史黃命撰亡

右六部合七十二卷

法者人君所以禁淫慝齊不軌而輔於治者也易著先王明罰飭法書美明于五刑以弼五教周官司寇掌建國之三典以佐王刑邦國詰四方司刑以五刑之法麗萬民之罪是也刻者爲之則杜哀矜絕仁愛欲以威劫爲化殘忍爲治乃至傷恩害親

鄧析子一卷析鄭大夫 尹文子二卷尹文周之處士遊齊稷下 士操一卷魏文帝撰梁有刑聲論一卷亡 人物志

三卷劉卲撰梁有士緯新書十卷姚信撰又姚氏新書二卷與士緯相似九州人士論一卷魏司空盧毓撰通古人論一卷亡

右四部合七卷

名者所以正百物敘尊卑列貴賤各控名而責實無相僭濫者也春秋傳曰古者名位不同節文異數孔子曰名不正則言不順言不順則事不成周官宗伯以九儀之命正邦國之位辨其名物之類是也拘者為之則苛察繳繞滯於析辭而失大體

墨子十五卷目一卷宋大夫墨翟撰 隨巢子一卷巢似墨翟弟子 胡非子一卷非似墨翟弟子梁有田休子一卷亡

右三部合一十七卷

墨者強本節用之術也上述堯舜夏禹之行茅茨不翦糲粱之食桐棺三寸貴儉兼愛嚴父上德以孝示天下右鬼神而非命漢書以為本出清廟之守然則周官宗伯掌建邦之天神地祇人鬼肆師掌立國祀及兆中廟中之禁令是其職也愚者為之則守於節儉不達時變推心兼愛而混於親疏也

鬼谷子三卷皇甫謐注鬼谷子周世隱於鬼谷梁有補闕子十卷湘東鴻烈十卷並元帝撰亡　鬼谷子三卷樂一注

右二部合六卷

從橫者所以明辯說善辭令以通上下之志者也漢書以爲本出行人之官受命出疆臨事而制故曰誦詩三百使于四方不能專對雖多亦奚以爲周官掌交以節與幣巡邦國之諸侯及萬姓之聚導王之德意志慮使辟行之而和諸侯之好達萬民之說諭以九稅之利九儀之親九牧之維九禁之難九戎之威是也佞人爲之則便辭利口傾危變詐至於賊害忠信覆邦亂家

尉繚子五卷梁并錄六卷尉繚梁惠王時人　尸子二十卷目一卷梁十九卷秦相衛鞅上客尸佼撰其九篇亡魏黃初中續

呂氏春秋二十六卷秦相呂不韋撰高誘注　淮南子二十一卷漢淮南王劉安撰許慎注　淮南子二十一卷高誘注　論衡二十九卷後漢徵士王充撰梁有洞序九卷錄一卷應奉撰亡　風俗通義三十一卷錄一卷應劭撰梁三十卷　仲長子昌言十二卷錄一卷漢尚書郎仲長統撰　蔣子萬機論八卷蔣濟撰梁有篤論四卷杜恕撰芻蕘論五卷鍾會撰梁有諸葛子五卷吳太傅諸葛恪撰亡　傅子百二十卷晉司隸校尉傅玄撰嘿記三卷吳大鴻臚張儼撰裴氏新言五卷吳大鴻臚裴玄撰梁有新義十八卷吳太子中庶子劉廞撰析言論二十卷晉議郎張顯撰桑丘先生書二卷晉征南軍師楊偉撰亡　時務論十

二卷楊偉撰梁有古世論十七卷桓子一卷秦子三卷吳秦菁撰劉子十卷何子五卷亡　立言六卷蘇道撰梁有孔氏說林二卷孔衍撰亡

抱朴子外篇三十卷葛洪撰梁有五十一卷　金樓子二十卷梁元帝撰　博物志十卷張華撰　張公雜記一卷張華撰梁有五卷與博物志相似小小不同又有雜記十卷何氏撰亡　雜記十一卷張華撰梁有子林二十卷孟儀撰亡

廣志二卷郭義恭撰　部略十五卷○博覽十三卷○諫林五卷齊晉陵令何望之撰　述政論十三卷陸澄撰　古今注三卷崔豹撰　古今訓十一卷張顯撰　古今善言三十卷宋車騎將軍范泰撰

善諫二卷宋領軍長史虞通之撰　缺文十三卷陸澄撰　政論十三卷陸澄撰　記聞二卷宋後軍參軍徐益壽撰　新舊傳四卷○釋俗語八卷劉霽撰　稱謂五卷後周大將軍盧辯撰　備遺記三卷○纂要一卷戴安道撰亦云顏延之撰　方類六卷○俗說三卷沈約撰梁五卷　雜說二卷沈約撰　袖中記二卷沈約撰　袖中略集一卷沈約撰　珠叢一卷沈約撰　采璧三卷梁中書舍人庾肩吾撰　物始十卷謝吳撰　宜覽二十二卷○玉府集八卷○鴻寶十卷○顯用九卷○墳典三十卷盧辯撰　玉燭寶典十二卷著作郎杜臺卿撰　典言四卷後魏人李穆叔撰　典言四卷後齊中書郎荀士遜等撰

補文六卷○四時錄十二卷○正訓二十卷○內訓二十卷○雜略十三卷○清神三卷○前言八卷○會林五卷○對林十卷○道言六卷叱羅羨撰　道術志三

卷○述伎藝一卷○諸書要略一卷（魏彥深撰）文府五卷（梁有文章義府三十卷）語對十卷（朱澹
遠撰）語麗十卷（朱澹遠撰）對要三卷○雜語三卷○衆書事對三卷○廊廟五格二卷
（王彬撰）名數八卷○新言四卷（裴立撰）善說五卷○君臣相起發事三卷○物重名
五卷○眞注要錄一卷○天地體二卷○雜事鈔二十四卷○雜書鈔四十四
卷○子抄三十卷（梁黟令庾仲容撰）子鈔二十卷（梁有子鈔十五卷沈約撰亡）論集八十六卷（殷仲堪撰
梁九十六卷梁又有雜論五十八卷雜論十三卷亡）皇覽一百二十卷（繆卜等撰梁六百八十卷梁又有皇覽一百二十三卷何承天合皇
覽五十卷徐爰合皇覽目四卷又有皇覽抄二十卷梁特進蕭琛抄亡）帝王集要三十卷（崔安撰）類苑一百二十卷
（梁征虜刑獄參軍劉孝標撰梁七錄八十二卷）華林遍略六百二十卷（梁綏安令徐僧權等撰）要錄六十卷○壽
光書苑二百卷（梁尚書左丞劉杳撰）科錄七十卷（元暉撰）書圖泉海二十卷（陳張式撰）聖壽堂御
覽三百六十卷○長洲玉鏡二百三十八卷○書鈔一百七十四卷○釋氏譜
十五卷○內典博要三十卷○淨住子二十卷（齊竟陵王蕭子良撰）因果記十卷○歷代
三寶記三卷（費長房撰）眞言要集十卷○義記二十卷（蕭子良撰）感應傳八卷（晉尚書郎王延秀撰）
衆僧傳二十卷（裴子野撰）高僧傳六卷（虞孝敬撰）皇帝菩薩清淨大捨記三卷（謝吳撰亡）寶臺

四法藏目錄一百卷（大業中撰）玄門寶海一百二十卷（大業中撰）

右九十七部合二千七百二十卷

雜者兼儒墨之道通衆家之意以見王者之化無所不冠者也古者司史歷記前言往行禍福存亡之道然則雜者蓋出史官之職也放者爲之不求其本材少而多學言非而博是以雜錯漫羡而無所指歸

氾勝之書二卷（漢議郎氾勝之撰）四人月令一卷（後漢大尚書崔寔撰）禁苑實錄一卷○齊民要術十卷（賈思勰撰）春秋濟世六常擬議五卷（楊瑾撰梁有陶朱公養魚法卜式養羊法養猪法月政畜牧栽種法各一卷亡）

右五部一十九卷

農者所以播五穀藝桑麻以供衣食者也書敘八政其一曰食二曰貨孔子曰所重民食周官冢宰以九職任萬民其一曰三農生九穀地官司稼掌巡邦野之稼而辨穜稑之種周知其名與其所宜地以爲法而懸于邑閭是也鄙者爲之則棄君臣之義徇耕稼之利而亂上下之序

燕丹子一卷（丹燕王喜太子梁有青史子一卷又宋玉子一卷錄一卷楚大夫宋玉撰羣英論一卷郭頒撰語林十卷東晉處士裴啓撰亡）雜

語五卷〇郭子三卷東晉中郎郭澄之撰雜對語三卷〇要用語對四卷〇文對三卷〇
瑣語一卷梁金紫光祿大夫顧協撰笑林三卷後漢給事中邯鄲淳撰笑苑四卷〇解頤二卷楊松玢撰世
說八卷宋臨川王劉義慶撰世說十卷劉孝標注梁有俗說一卷亡小說十卷梁武帝勑安右長史殷芸撰梁目三十卷小
說五卷〇邇說一卷梁南臺治書伏挺撰辯林二十卷蕭賁撰辯林二卷席希秀撰瓊林七卷周獸
門學士陰顥撰古今藝術二十卷〇雜書鈔十三卷〇座右方八卷庾元威撰座右法一卷
〇魯史欹器圖一卷儀同劉徽注器準圖三卷後魏丞相士曹行參軍信都芳撰水飾一卷

右二十五部合一百五十五卷

小說者街說巷語之說也傳載輿人之誦詩美詢于芻蕘古者聖人在上史為書瞽為詩工誦箴諫大夫規誨士傳言而庶人謗孟春徇木鐸以求歌謠巡省觀人詩以知風俗過則正之失則改之道聽塗說靡不畢紀周官誦訓掌道方志以詔觀事道方慝以詔辟忌以知地俗而職方氏掌道四方之政事與其上下之志誦四方之傳道而觀衣物是也孔子曰雖小道必有可觀者焉致遠恐泥

司馬兵法三卷齊將司馬穰苴撰孫子兵法二卷吳將孫武撰魏武帝注梁三卷孫子兵法一卷魏武王凌
集解孫武兵經二卷張子尚注鈔孫子兵法一卷魏太尉賈詡鈔梁有孫子兵法二卷孟氏解詁孫子兵法二卷吳處士沈
友撰又孫子八陣圖一卷亡吳起兵法一卷賈詡注吳孫子牝八變陣圖二卷〇續孫子兵法
二卷魏武帝撰孫子兵法雜占四卷梁有諸葛亮兵法五卷又慕容氏兵法一卷亡皇帝兵法一卷宋武帝所傳神
人書梁有雜兵注二十四卷兵法序二卷亡太公六韜五卷梁六卷周文王師姜望撰太公陰謀一卷梁六卷梁又有太公
陰謀三卷魏武帝解太公陰符鈐錄一卷〇太公金匱二卷〇太公兵法二卷梁三卷太公
兵法六卷梁有太公雜兵書六卷太公伏符陰陽謀一卷〇黃帝兵法孤虛雜記一卷〇
太公三宮兵法一卷梁有太一三宮兵法立成圖二卷太公書禁忌立成集二卷〇太公枕中
記一卷〇周書陰符九卷〇周呂書一卷〇黃石公內記敵法一卷〇黃石公
三略三卷下邳神人撰成氏注梁又有黃石公記三卷黃石公略注三卷黃石公三奇法一卷梁有兵書一卷張良經與三略
往往同亡黃石公五壘圖一卷〇黃石公陰謀行軍祕法一卷梁有黃石公祕經二卷大將軍
兵法一卷〇黃石公兵書三卷〇兵書接要十卷魏武帝撰梁有兵書接要別本五卷又有兵書要論七卷
亡兵法接要三卷魏武帝撰三宮用兵法一卷〇兵書略要九卷魏武帝撰梁有兵要二卷魏武

帝兵法一卷梁有魏時羣臣表伐吳策一卷諸州策四卷軍令八卷尉繚子兵書一卷兵林六卷東晉江都相孔衍撰兵林一卷○玄女戰經一卷○武林一卷王略撰黃帝問玄女兵法四卷梁三卷秦戰鬭一卷○梁主兵法一卷○梁武帝兵書鈔一卷○梁武帝兵書要鈔一卷○玉韜十卷梁元帝撰金韜十卷○金策十九卷○兵書要略五卷後周齊王宇文憲撰兵書七卷○兵書要術四卷伍景志撰兵記八卷司馬彪撰本二十卷一兵書要序十卷趙氏撰兵法五卷○雜兵書十卷梁有雜兵書八卷三家兵法要集三卷戎略機品二卷亡大將軍一卷○雜兵圖二卷○兵略五卷○軍勝見十卷許昉撰戎決十三卷許昉撰陣圖一卷○陰策二十二卷大都督劉祐撰陰策林一卷○承神兵書二十卷○真人水鏡十卷○戰略二十六卷金城公趙煚撰金海三十卷蕭吉撰兵書二十五卷○雜撰陰陽兵書五卷莫珍寶撰黃帝兵法雜要決一卷○黃帝軍出大師年命立成一卷○黃帝復姓符二卷許昉撰梁有辟兵法一卷黃帝太一兵歷一卷○黃帝蚩尤風后行軍祕術二卷梁有黃帝蚩尤兵法一卷亡老子兵書一卷○吳有道占出軍決勝負事一卷梁二卷又黃帝出軍雜用決十二卷風氣占軍決勝戰二卷太史令全範撰對敵權變一卷吳氏撰對敵占風一卷梁有黃帝夏氏占氣六卷兵法風氣等占三卷亡對敵權變逆

順一卷○兵法權儀一卷○六甲孤虛雜決一卷[梁有孫子戰鬪六甲兵法一卷]六甲孤虛兵法一卷○孤虛法十卷[梁有兵法遁甲孤虛斗中域法九卷]兵書雜占十卷[梁有兵法日月風雲背向雜占十二卷]兵法三卷虛占三卷 京氏征伐軍候八卷 兵書雜歷八卷○太一兵書一十一卷[梁二十卷]兵法內術二卷○兵法要決九卷[闕一卷]軍國要略一卷○兵法要錄二卷○用兵撮要二卷○用兵要術一卷○用兵祕法雲氣占一卷○五家兵法一卷○兵法三家軍占祕要一卷[李行撰]氣經上部占一卷○天大芒霧氣占一卷○鬼谷先生占氣一卷○五行候氣占災一卷○乾坤氣法一卷○雜匈奴占一卷[漢武帝王朔注]對敵占一卷○雜占八卷[梁有推元嘉十二年日時兵法二卷推元嘉五十年太歲計用兵法一卷]逆兵殺歷一卷○馬槊譜一卷[梁二卷梁有騎馬都格一卷騎馬變圖一卷馬射譜一卷亡]碁勢四卷[梁有術藝略序五卷孫暢之撰圍碁勢七卷湘東太守徐泓撰齊高碁圖二卷圍碁九品序錄五卷范汪等撰圍碁勢二十九卷晉趙王倫舍人馬朗等撰碁品敘略三卷建元永明碁品二卷宋員外殿中將軍褚思莊撰天監碁品一卷梁尚書僕射柳惲撰亡]雜博戲五卷○投壺經一卷○梁東宮撰太一博法一卷○雙博法一卷○皇博法一卷[梁有大小博法一卷投壺經四卷投壺變一卷晉左光祿大夫虞潭撰投壺道一卷郝冲撰擊壤經一卷亡]象經一卷[周武帝撰]博塞經一卷[郤綱撰]碁勢十卷[沈敞撰]碁勢十卷[二卷成

碁勢十卷王子冲撰碁勢八卷○碁圖勢十卷○碁九品序錄一卷范汪等注碁後九品序一卷袁遵撰圍碁品一卷梁武帝撰碁品序一卷陸雲撰碁法一卷梁武帝撰彈碁譜一卷徐廣撰二儀十博經一卷○象經一卷王褒注象經三卷王裕注象經一卷何妥注象經發題義一卷

右一百三十三部五百一十二卷

兵者所以禁暴靜亂者也易曰古者弦木爲弧剡木爲矢弧矢之利以威天下孔子曰不教人戰是謂棄之周官大司馬掌九法九伐以正邦國是也然皆動之以仁行之以義故能誅暴靜亂以濟百姓下至三季恣情逞欲爭伐尋常不撫其人設變詐而滅仁義至乃百姓離叛以致於亂

周髀一卷趙嬰注周髀一卷甄鸞重述周髀圖一卷○靈憲一卷張衡撰渾天象注一卷吳散騎常侍王蕃撰渾天義二卷○渾天圖一卷石氏渾天圖一卷○渾天圖記一卷梁有昕天論一卷姚信撰安天論六卷虞喜圖天圖一卷原天論一卷神光內抄一卷定天論三卷○天儀說要一卷陶弘景撰玄圖一卷○石氏星簿經讚一卷○星經二卷○甘氏四七法一卷○巫咸五星

占一卷○天儀說要一卷陶弘景撰錄軌象以頌其章一卷內有圖天文集占十卷晉太
史令陳卓定天文要集四十卷晉太史令韓楊撰天文要集四卷○天文要集三卷○天文
集占十卷梁百卷梁有石氏甘氏天文占各八卷天文占六卷李暹撰天文占一卷○天文占氣書
一卷○天文集要鈔二卷○天文書二卷梁有雜天文書二十五卷雜天文橫占一卷○天
文橫圖一卷高文洪撰天文集占圖十一卷梁有天文五行圖十二卷天文雜占十六卷亡天文錄三十卷
梁奉朝請祖暅撰天文志十二卷吳雲撰天文志雜占一卷吳雲撰梁有天文雜占十五卷亡天文十二
卷史崇注天文十二次圖一卷梁有天宮宿野圖一卷亡婆羅門天文經二十一卷婆羅門捨仙人所說
婆羅門竭伽仙人天文說三十卷○婆羅門天文一卷○陳卓四方宿占一卷
梁四卷黃帝五星占一卷○五星占一卷丁巡撰五星占一卷梁有五星集占六卷日月五星集占十卷
五星占一卷陳卓撰五星犯列宿占六卷○雜星書一卷○星占二十八卷孫僧化等
撰星占一卷梁有石氏星經七卷陳卓記又石氏星官十九卷又星經七卷郭歷撰亡天官星占十卷陳卓撰梁天官星占二十
卷吳襲撰星占八卷梁又有星中占十八卷星經簿十五卷梁有星官簿讚十三卷又有星書三十四卷雜家星占六卷論星一
卷亡著明集十卷○雜星圖五卷○天文外宮占八卷○雜星占七卷○雜星占

十卷○海中星占一卷梁有論星一卷星圖海中占一卷○解天命星宿要決一卷○摩登伽經說星圖一卷○星圖二卷梁有星書圖七卷彗星占一卷○妖星流星形名占一卷○太白占一卷○流星占一卷○石氏星占一卷吳襲撰候雲氣一卷○星官次占一卷○彗孛占一卷○二十八宿二百八十三官圖一卷○荊州占二十卷宋通直郎劉嚴撰梁二十二卷翼氏占風一卷○日月暈三卷梁日月暈圖二卷孝經內記二卷○京氏釋五星災異傳一卷○京氏日占圖三卷○夏氏日旁氣一卷許氏撰梁四卷日食薄候占一卷○魏氏日旁氣圖一卷○日旁雲氣圖五卷○天文占雲氣圖一卷梁有雜望氣經八卷候氣占一卷章賢十二時雲氣圖二卷天文洪範日月變一卷○洪範占二卷梁有洪範五行星歷四卷黃道晷景占一卷梁有晷景記二卷月行黃道圖一卷梁有日月交會圖鄭玄注一卷又日月本次位圖一卷月暈占一卷○日月食暈占四卷○日食占一卷○日月薄蝕圖一卷○日變異食占一卷○日月暈珥雲氣圖占一卷梁有君失政大雲雨日月占二卷二十八宿十二次一卷○二十八宿分野圖一卷○五緯合雜一卷○五星合雜說一卷○垂象志一百四十八卷○太史注記六卷○靈臺祕苑一百一十五卷

太史令庾季才撰

右九十七部合六百七十五卷

天文者所以察星辰之變而參於政者也易曰天垂象見吉凶書稱天視自我人視天聽自我人聽故曰王政不修謫見于天日爲之蝕后德不修謫見于天月爲之蝕其餘孛彗飛流見伏陵犯各有其應周官馮相掌十有二歲十有二月十有二辰十日二十有八星之位辨其敘事以會天位是也小人爲之則指凶爲吉謂惡爲善是以數術錯亂而難明

四分曆三卷梁四分曆三卷漢修曆人李梵撰梁又有三統曆法三卷劉歆撰亡趙隱居四分曆一卷〇魏甲子元三統曆一卷〇姜氏三紀曆一卷〇曆序一卷姜氏撰乾象曆三卷吳太子太傅闞澤撰梁有乾象曆五卷漢會稽都尉劉洪等注又有闞澤注五卷又乾象五星幻術一卷亡曆術一卷吳太史令吳範撰景初曆三卷晉楊偉撰梁有景初曆術二卷景初曆法三卷又一本五卷並楊偉撰幷景初曆略要二卷亡景初壬辰元曆一卷楊冲撰正曆四卷晉太常劉智撰河西甲寅元曆一卷涼太史趙𣪍撰甲寅元曆序一卷趙𣪍撰宋元嘉曆二卷何承天撰梁又有元嘉曆統二卷元嘉中論曆事六卷元嘉曆疏一卷元嘉二十六年度日景數一卷亡曆術一卷何承天撰梁有驗日食法

三卷何承天撰又有論頻月合朔法五卷雜曆七卷曆法集十卷又曆術十卷京氏要集曆術四卷姜岌撰亡曆術一卷崔浩撰神龜壬
子元曆一卷後魏護軍將軍祖瑩撰魏後元年甲子曆一卷○壬子元曆一卷後魏校書郎李業興
撰甲寅元曆序一卷趙敺撰魏武定曆一卷○齊甲子元曆一卷宋氏撰宋景業曆
一卷景業後齊散騎常侍周天和年曆一卷甄鸞撰甲子元曆一卷李業興撰周大象年曆一卷
王琛撰曆術一卷王琛撰壬辰元曆一卷○甲午紀曆術一卷○新造曆法一卷○
開皇甲子元曆一卷○曆術一卷華州刺史張賓撰七曜本起三卷後魏甄叔遵撰七曜小甲
子元曆一卷○七曜曆術一卷梁七曜曆法四卷七曜要術一卷○七曜曆法一卷○
推七曜曆一卷○五星曆術一卷○天圖曆術一卷○陳永定七曜曆四卷○
陳天嘉七曜曆七卷○陳天康二年七曜曆一卷○陳光大元年七曜曆二卷
○陳光大二年七曜曆一卷○陳太建年七曜曆十三卷○陳至德年七曜曆
二卷○陳禎明年七曜曆二卷○開皇七曜年曆一卷○仁壽二年七曜曆一
卷○七曜曆經四卷張賓撰春秋去交分曆一卷○曆日義說一卷○律曆注解
一卷○龍曆草一卷○推漢書律曆志術一卷○推曆法一卷崔隱居撰曆疑質讖

序二卷〇與和曆疏二卷〇七曜曆數算經一卷趙敺撰算元嘉曆術一卷〇七
曜曆疏一卷李業興撰七曜義疏一卷李業興撰七曜術算二卷甄鸞撰七曜曆疏五卷太史
令張胄玄撰陰陽曆術一卷趙敺撰梁有朔氣長曆二卷皇甫謐撰曆章句二卷月令七十二候一卷三五曆說圖一卷亡雜注一
卷〇曆注一卷〇曆記一卷〇雜曆二卷〇雜曆術一卷梁三恭推法一卷太史注記
六卷〇太史記注六卷〇見行曆一卷〇八家曆一卷〇漏刻經一卷何承天撰梁有
後漢待詔太史霍融何承天楊偉等撰三卷亡漏刻經一卷祖暅撰漏刻經一卷梁中書舍人朱史撰漏刻經一卷
梁伏撰梁有天監五年修漏刻事一卷亡漏刻經一卷陳太史令宋景撰雜漏刻法十一卷皇甫洪澤撰晷漏經
一卷〇九章術義序一卷〇九章算術十卷劉徽撰九章算術二卷徐岳甄鸞重述九章
算術一卷李遵義疏九九算術二卷楊淑撰九章別術二卷〇九章算經二十九卷徐岳
甄鸞等撰九章算經二卷徐岳注九章六曹算經一卷〇九章重差圖一卷劉徽撰九章
推圖經法一卷張峻撰綴術六卷〇孫子算經二卷〇趙敺算經一卷〇夏侯陽
算經二卷〇張丘建算經二卷〇五經算術錄遺一卷〇五經算術一卷〇算
經異義一卷張纘撰張去斤算疏一卷〇算法一卷〇黃鍾算法三十八卷〇算

律呂法一卷○衆家算陰陽法一卷○婆羅門算法三卷○婆羅門陰陽算曆一卷○婆羅門算經三卷

右一百部二百六十三卷

曆數者所以揆天道察昏明以定時日以處百事以辨三統以知阨會吉隆終始窮理盡性而至於命者也易曰先王以治曆明時書敘朞三百有六旬有六日以閏月定四時成歲春秋傳曰先王之正時也履端於始舉正於中歸餘於終又曰閏以正時時以序事事以厚生生民之道其在周官則亦太史之職小人爲之則壞大爲小削遠爲近是以道術破碎而難知

黃帝飛鳥曆一卷張衡撰 黃帝四神曆一卷吳範撰 黃帝地曆一卷○黃帝斗曆一卷○黃石公北斗三奇法一卷○風角集要占十二卷○風角要占三卷梁八卷京房撰 風角占三卷梁有侯公領中風角占四卷亡 風角總占要決十一卷梁有風角總集一卷風角雜占要決十二卷亡 風角雜占四卷梁有風角雜占十卷亡 風角要集十卷○風角要集六卷梁十一卷 風角要集一卷○風角要候十一卷翼奉撰 風角書十二卷梁十卷 風角七卷章仇太翼撰 風角占

候四卷（梁有風角雜候十三卷亡）兵風角鑽歷占二卷（呂氏撰）風角要候一卷（章仇太翼撰）兵法風

角式一卷○戰鬭風角鳥情三卷（梁有風角五音六情經十三卷風角兵候十二卷亡）風角鳥情一卷（翼氏

撰）風角鳥情二卷（儀同臨孝恭撰）陰陽風角相動法一卷（梁有風角迴風卒起占五卷風角地長一卷風角望氣八

卷風雷集占一卷）五音相動法二卷○五音相動法一卷（梁有風角五音占五卷京房撰亡）風角五音

圖二卷○風角雜占五音圖五卷（翼氏撰梁十三卷京房撰翼奉撰亡）黃帝九宮經一卷○九宮

經三卷（鄭玄注梁有黃帝四部九宮五卷亡）九宮行棊經三卷（鄭玄注）九宮行棊經三卷○九宮行

棊法一卷（房氏撰）九州行棊立成法一卷（王琛撰）九宮行棊雜法一卷○九宮行棊

法一卷○行棊新術一卷○九宮行棊鈔一卷○九宮推法一卷○三元九宮

立成二卷○九宮要集一卷（豆盧晃撰）九宮經解二卷（李氏注）九宮圖一卷○九宮變

圖一卷○九宮八卦式蟠龍圖一卷○九宮郡縣錄一卷○九宮雜書十卷（梁有

太一九宮雜占十二卷亡）射候二卷○太一飛鳥曆一卷（王琛撰）太一飛鳥曆一卷○太一飛

鳥曆二卷○太一十精飛鳥曆一卷○太一飛鳥立成一卷○太一飛鳥雜決

捕盜賊法一卷○太一三合五元要決一卷（梁有黃帝太一雜書十六卷黃帝太一度厄祕術八卷太一帝記法

八卷太一雜用十四卷太一雜要七卷雜太一經八卷亡太一龍首式經一卷董氏注梁三卷梁又有式經三十三卷亡太一經二卷宋琨撰 太一式雜占十卷梁二十卷 太一九宮雜占十卷○黃帝飛鳥曆一卷○黃帝集靈三卷○黃帝絳圖一卷○黃帝龍首經二卷○黃帝式經三十六用一卷曹氏撰 黃帝式用當陽經二卷○黃帝奄心圖一卷○玄女式經要法一卷○黃帝陰陽遯甲六卷○遯甲決一卷吳相伍子胥撰 遯甲文一卷伍子胥撰 遯甲經要鈔一卷○遯甲萬一決二卷○遯甲九元九局立成法一卷○遯甲肘後立成囊中祕一卷葛洪撰 遯甲囊中經一卷○遯甲囊中經疏一卷○遯甲立成六卷○遯甲敘三元玉曆立成一卷郭引遠撰 遯甲立成一卷○遯甲立成法一卷臨孝恭撰 遯甲穴隱祕處經一卷○黃帝九元遯甲一卷王琛撰 黃帝出軍遯甲式法一卷○遯甲法一卷○遯甲術一卷○陽遯甲用局法一卷臨孝恭撰 雜遯甲鈔四卷○三元遯甲上圖一卷○三元遯甲圖三卷○遯甲九宮八門圖一卷○遯甲開山圖三卷榮氏撰 遯甲返覆圖一卷葛洪撰 遯甲年錄一卷○遯甲支手決一卷○遯甲肘後立成一卷○遯甲行日時一卷○遯甲孤虛記一卷伍子胥撰 遯甲孤虛注

一卷○東方朔歲占一卷○斗中孤虛圖一卷○孤虛占一卷○遯甲九宮亭亭白姦書一卷○戰鬭博戲等法一卷○玉女反閉局法三卷○逆刺一卷（京房撰）逆刺占一卷○逆刺總決一卷○王子決一卷○鳥情占一卷（王喬撰）鳥情逆占一卷○鳥情書二卷○鳥情雜占禽獸語一卷○占鳥情二卷○六情決一卷（王琛撰）六情鳥音內祕一卷（焦氏撰）孝經元辰決二卷○孝經元辰二卷○元辰本屬經一卷○推元辰厄會一卷○元辰事一卷○元辰救生削死法一卷○推元辰要祕次序一卷○元辰章用二卷○雜推元辰要祕立成六卷○元辰立成譜一卷○方正百對一卷（京房撰）晉災祥一卷（京房撰）災祥集七十六卷○地形志八十七卷（庾季才撰）海中仙人占災祥書三卷○周易占事十二卷（漢魏郡太守京房撰）

遯甲三卷（梁有遯甲經十卷遯甲正經五卷太一遯甲一卷亡）遯甲要用四卷（葛洪撰）遯甲祕要一卷（葛洪撰）

遯甲要一卷（葛洪撰）遯甲三十三卷（後魏信都芳撰）三元遯甲六卷（許昉撰）三元遯甲六卷（陳員外散騎常侍劉毗撰）三元遯甲二卷（梁太一遯甲一卷遯甲三元三卷）三元九宮遯甲二卷（梁有遯甲三元三卷亡）三正遯甲一卷（杜仲撰）遯甲三十五卷○遯甲時下決三十三卷○陰陽遯甲

十四卷〇遁甲正經三卷梁五卷 遁甲經十卷〇遁甲開山圖一卷梁遁甲開山經圖一卷
遁甲九星曆一卷〇遁甲三奇三卷〇遁甲推時要一卷〇遁甲三元九甲立
成一卷〇雜遁甲五卷梁九卷遁甲經外篇一百卷六甲隱圖并遁甲圖二卷亡 陽遁甲九卷釋智海撰 陰遁甲
九卷〇武王須臾二卷〇六壬式經雜占九卷梁有六壬式經三卷亡 六壬釋兆六卷〇
破字要決一卷〇桓安吳式經一卷梁有雜式占五卷式經雜要決式立成各九卷式王曆伍子胥式經章句起射覆式
越相范蠡玉筒式各二卷亡 光明符十二卷錄一卷梁簡文帝撰 龜經一卷晉掌卜大夫史蘇撰有史蘇龜經十卷梁龜決一卷
葛洪撰管郭近要決龜音色九宮蓍龜序各一卷龜卜要決龜圖五行九親各四卷又龜親經三十卷周子曜撰亡 史蘇沉思經一卷〇
龜卜五兆動搖決一卷〇周易占十二卷京房撰梁周易妖占十三卷京房撰 周易守林三卷京房
撰 周易集林十二卷京房撰七錄云伏萬壽撰 周易飛候九卷京房撰梁有周易飛候六日七分八卷亡 周易飛
候六卷京房撰 周易四時候四卷京房撰 周易錯卦七卷京房撰 周易混沌四卷京房撰
周易委化四卷京房撰 周易逆刺占災異十二卷京房撰 周易占一卷張浩撰 周易雜
占十三卷〇周易雜占十一卷〇周易雜占九卷尚廣撰梁有周易雜占八卷武靖撰亡 易林十
六卷焦贛撰梁又本三十二卷 易林變占十六卷焦贛撰 易林二卷費直撰梁五卷 易內神筮二卷費直

撰梁有周易筮占林五卷費直撰亡易新林一卷後漢方士許峻等撰梁十卷易災條二卷許峻撰易決一卷許峻
撰梁有易雜占七卷許峻撰又易要決三卷亡周易通靈決二卷魏少府丞管輅撰周易通靈要決一卷管輅撰
周易集林律曆一卷虞翻撰梁有周易筮占二十四卷晉徵士徐苗撰亡周易新林四卷郭璞撰梁有周易雜占十卷葛
洪撰亡周易新林九卷郭璞撰梁有周易林五卷郭璞撰亡易洞林三卷郭璞撰周易新林一卷○周
易新林二卷○易林三卷魯洪度撰周易林十卷梁周易林三十三卷錄一卷易讚林二卷○易
立成林二卷郭氏撰易立成四卷○易玄成一卷○周易立成占三卷顏氏撰神農
重卦經二卷○文王幡音一卷○易三備三卷○易三備一卷○易占三卷○
易射覆二卷○易射覆一卷○周易孔子通覆決三卷顏氏撰易林要決一卷○
易要決二卷梁有周易曆周易初學筮要法各一卷周易髓腦二卷○易腦經一卷鄭氏撰周易玄
品二卷○易律曆一卷虞翻撰易曆七卷○易曆決疑二卷○周易卦林一卷○
洞林三卷梁元帝撰連山三十卷梁元帝撰雜筮占四卷○五兆算經一卷○十二靈棊
卜經一卷梁有管公明算占書一卷五行雜卜經十卷亡京君明推偷盜書一卷○天皇大神氣君注
曆一卷○太史公萬歲曆一卷○千歲曆祠一卷任氏撰萬歲曆祠二卷○萬年

曆二十八宿人神一卷○六甲周天曆一卷孫僧化撰六十甲子曆八卷○曆祀一卷○田家曆十二卷○三合紀饑穰一卷○師曠書三卷○海中仙人占災祥書三卷○東方朔占二卷○東方朔書二卷○東方朔書鈔二卷○東方朔曆一卷○東方朔占候水旱下人善惡一卷梁有擇日書十卷太歲所在占善惡書一卷亡雜忌曆二卷魏光祿勳高堂隆撰百忌大曆要鈔一卷○百忌曆術一卷○百忌通曆法一卷梁有雜百忌五卷亡曆忌新書十二卷○太史百忌曆圖一卷梁有太史百忌一卷亡雜殺曆九卷梁有秦災異一卷後漢中郎郗萌撰後漢災異十五卷晉災異簿二卷宋災異簿四卷雜凶妖一卷破書玄武書契各一卷亡二儀曆頭堪餘一卷○堪餘曆二卷○注曆堪餘一卷○地節堪餘二卷○堪餘曆注一卷○堪餘四卷○大小堪餘曆術一卷梁大小堪餘三卷四序堪餘二卷殷紹撰梁堪餘天赦有書七卷雜堪餘四卷亡八會堪餘一卷○雜要堪餘一卷○元辰五羅算一卷○孝經元辰四卷梁有五行元辰厄會十三卷孝經元辰會九卷孝經元辰決一卷亡元辰曆一卷○雜元辰祿命二卷○涎河祿命三卷梁有五行祿命厄會十卷亡乾坤氣法一卷許辯撰易通統卦驗玄圖一卷○易通統圖二卷○易新圖序一卷○易通統圖一卷○易八卦命錄斗內圖一卷郭璞撰易斗圖

一卷郭璞撰 易八卦斗內圖二卷○八卦斗內圖二卷梁有周易八卦五行圖周易斗中八卦絕命圖周易斗中八卦推遊年圖各一卷亡 周易分野星圖一卷○舉百事略一卷○五姓歲月禁忌一卷○舉百事要一卷○嫁娶經四卷○陰陽婚嫁書四卷○雜陰陽婚嫁書三卷○婚嫁書二卷○婚嫁黃籍科一卷○六合婚嫁曆一卷梁六合婚嫁書及圖各一卷 嫁娶迎書四卷○雜婚嫁書六卷○嫁娶陰陽圖二卷○陰陽嫁娶圖二卷○雜嫁娶房內圖術四卷○九天嫁娶圖一卷○六甲貫胎書一卷○產乳書二卷○產經一卷○推產婦何時產法一卷王琛撰 推產法一卷○雜產書六卷○生產符儀一卷○產圖二卷○雜產圖四卷○拜官書三卷○臨官冠帶書一卷○仙人務子傳神通黃帝登壇經一卷○壇經一卷四等撰 登壇經三卷○五姓登壇圖一卷○登壇文一卷梁有二公地基一卷雜地基立成五卷八神圖二卷十二屬神圖一卷亡 沐浴書一卷梁有裁衣書一卷亡 占夢書三卷京房撰 占夢書一卷崔元撰 竭伽仙人占夢書一卷○占夢書一卷周宣等撰 新撰占夢書十七卷幷目錄 夢書十卷○解夢書二卷○海中仙人占體瞤及雜吉凶書三卷○海中仙人占吉凶要略二卷○雜占夢書一卷梁有師曠

占五卷東方朔占七卷黃帝太一雜占十卷和菟鳥鳴書王喬解鳥語經嚏書耳鳴書目瞤書各一卷董仲舒請禱圖三卷亡鼈經十四卷梁簡
文帝撰梁又有祠竈書一卷六甲祀書二卷又有太玄禁經白獸七變經墨子枕中五行要記淮南萬畢經淮南變化術陶朱變化術各一卷三五步剛三十
卷五行變化墨子五卷淮南中經四卷六甲隱形圖五卷太史公素王妙義二卷亡瑞應圖二卷◯瑞圖讚二卷梁有孫柔之瑞
應圖記孫氏瑞應圖贊各三卷亡祥瑞圖十一卷◯祥瑞圖八卷侯亶撰芝英圖一卷◯祥異圖
十一卷◯災異圖一卷◯地動圖一卷◯張掖郡玄石圖一卷高堂隆撰張掖郡玄
石圖一卷孟衆撰梁有晉玄石圖一卷晉德易天圖二卷亡天鏡二卷◯乾坤鏡二卷梁天鏡地鏡日月鏡四規鏡經
各一卷地鏡圖六卷亡望氣書七卷◯雲氣占一卷梁望氣相山川寶藏祕記一卷仙寶劍經二卷亡地形志八
十卷庾季才撰宅吉凶論三卷◯相宅圖八卷◯五姓墓圖一卷梁有冢書黃帝葬山圖各四卷五音
相墓書五卷五音圖墓書九十一卷五姓圖山龍及科墓葬不傳各一卷雜相墓書四十五卷亡相書四十六卷◯相經要錄
二卷蕭吉撰相經三十卷鍾武隸撰相書十一卷樊許唐氏武王相書一卷雜相書九卷相書圖七卷亡相手板經六卷梁相手板經受
版圖韋氏相板印法指略鈔魏征東將軍程申伯相印法各一卷亡大智海四卷◯白澤圖一卷◯相馬經一卷
梁有伯樂相馬經闕中銅馬法周穆王八馬圖齊侯大夫甯戚相牛經王良相牛經高堂隆相牛經淮南八公相鵠經浮丘公相鶴書相鴨經相雞經相鵞經
相貝經祖暅權衡記稱物重率術各二卷劉潛泉圖記三卷亡

右二百七十二部合一千二十二卷

五行者金木水火土五常之形氣者也在天爲五星在人爲五藏在目爲五色在耳爲五音在口爲五味在鼻爲五臭在上則出氣施變在下則養人不倦故傳曰天生五材廢一不可是以聖人推其終始以通神明之變爲卜筮以考其吉凶占百事以觀於來物覩形法以辨其貴賤周官則分在保章馮相卜師筮人占夢眡祲而太史之職實司總之小數者纔得其十𥳑便以細事相亂以惑於世

黃帝素問九卷梁八卷 黃帝甲乙經十卷音一卷梁十二卷 黃帝八十一難二卷梁有黃帝衆難經一卷呂博望注亡 黃帝鍼經九卷梁有黃帝鍼灸經十二卷徐悅龍銜素鍼并孔穴蝦蟇圖三卷雜鍼經四卷程天祚鍼經六卷灸經五卷曹氏灸方七卷秦承祖偃側雜鍼灸經三卷亡 徐叔嚮鍼灸要鈔一卷 ○ 玉匱鍼經一卷 ○ 赤烏神鍼經一卷 ○ 岐伯經十卷 ○ 脉經十卷王叔和撰 脉經二卷梁脉經十四卷又脉生死要訣二卷又脉經六卷黃公與撰脉經六卷秦承祖撰脉經十卷康普思撰亡 黃帝流注脉經一卷梁有明堂流注六卷亡 明堂孔穴五卷梁明堂孔穴二卷新撰鍼灸穴一卷亡 明堂孔穴圖三卷 ○ 明堂孔穴圖三卷梁有偃側圖八卷又偃側圖二卷 神

農本草八卷梁有神農本草五卷神農本草屬物二卷神農明堂圖一卷蔡邕本草七卷華佗弟子吳普本草六卷陶隱居本草十卷隨費本草

九卷秦承祖本草六卷王季璞本草經三卷李讜之本草經談道術本草經鈔各一卷宋大將軍參軍徐叔嚮本草病源合藥要鈔五卷徐叔嚮等四家體療

雜病本草要鈔十卷王末鈔小兒用藥本草二卷甘濬之癰疽耳眼本草要鈔九卷陶弘景本草經集注七卷趙贊本草經一卷本草經輕行本草經利用各

一卷亡 神農本草四卷雷公集注 甄氏本草三卷○桐君藥錄三卷梁有雲麾將軍徐滔新集藥錄四卷

李讜之藥錄六卷藥法四十二卷藥律三卷藥性藥對各二卷藥目三卷神農採藥經二卷藥忌一卷 太清草木集要二卷陶隱居撰

張仲景方十五卷仲景後漢人梁有黃素藥方二十五卷亡 華佗方十卷吳普撰佗後漢人梁有華佗內事五卷又耿奉方六

卷亡 集略雜方十卷○雜藥方一卷梁有雜藥方四十六卷 雜藥方十卷○寒食散論二卷

梁有寒食散湯方二十卷寒食散方一十卷皇甫謐曹歙論寒食散方二卷 寒食散對療一卷釋道洪撰 解寒食散方二

卷釋智斌撰梁解散論二卷 解寒食散論二卷梁有徐叔嚮解寒食散方六卷釋慧義寒食解雜論七卷亡 雜散方八卷

梁有解散方解散論各十三卷徐叔嚮解散消息節度八卷范氏解散方七卷解釋慧義解散方一卷亡 湯丸方十卷○雜丸方十

卷梁有百病膏方十卷雜湯丸散酒煎薄帖膏湯婦人少小方九卷羊中散雜湯丸散酒方一卷療下湯丸散方十卷 石論一卷○醫方

論七卷梁有張仲景辨傷寒十卷療傷寒身驗方徐方伯辨傷寒各一卷傷寒總要二卷支法存申蘇方五卷王叔和論病六卷張仲景評病要方一

卷徐叔嚮談道述徐悅體療雜病疾源三卷甘濬之癰疽部黨雜病疾源三卷府藏要三卷亡 肘後方六卷葛洪撰梁二卷陶弘景補闕肘後百

一方九卷亡姚大夫集驗方十二卷○范陽東方一百五卷錄一卷范汪撰梁一百七十六卷梁又有阮河
南藥方十六卷阮文叔撰釋僧深藥方三十卷孔中郎雜藥方二十九卷宋建平王典術一百二十卷羊中散藥方三十卷羊欣撰褚澄雜藥方二十卷齊吳
郡太守褚澄撰亡秦承祖藥方四十卷見三卷梁有陽眄藥方二十八卷夏侯氏藥方七卷王季琰藥方一卷徐叔嚮雜療方二十二
卷徐叔嚮雜病方六卷李讜之藥方一卷徐文伯藥方二卷亡胡洽百病方二卷梁有治卒病方一卷徐奘要方一卷無錫令徐奘撰遼東
備急方三卷都尉臣廣上殷荊州要方一卷殷仲堪撰亡俞氏療小兒方四卷梁有范氏療婦人藥方十一卷徐叔嚮療少小百病雜方
三十七卷療少小雜方二十卷療少小雜方二十九卷范氏療小兒藥方一卷王末療小兒雜方十七卷亡徐嗣伯落年方三卷梁有
徐叔嚮療脚弱雜方八卷徐方伯辨脚弱方一卷甘濬之療癰疽金創要方十四卷甘濬之療癰疽毒惋雜病方三卷甘伯齊療癰疽金創方十五卷亡陶
氏效驗方六卷梁五卷梁又有療目方五卷甘濬之療耳眼方十四卷神枕方一卷雜戎狄方一卷宋武帝撰摩訶出胡國方十卷摩訶胡沙
門撰又范曄上香方一卷雜香膏方一卷亡彭祖養性經一卷○養生要集十卷張湛撰玉房祕決十
卷○墨子枕內五行紀要一卷梁有神枕方一卷疑此即是如意方十卷○練化術一卷○
神仙服食經十卷○雜仙餌方八卷○服食諸雜方二卷梁有仙人水玉酒經一卷老子禁
食經一卷○崔氏食經四卷○食經十四卷梁有食經二卷又食經十九卷劉休食方一卷齊冠軍將軍劉休撰
亡食饌次第法一卷梁有黃帝雜飲食忌二卷四時御食經一卷梁有太官食經五卷又太官食法二十卷食法雜酒

食要方白酒并作物法十二卷家政方十二卷食圖四時酒要方白酒方七日
麪酒法雜酒食要法雜藏釀法雜酒食要法酒并飲食方䱔及鐺蟹方羹臛法
䱜膢朐法北方生醬法各一卷亡 療馬方一卷梁有伯樂療馬經一卷疑與此同 黃帝素問八卷全元越注 脉經二
卷徐氏撰 華佗觀形察色并三部脉經一卷○脉經決三卷徐氏新撰 脉經鈔二卷許建
吳撰 黃帝素問女胎一卷○三部四時五藏辨診色決事脉一卷○脉經略一卷
○辨病形證七卷○五藏決一卷○論病源候論五卷目一卷吳景賢撰 服石論一卷
○癰疽論方一卷○五藏論五卷○瘧論并方一卷○神農本草經三卷○本
草經四卷蔡英撰 藥目要用二卷○本草經略一卷○本草二卷徐大山撰 本草經類
用三卷○本草音義三卷姚最撰 本草音義七卷甄立言撰 本草集錄二卷○本草鈔
四卷○本草雜要決一卷○本草要方三卷甘濬之撰 依本草錄藥性三卷錄一卷 靈
秀本草圖六卷原平仲撰 芝草圖一卷○入林採藥法二卷○太常採藥時月一卷
○四時採藥及合目錄四卷○藥錄二卷李密撰 諸藥異名八卷沙門行矩撰本十卷今闕 諸
藥要性二卷○種植藥法一卷○種神芝一卷○藥方二卷徐文伯撰 解散經論并
增損寒食節度一卷○張仲景療婦人方二卷○徐氏雜方一卷○少小方一

卷○療小兒丹法一卷○徐大山試驗方二卷○徐文伯療婦人瘕一卷○徐
大山巾箱中方三卷○藥方五卷徐嗣伯撰墮年方二卷徐大山撰効驗方三卷徐氏撰雜
要方一卷○玉函煎方五卷葛洪撰小品方十二卷陳延之撰千金方三卷范世英撰徐王
方五卷○徐王八世家傳効驗方十卷○徐氏家傳祕方二卷○藥方五十七
卷後齊李思祖撰本百一十卷稟丘公論一卷○太一護命石寒食散二卷宋尚撰皇甫士安
依諸方撰一卷○序服石方一卷○服玉方法一卷○劉涓子鬼遺方十卷龔慶
宣撰療癰經一卷○療三十六瘻方一卷○王世榮單方一卷○集驗方十卷姚僧
坦撰集驗方十二卷○備急草要方三卷許證撰藥方二十一卷徐辨卿撰名醫集驗方
六卷○名醫別錄三卷陶氏撰刪繁方十三卷謝士秦撰吳山居方三卷○新撰藥方
五卷○療癰疽諸瘡方二卷秦政應撰單複要驗方二卷釋莫滿撰釋道洪方一卷○小
兒經一卷○散方二卷○雜散方八卷○療百病雜丸方三卷釋曇鸞撰療百病散
三卷○雜湯方十卷成毅撰雜療方十三卷○雜藥酒方十五卷○趙婆療瘭方
一卷○議論備豫方一卷于法開撰扁鵲陷冰丸方一卷○扁鵲肘後方三卷○療

消渴衆方一卷謝南郡撰論氣治療方一卷釋曇鸞撰梁武帝所服雜藥方一卷○大略
丸五卷○靈壽雜方二卷○經心錄方八卷宋候撰黃帝養胎經一卷○療婦人
產後雜方三卷○黃帝明堂偃人圖十二卷○黃帝鍼灸蝦蟇忌一卷○明堂
蝦蟇圖一卷○鍼灸圖要決一卷○鍼灸圖經十一卷本十八卷十二人圖一卷○
鍼灸經一卷○扁鵲偃側鍼灸圖三卷○流注鍼經一卷○曹氏灸經一卷○
偃側人經二卷秦承祖撰華佗枕中灸刺經一卷○謝氏鍼經一卷○殷元鍼經一
卷○要用孔穴一卷○九部鍼經一卷○釋僧匡鍼灸經一卷○三奇六儀鍼
要經一卷○黃帝十二經脈明堂五藏人圖一卷○老子石室蘭臺中治癩符
一卷○龍樹菩薩藥方四卷○西域諸仙所說藥方二十三卷目一卷本二十五卷香山
仙人藥方十卷○西錄波羅仙人方三卷○西域名醫所集要方四卷本十二卷婆
羅門諸仙藥方二十卷○婆羅門藥方五卷○耆婆所述仙人命論方二卷目一
卷本三卷乾陀利治鬼方十卷○新錄乾陀利治鬼方四卷本五卷闕伯樂治馬雜病經
一卷○治馬經三卷俞極撰亡治馬經四卷○治馬經目一卷○治馬經圖二卷○

馬經孔穴圖一卷○雜撰馬經一卷○治馬牛駝騾等經三卷目一卷香方一卷
宋明帝撰雜香方五卷○龍樹菩薩和香法二卷○食經三卷馬琬撰會稽郡造海味
法一卷○論服餌一卷○海南王食經并目百六十五卷大業中撰膳羞養療二十
卷○金匱錄二十三卷目一卷京里先生撰練化雜術一卷陶隱居撰玉衡隱書七十卷目一卷周
弘讓撰太清諸丹集要四卷陶隱居撰雜神丹方九卷○合丹大師口訣一卷○合丹
節度四卷陶隱居撰合丹要略序一卷孫文韜撰仙人金銀經并長生方一卷○狐剛子
萬金決二卷葛仙公撰雜仙方一卷○神仙服食經十卷○神仙服食神祕方二卷
○神仙服食藥方十卷抱朴子撰神仙餌金丹沙祕方一卷○衞叔卿服食雜方一
卷○金丹藥方四卷○雜神仙丹經十卷○雜神仙黃白法十二卷○神仙雜
方十五卷○神仙服食雜方十卷○神仙服食方五卷○服食諸雜方二卷○
服餌方三卷陶隱居撰真人九丹經一卷○太極真人九轉還丹經一卷○練寶法
二十五卷目三卷本四十卷闕太清璇璣文七卷沖子陵陽子說黃金祕法一卷○神方二
卷○狐子雜決三卷○太山八景神丹經一卷○太清神丹中經一卷○養生

注十一卷目一卷養生術一卷翟平撰龍樹菩薩養性方一卷○引氣圖一卷○道引圖三卷立一坐一臥一養身經一卷○養生要術一卷○養生服食禁忌一卷○養生傳二卷○帝王養生要方二卷蕭吉撰素女祕道經一卷并玄女經素女方一卷○彭祖養性一卷○郯子說陰陽經一卷○序房內祕術一卷葛氏撰玉房祕決八卷○徐太山房內祕要一卷○新撰玉房祕決九卷○四海類聚方二千六百卷○四海類聚單要方三百卷

右二百五十六部合四千五百一十卷

醫方者所以除疾疢保性命之術者也天有陰陽風雨晦明之氣人有喜怒哀樂好惡之情節而行之則和平調理專壹其情則溺而生疢是以聖人原血脈之本因鍼石之用假藥物之滋調中養氣通滯解結而反之於素其善者則原脈以知政推疾以及國周官醫師之職掌聚諸藥物凡有疾者治之是其事也鄙者爲之則反本傷性故曰有疾不治恆得中醫

凡諸子合八百五十三部六千四百三十七卷

易曰天下同歸而殊塗一致而百慮儒道小說聖人之教也而有所偏兵及醫方聖人之政也所施各異世之治也列在衆職下至衰亂官失其守或以其業遊說諸侯各崇所習分鑣並騖若使總而不遺折之中道亦可以與化致治者矣漢書有諸子兵書數術方伎之略今合而敘之爲十四種謂之子部

隋書卷三十四

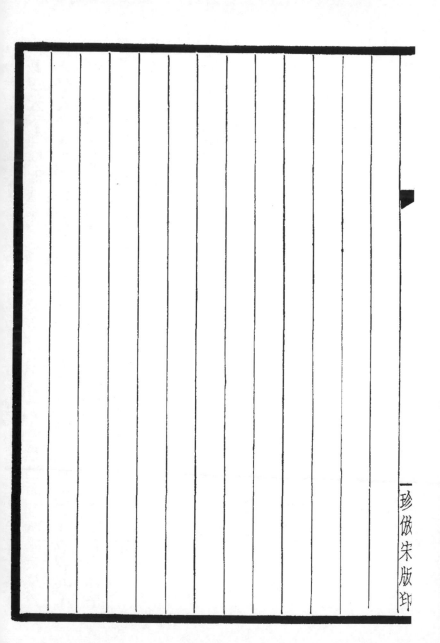

隋書卷三十四考證

經籍志三四時御食經一卷注鉏膢朐法○監本鉏訛䣂從宋本改

隋書卷三十四考證

隋書卷三十五

唐太尉揚州都督監修國史上柱國趙國公臣長孫無忌等撰

志第三十

經籍四 集 道經 佛經

楚辭十二卷幷目錄。後漢校書郎王逸注 楚辭三卷郭璞注。梁有楚辭十一卷，宋何偃刪王逸注，亡 楚辭九悼一卷揚穆撰 參解楚辭七卷皇甫遵訓撰 楚辭音一卷徐邈撰 楚辭音一卷宋處士諸葛氏撰 楚辭音一卷孟奧撰 楚辭音一卷○楚辭音一卷釋道騫撰 離騷草木疏二卷劉杳撰

右十部二十九卷通計亡書合十一部四十卷

楚辭者屈原之所作也自周室衰亂詩人寢息諂佞之道興諷刺之辭廢楚有賢臣屈原被讒放逐乃著離騷八篇言已離別愁思申杼其心自明無罪因以諷諫冀君覺悟卒不省察遂赴汨羅死焉弟子宋玉痛惜其師傷而和之其後賈誼東方朔劉向揚雄嘉其文彩擬之而作蓋以原楚人也謂之楚辭然其氣質高麗雅致清遠後之文人咸不能逮始漢武帝命淮南王爲之章句旦受詔

食時而奏之其書今亡後漢校書郎王逸集屈原已下迄於劉向逸又自爲一篇幷敘而注之今行於世隋時有釋道騫善讀之能爲楚聲音韻清切至今傳楚辭者皆祖騫公之音

楚蘭陵令荀況集一卷（殘缺梁二卷）楚大夫宋玉集三卷○漢武帝集一卷（梁二卷）漢淮南王集一卷（梁二卷又有賈誼集四卷晁錯集三卷漢弘農都尉枚乘集二卷錄各一卷亡）漢中書令司馬遷集一卷○漢太中大夫東方朔集二卷（梁有漢光祿大夫吾丘壽王集二卷亡）漢文園令司馬相如集一卷○漢膠西相董仲舒集一卷（梁二卷又有漢太常孔臧集二卷亡）漢騎都尉李陵集二卷（梁有漢丞相魏相集二卷錄一卷左馮翊張敞集一卷錄一卷亡）漢諫議大夫王褒集五卷○漢諫議大夫劉向集六卷（梁有漢射聲校尉陳湯集二卷丞相韋玄成集二卷亡）漢諫議大夫谷永集二卷（梁有涼州刺史杜鄴集二卷騎都尉李尋集二卷亡）漢司空師丹集一卷（梁三卷錄一卷）漢光祿大夫息夫躬集一卷○漢太中大夫揚雄集五卷○漢太中大夫劉歆集五卷○漢成帝班婕妤集一卷（梁有班昭集三卷王莽建新大尹崔篆集一卷保成師友唐林集一卷中謁者史岑集二卷後漢東平王蒼集五卷桓譚集五卷亡）後漢司隸從事馮衍集五卷○後漢徐令班彪集二卷（梁五卷又有司徒掾陳元集一卷王隆集二卷雲陽令朱勃集二卷後漢處士梁鴻

集二卷亡 後漢車騎從事杜篤集一卷〇後漢車騎司馬傅毅集二卷梁五卷 後漢大
將軍護軍司馬班固集十七卷梁有魏郡太守黃香集二卷亡 後漢長岑長崔駰集十卷〇後
漢侍中賈逵集一卷梁二卷 後漢校書郎劉騊駼集一卷梁二卷錄一卷又有樂安相李尤集五卷大鴻
臚寶章集二卷亡 後漢濟北相崔瑗集六卷梁五卷 後漢劉珍集二卷錄一卷 後漢河間張
衡集十一卷梁十二卷又一本十四卷又有郎中籍順集二卷錄二卷後漢太傅胡廣集二卷錄一卷亡 後漢黃門郎葛龔
集六卷梁五卷一本七卷 後漢司空李固集十二卷梁十卷 後漢南郡太守馬融集九卷
梁有外黃令高彪集二卷錄一卷王逸集二卷錄一卷司徒掾桓鱗集二卷錄一卷亡 後漢徵士崔琦集一卷梁二卷又有酈炎集
二卷錄二卷陳相邊韶集一卷錄一卷益州刺史朱穆集二卷錄一卷亡 後漢京兆尹延篤集一卷梁二卷錄一卷又有司農卿皇
甫規集五卷太常卿張奐集二卷錄一卷王延壽集三卷五原太守崔寔集二卷錄一卷上計趙壹集二卷錄一卷亡 後漢諫議大夫劉
陶集三卷梁二卷錄一卷又有外黃令張升集二卷錄一卷侯瑾集二卷盧植集二卷議郎廉品集二卷亡 後漢司空荀爽集
一卷梁三卷錄一卷 後漢野王令劉梁集三卷梁二卷錄一卷又有鄭玄集二卷錄一卷亡 後漢左中郎將
蔡邕集十二卷梁有二十卷錄一卷又有尚書令士孫瑞集二卷亡 後漢太山太守應劭集二卷梁四卷又有別
部司馬張超集五卷亡 後漢少府孔融集九卷梁十卷錄一卷 後漢侍御史虞翻集二卷梁三卷錄一卷

後漢討虜長史張紘集一卷梁二卷錄一卷梁有後漢處士禰衡集二卷錄一卷亡後漢尚書右丞潘勗
集二卷梁有錄一卷亡後漢丞相倉曹屬阮瑀集五卷梁有錄一卷亡魏太子文學徐幹集五
卷梁有錄一卷亡魏太子文學應瑒集一卷梁有五卷錄一卷亡後漢丞相軍謀掾陳琳集三卷
梁十卷錄一卷魏太子文學劉楨集四卷錄一卷後漢丞相主簿繁欽集十卷梁錄一卷亡後
漢丞相主簿楊修集一卷梁二卷錄一卷後漢侍中王粲集十一卷梁有魏國郎中令路粹集二卷錄一
卷行御史大夫袁渙集五卷錄一卷魏國奉常王修集二卷亡後漢尚書丁儀集一卷梁二卷錄一卷後漢黃門郎丁
廙集一卷梁二卷錄一卷梁又有婦人後漢黃門郎秦嘉妻徐淑集一卷後漢董祀妻蔡文姬集一卷傅石甫妻孔氏集一卷亡一魏武帝
集二十六卷梁三十卷錄一卷梁又有武皇帝逸集十卷亡魏武帝集新撰十卷〇魏文帝集十卷梁二
十三魏明帝集七卷梁五卷或九卷錄一卷梁又有高貴鄉公集四卷亡魏陳思王曹植集三十卷梁又有司
徒華歆集二卷亡魏司徒王朗集三十四卷梁三十卷又司徒陳羣集五卷亡魏給事中邯鄲淳集二
卷梁有錄一卷又有劉廙集二卷侍中吳質集五卷新城太守孟達集三卷魏徵士管寧集三卷錄一卷亡魏光祿勳高堂隆六卷
梁十卷錄一卷又有光祿勳劉邵集二卷魏一卷亡魏散騎常侍繆襲集五卷梁有錄一卷又有散騎常侍王象集一卷光祿大夫
韋誕集三卷錄一卷散騎常侍麋元集五卷游擊將軍卞蘭集二卷錄一卷隰陽侯李康集二卷錄一卷陳郡太守孫該集二卷錄一卷尚書傅巽集二卷錄

一卷亡 魏章武太守殷褒集一卷梁二卷 魏司空王昶集五卷梁有錄一卷 魏衛將軍王
肅集五卷梁有錄一卷又有桓範集二卷中領軍曹羲集五卷錄一卷亡 魏尚書何晏集十一卷梁十卷錄一卷 魏衛
尉卿應璩集十卷梁有錄一卷又有王弼集五卷錄一卷中書令劉階集二卷太常卿傅嘏集二卷錄一卷樂安太守夏侯惠集二卷錄一
卷亡 魏校書郎杜摯集二卷梁有毋丘儉集二卷錄一卷征東軍司馬江奉集二卷亡 魏太常夏侯玄集三卷
梁有車騎將軍鍾毓集五卷錄一卷亡 魏步兵校尉阮籍集十卷梁十三卷錄一卷 魏中散大夫嵇康集
十三卷梁十五卷錄一卷又有魏徵士呂安集二卷錄一卷亡 魏司徒鍾會集九卷梁十卷錄一卷 魏汝南太守
程曉集二卷梁錄一卷 蜀丞相諸葛亮集二十五卷梁二十四卷又有蜀司徒許靖集二卷錄一卷征北將軍夏侯
霸集二卷亡 吳輔義中郎將張溫集六卷梁有士燮集五卷亡 吳偏將軍駱統集十卷梁有錄一卷又
有太子東傅薛綜集三卷錄一卷亡 吳選曹尚書暨豔集二卷梁三卷錄一卷又有姚信集二卷錄一卷謝丞集四卷今亡 吳
人揚厚集二卷梁又有錄一卷 吳丞相陸凱集五卷梁有錄一卷 吳侍中胡綜集二卷梁有錄一
卷又有少觀令華覆集五卷錄一卷亡 吳侍中張儼集一卷梁二卷錄一卷又有韋昭集二卷錄一卷亡 吳中書令紀
隲集三卷梁有錄一卷又有陸景集一卷亡 晉宣帝集五卷梁有錄一卷 晉文帝集三卷○齊王攸
集二卷梁三卷 晉王沈集五卷梁有鄭褒集二卷亡 晉宗正稽喜集一卷殘缺梁二卷錄一卷 晉散騎

常侍應貞集一卷梁五卷晉司隸校尉傅玄集十五卷梁五十卷錄一卷亡晉著作郎成公
綏集九卷殘缺梁十卷又有裴秀集三卷錄一卷亡晉金紫光祿大夫何禎集一卷梁五卷又有袁準集二卷錄一
卷亡晉少傅山濤集九卷梁五卷錄一卷又一本十卷齊奉朝請裴津注又梁有向秀集二卷錄一卷平原太守阮种集二卷錄一卷阮
侃集五卷錄一卷亡晉太傅羊祜集一卷殘缺梁二卷錄一卷又有蔡玄通集五卷太宰賈充集五卷錄一卷荀勗集三卷錄一卷亡
晉征南將軍杜預集十八卷〇晉輔國將軍王濬集一卷殘缺梁二卷錄一卷晉徵仕皇
甫謐集二卷錄一卷晉侍中程咸集三卷梁有光祿大夫劉毅集二卷錄一卷晉侍中庾峻集二卷錄一卷亡晉巴
西太守郤正集一卷〇晉散騎常侍薛瑩集三卷梁又有散騎常侍陶濬集二卷錄一卷亡晉通事
郎江偉集六卷梁有宣舒集五卷散騎常侍曹志集二卷錄一卷鄒湛集三卷錄一卷亡晉汝南太守孫毓集六卷
〇晉處士楊泉集二卷錄一卷梁有司徒王渾集五卷冀州刺史王深集五卷亡晉徵士閔鴻集三卷梁有光祿
大夫裴楷集二卷錄一卷亡晉司空張華集十卷錄一卷晉尚書僕射裴頠集九卷梁有太子中庶子許
孟集三卷錄一卷太宰何邵集二卷錄一卷光祿大夫劉頌集三卷錄一卷劉寔集二卷錄一卷亡晉散騎常侍王佑集三卷錄一
卷梁有晉驃騎將軍王濟集二卷亡華嶠集八卷梁二卷晉祕書丞司馬彪集四卷梁三卷錄一卷又有尚書庾儵
集二卷錄一卷國子祭酒謝衡集二卷亡晉漢中太守李虔集一卷梁二卷錄一卷晉司隸校尉傅咸集十

卷七梁三十卷錄一卷又有太子中庶子袁據集二卷錄一卷劉寶集三卷亡晉馮翊太守孫楚集六卷梁十二卷錄一卷
晉散騎常侍夏侯湛集十卷梁有錄一卷又有弋陽太守夏侯淳集二卷散騎侍郎王讚集五卷亡晉衛尉卿石
崇集六卷梁有錄一卷晉尚書郎張敏集二卷梁五卷又有黃門郎伏偉集一卷亡晉黃門郎潘岳集
十卷〇晉太常卿潘尼集十卷〇晉頓丘太守歐陽建集二卷梁有宗正劉許集二卷錄一卷
散騎常侍李重集二卷光祿大夫樂廣集二卷錄一卷阮渾集三卷錄一卷亡晉侍中嵇紹集二卷錄一卷梁有錢唐令楊建集九卷長
沙相臧彥集五卷左長史楊乂集三卷錄一卷晉尚書盧播集一卷梁二卷錄一卷又有欒肇集五卷錄一卷南中郎長史應亨集二卷
亡晉國子祭酒杜育集二卷〇晉太常卿摯虞集九卷梁十卷錄一卷又祕書監繆徵集二卷錄一卷
亡晉齊王府記室左思集二卷梁有五卷錄一卷又有晉豫章太守夏靖集二卷錄一卷吳王文學鄭豐集二卷錄一卷大司
馬東曹掾張翰集二卷錄一卷清河王文學陳略集二卷錄一卷揚州從事陸沖集二卷錄一卷亡晉平原內史陸機集十四卷
梁四十七卷錄一卷亡晉清河太守陸雲集十二卷梁十卷錄一卷又有少府丞孫極集二卷錄一卷亡晉中書郎
張載集七卷梁一本二卷錄一卷晉黃門郎張協集三卷梁四卷錄一卷晉著作郎束晳集七卷
梁五卷錄一卷又有征南司馬曹攄集三卷錄一卷散騎常侍江統集十卷錄一卷著作郎胡濟集五卷錄一卷亡晉中書令卞粹集一
卷梁五卷又有光祿勳閭丘沖集二卷錄一卷亡晉太傅從事中郎庾敳集一卷梁五卷錄一卷又有太子中舍人阮瞻集

二卷錄一卷太子洗馬阮修集二卷錄一卷廣威將軍裴邈集二卷錄一卷亡晉太傅郭象集二卷梁五卷錄一卷又有廣州刺史嵇含
集十卷錄一卷亡晉安豐太守孫惠集八卷梁十一卷錄一卷又有松滋令蔡洪集二卷錄一卷亡晉平北將軍
牽秀集四卷梁三卷錄一卷又有車騎從事中郎蔡克集二卷錄一卷游擊將軍索靖集三卷隴西太守閻纂集二卷錄一卷秦州刺史張輔集
二卷錄一卷交趾太守殷巨集二卷錄一卷太子洗馬陶佐集五卷錄一卷東晉鄱陽太守虞溥集二卷錄一卷益陽令吳商集五卷仲長敖集二卷晉太常
卿劉弘集三卷錄一卷開府山簡集二卷錄一卷兗州刺史宗岱集二卷侍中王峻集二卷錄一卷濟陽內史王曠集五卷錄一卷亡晉散騎常
侍裴嵩集一卷梁二卷錄一卷又有襄陽太守裴腆集二卷錄一卷亡晉太尉劉琨集九卷梁十卷劉琨別
集十二卷○晉司空從事中郎盧諶集十卷梁有錄一卷晉祕書丞傅暢集五卷梁有
錄一卷又有晉明帝集五卷錄一卷簡文帝集五卷錄一卷孝武帝集二卷錄一卷彭城王紘集二卷譙烈王集九卷錄一卷亡晉會稽王司
馬道子集八卷梁九卷又有鎮東從事中郎傅毅集五卷亡晉衡陽內史曾瓌集三卷梁四卷錄一卷又有驃騎
將軍顧榮集五卷錄一卷亡晉司空賀循集十八卷梁二十卷錄一卷又有散騎常侍張杭集二卷錄一卷車騎長史賈彬集三卷
錄一卷亡晉光祿大夫衛展集十二卷梁十五卷又有東晉太尉荀組集三卷錄一卷亡晉祕書郎張委集
九卷梁五卷又有關內侯傅珉集一卷光祿大夫周顗集二卷錄一卷亡晉太常謝鯤集六卷梁二卷晉驃騎將軍
王廙集十卷梁三十四卷錄一卷又有華譚集二卷亡晉御史中丞熊遠集十二卷梁五卷錄一卷又有湘州秀才

谷儉集一卷，大鴻臚周嵩集三卷，錄一卷，亡。

晉弘農太守郭璞集十七卷梁十卷，錄一卷。

晉張駿集八卷殘缺。

晉大將軍王敦集十卷梁有吳興太守沈充集二卷，散騎常侍傅純集二卷，錄一卷，亡。

晉光祿大夫梅陶集九卷梁二十卷，錄一卷。又有金紫光祿大夫荀邃集二卷，錄一卷，亡。

晉散騎常侍王覽集九卷梁五卷。又有晉著作佐郎王濤集五卷，廷尉卿阮放集十卷，錄一卷，金紫光祿大夫張闓集二卷，錄一卷，宗正卿張俊集五卷，錄一卷，揚州從事陸沈集二卷，錄一卷，汝南太守應碩集二卷，錄一卷，驃騎將軍卞壼集二卷，錄一卷，衛將軍戴邈集五卷，錄一卷，光祿勳鍾雅集一卷，光祿大夫荀崧集一卷，衛尉卿劉超集一卷，亡。

晉大將軍溫嶠集十卷梁錄一卷。

晉侍中孔坦集十七卷梁五卷，錄一卷。又有臧沖集一卷，晉鎮南大將軍應詹集五卷，亡。

晉太僕卿王嶠集八卷梁有衛尉荀闓集一卷，鎮北將軍劉隗集二卷，大司馬陶侃集二卷，錄一卷，亡。

晉丞相王導集十一卷梁十卷，錄一卷。

晉太尉郗鑒集十卷錄一卷。

晉太尉庾亮集二十一卷梁二十卷，錄一卷。又有虞預集十卷，錄一卷，平越司馬黃整集十卷，錄一卷，亡。

晉護軍長史庾堅集十三卷梁十卷，錄一卷。

晉司空庾冰集七卷梁二十卷，錄一卷。

晉給事中庾闡集九卷梁十卷，錄一卷。

晉著作郎王隱集十卷梁二十卷，錄一卷。

晉散騎常侍干寶集四卷梁五卷。

晉太常卿殷融集十卷梁有衛尉張虞集十卷，光祿大夫諸葛恢集五卷，錄一卷，亡。

晉車騎將軍庾翼集二十二卷梁二十卷，錄一卷。

晉司空何充集四卷梁五卷。又有御史中丞郝默集五卷，征西諮議甄述集十二卷，武昌太守徐彥則集十卷，亡。

晉散騎常侍王愆期集七卷梁十卷，錄一卷。又有司徒

左長史王濛集五卷丹陽尹劉惔集二卷錄一卷益州刺史袁喬集七卷亡晉尚書令顧和集五卷梁有錄一卷又有尚書僕射劉
遐集五卷徵士江淳集三卷錄一卷魏興太守荀述集一卷平南將軍賀翹集五卷李軌集八卷亡晉李充集二十二卷梁十五卷錄一
卷晉司徒蔡謨集十七卷梁四十三卷晉揚州刺史殷浩集四卷梁五卷錄一卷又有吳興孝廉鈕滔
集五卷錄一卷宣城內史劉系之集五卷錄一卷亡庾赤王集四卷○晉尋陽太守庾純集八卷梁有驃騎司馬
王修集二卷錄一卷衛將軍謝尚集十卷錄一卷青州刺史王俠集二卷亡晉西中郎將王胡之集十卷梁五卷錄一卷晉
中書令王洽集五卷錄一卷梁有宜春令范保集七卷徵士范宣集十卷錄一卷建安太守丁纂集四卷錄一卷亡晉金紫光
祿大夫王羲之集九卷梁十卷錄一卷晉散騎常侍謝萬集十六卷梁十卷晉司徒長史
張憑集五卷梁有錄一卷梁有高涼太守楊方集二卷亡晉徵士許詢集三卷梁八卷錄一卷晉征西將軍
張望集十卷梁十二卷錄一卷晉餘姚令孫統集二卷梁九卷錄一卷又有晉陵令戴元集三卷錄一卷亡晉衛
尉卿孫綽集十五卷梁二十五卷晉太常江逌集九卷梁有謝沈集十卷亡晉李顒集十卷錄一
卷晉光祿勳曹毗集十卷梁十五卷錄一卷又有郡主簿王箴集五卷亡晉沙門支遁集八卷梁十三卷又有
劉彧集十六卷亡張重華酒泉太守謝艾集七卷梁八卷又有撫軍長史蔡系集二卷護軍將軍江彬集五卷錄一卷亡
晉范汪集一卷梁十卷晉尚書僕射王述集八卷梁又有王度集五卷錄一卷中領軍庾龢集二卷錄一卷將作

大匠喻希集一卷吳興太守孔嚴集十一卷錄一卷亡晉大司馬桓溫集十一卷梁有四十三卷又有桓溫要集二十卷錄一卷
豫章太守車灌集五卷錄一卷亡晉尚書僕射王坦之集七卷梁五卷錄一卷亡晉左光祿王彪之集
二十卷梁有錄一卷晉中書郎郗超集九卷梁十卷又有南中郎桓嗣集五卷平固令邵毅集五卷錄一卷太學博士滕輔
集五卷錄一卷亡晉苻堅丞相王猛集九卷錄一卷梁有顧夷集五卷散騎常侍鄭襲集四卷撫軍掾劉暢集一卷亡晉太
常卿韓康伯集十六卷梁有黃門郎范啓集四卷豫章太守王恪集十卷零陵太守陶混集七卷海鹽令祖撫集三卷吳興太守殷康
集五卷錄一卷亡晉太傅謝安集十卷梁十卷錄一卷又有中軍參軍孫嗣集三卷錄一卷司徒左長史劉袞集三卷亡晉御
史中丞孔欣時集八卷梁七卷晉伏滔集十一卷幷目錄梁五卷錄一卷晉滎陽太守習鑿
齒集五卷○晉祕書監孫盛集五卷殘缺梁十卷錄一卷晉東陽太守袁宏集十五卷梁二
十卷錄一卷又有晉黃門郎顧淳集一卷尋陽太守熊鳴鵠集十卷車騎司馬謝韶集三卷金紫光祿大夫王獻之集十卷錄一卷琅邪內史袁質集二卷錄
一卷太宰從事中郎袁邵集五卷錄一卷車騎長史謝朗集六卷錄一卷車騎將軍謝顧集十卷錄一卷亡晉新安太守郗愔集四
卷殘缺梁五卷又有吳郡功曹陸法之集十九卷亡晉太常卿王珉集十卷梁錄一卷晉中散大夫羅含集
三卷梁有太宰長史庾蒨集二卷大司馬參軍庾悠之集三卷司徒右長史庾凱集二卷亡晉國子博士孫放集一卷殘缺
梁十卷晉聘士殷叔獻集四卷幷目錄梁三卷錄一卷晉湘東太守庾肅之集十卷錄一卷梁有晉

北中郎參軍蘇彥集十卷大子左率王肅之集三卷錄一卷黃門郎王徽之集八卷徵士謝敷集五卷錄一卷太常卿孔汪集十卷陳統集七卷太常王愷集十五卷右將軍王忱集五卷錄一卷太常殷允集十卷亡晉徵士戴逵集九卷殘缺梁十卷錄一卷又有晉光祿大夫孫廞集十卷尚書左丞徐禪集六卷亡晉太子前率徐邈集九卷幷目錄梁二十卷錄一卷晉給事中徐乾集二十一卷幷目錄梁二十卷錄一卷又有晉冠軍將軍張玄之集五卷錄一卷員外常侍荀世之集八卷袁崧集十卷黃門郎魏遏之集五卷驃騎參軍卞湛集五卷金紫光祿大夫褚爽集十六卷錄一卷亡晉豫章太守范甯集十六卷梁有晉餘杭令范弘之集六卷亡晉司徒王珣集十一卷幷目錄梁十卷錄一卷亡晉處士薄蕭之集九卷梁十卷又有晉安北參軍薄要集九卷薄邕集七卷延陵令唐邁之集十一卷錄一卷亡晉孫恩集五卷梁有晉殿中將軍傅綽集十五卷驍騎將軍弘戎集十六卷御史中丞魏叔齊集十五卷司徒右長史劉寧之集五卷亡晉臨海太守辛德遠集五卷梁四卷又有晉車騎參軍何瑾之集十一卷太保王恭集五卷錄一卷殷覬集十卷錄一卷亡晉荊州刺史殷仲堪集十二卷幷目錄梁十卷錄一卷亡晉驃騎長史謝景重集一卷○晉桓玄集二十卷梁有晉丹陽令卞範之集五卷錄一卷光祿勳卞承之集十卷錄一卷亡晉東陽太守殷仲文集七卷梁五卷晉司徒王謐集十卷錄一卷梁有晉光祿大夫伏系之集十卷錄一卷亡晉右軍參軍孔璠集二卷○晉衛軍諮議湛方生集十卷錄一卷晉光祿大夫祖台之集十六卷梁二十卷晉通直常侍顧愷之集七卷梁二十卷晉太常卿劉瑾集九卷梁五卷晉左僕

射謝混集三卷梁五卷 晉祕書監滕演集十卷錄一卷 晉司徒長史王誕集二卷梁有
晉太尉咨議劉簡之集十卷亡 晉丹陽太守袁豹集八卷梁十卷錄一卷又有晉盧江太守殷遵集五卷錄一卷興平令荀軌集五
卷亡 晉西中郎長史羊徽集九卷梁十卷錄一卷 晉國博士周祇集十一卷梁一十卷錄一卷又有晉
相國主簿殷闡集十卷錄一卷太常傅迪集十卷亡 晉始安太守卞裕集十三卷梁十五卷又有晉韋公藝集六卷亡 晉毛
伯成集一卷○晉沙門支曇諦集六卷○晉沙門釋惠遠集十二卷○晉姚萇
沙門釋僧肇集一卷○晉王茂略集四卷○晉曹毗集四卷○晉宗欽集二卷
梁有晉中軍功曹殷曠之集五卷太學博士魏說集十三卷征西主簿丘道護集五卷錄一卷柴桑令劉遺民集五卷錄一卷郭澄之集十卷徵士周桓之集
一卷孔瞻集九卷亡 晉江州刺史王凝之妻謝道韞集二卷梁有婦人晉司徒王渾妻鍾夫人集五卷晉武帝左九嬪
集四卷晉太宰賈充妻李扶集一卷晉武平都尉陶融妻陳窈集一卷晉都水使者妻陳玢集五卷晉海西令劉驎妻陳琇集七卷晉劉柔妻王邵之集十卷
晉散騎常侍傅伉妻辛蕭集一卷晉松陽令紐滔母孫瓊集二卷晉成公道賢妻龐馥集一卷晉宣城太守何殷妻徐氏集一卷亡 宋武帝集十
二卷梁二十卷錄一卷 宋文帝集七卷梁十卷亡 宋孝武帝集二十五卷梁三十一卷錄一卷又有宋廢帝景
和集十卷錄一卷明帝集三十三卷亡 宋長沙王道憐集十卷錄一卷梁有宋臨川王道規集四卷錄一卷亡 宋臨川王
義慶集八卷○宋江夏王義恭集十一卷梁十五卷錄一卷又有江夏王集別本十五卷宋衡陽王義季集十卷錄

一卷亡宋南平王鑠集五卷梁有宋竟陵王誕集二十卷建平王休祐集十卷新渝惠侯義宗集十二卷散騎常侍祖柔之集二十卷
亡宋豫章太守謝瞻集三卷梁有宋征虜將軍沈林子集七卷亡宋太常卿孔琳之集九卷幷目錄梁
十卷錄一卷宋王敘之集七卷梁十卷錄一卷宋太中大夫徐廣集十五卷錄一卷宋祕書監
盧繁集一卷殘缺梁十卷錄一卷宋侍中孔甯子集十一卷幷目錄梁十五卷錄一卷宋建安太守卞
瑾集十卷梁十卷宋太常卿蔡廓集九卷幷目錄梁十卷錄一卷又有宋王韶之集二十四卷亡宋尚書令
傅亮集三十一卷梁二十卷錄一卷又有宋征南長史孫康集十卷左軍長史范述集三卷亡宋太常卿鄭鮮之集
三卷十梁二十卷錄一卷宋徵士陶潛集九卷梁五卷錄一卷又有張野集十卷宋零陵令陶階集八卷東莞太守張元瑾集
八卷光祿大夫王曇首集二卷錄一卷亡宋太常卿范泰集十九卷梁二十卷錄一卷宋中書郎荀昶集十
四卷梁十五卷錄一卷又有卞伯玉集五卷錄一卷中散大夫羊欣集九卷亡宋司徒王弘集一卷梁二十卷錄一卷又有宋金紫
光祿大夫沈演集十卷廣平太守范凱集八卷亡宋沙門釋惠琳集五卷梁九卷錄一卷又有宋范晏集十四卷亡宋司徒
府參軍謝惠連集六卷梁五卷錄一卷又有宋太常謝弘微集二卷亡宋臨川內史謝靈運集十九卷
梁二十卷錄一卷宋給事中丘深之集七卷梁十五卷又有義成太守祖企之集五卷荊州西曹孫韶集十卷殷淳集二卷揚州
刺史殷景仁集九卷國子博士姚濤之集二十卷錄一卷周祋集十一卷亡殷闡之集一卷○宋徵士宗景集十六

卷梁十五卷

宋徵士雷次宗集十六卷梁二十九卷錄一卷

宋奉朝請伍緝之集十二卷梁有宋南鑾主簿衛令元集八卷范曄集十五卷錄一卷撫軍諮議范廣集一卷右光祿大夫王敬集五卷錄一卷任豫集六卷

宋御史中丞何承天集二十卷梁三十二卷亡

宋大中大夫裴松之集十三卷梁二十一卷又有王韶之集十九卷宋光祿大夫江湛集四卷錄一卷亡

宋太尉袁淑集十一卷幷目錄梁十卷錄一卷

宋祕書監王微集十卷梁有錄一卷又有宋太子舍人王僧謙集二卷金紫光祿大夫王僧綽集一卷征北行參軍顧邁集二十卷魚復令陳超之集十卷平南將軍何長瑜集八卷亡

宋員外郎荀雍集二卷梁四卷又有宋國子博士范演集八卷錢唐令顧昱集六卷臨成令韓濬之集八卷南陽太守沈亮之集七卷國子博士孔欣集九卷臨海太守江玄叔集四卷尚書郎劉馥集十一卷太子中舍人張演集八卷南昌令蔡眇之集三卷太學博士顧雅集十三卷巴東太守孫仲之集十一卷太尉諮議參軍謝元集一卷南海太守陸展集九卷棘陽令山謙之集十二卷廣州刺史楊希集九卷員外常侍周始之集十一卷主客郎羊崇集六卷太子舍人孔景亮集三卷亡

宋中書郎袁伯文集十一卷幷目錄梁有宋丞相諮議蔡超集七卷亡

宋東中郎長史孫緬集八卷幷目錄梁十一卷又有宋賀道養集十卷太子洗馬謝登集六卷新安太守張鏡集十卷兼中書舍人褚詮之集八卷錄一卷亡

宋特進顏延之集二十五卷梁三十卷又有顏延之逸集一卷亡

宋東揚州刺史顏竣集十四卷幷目錄

宋大司馬錄事顏測集十一卷幷目錄

宋護軍將軍王僧達集十卷梁有錄一卷又有國子博士羊戎集十卷江寧令蘇寶生集四卷兗州別駕范義集十二卷吳興太守劉瑀集七卷本郡孝廉劉氏集九卷亡

宋會稽太

守張暢集十二卷殘缺梁十四卷錄一卷又有宋司空何尚之集十卷亡宋吏部尚書何偃集十九卷梁十
六卷又有廬江太守周朗集八卷亡宋侍中沈懷文集十二卷殘缺梁十六卷宋北中郎長史江智深集
九卷并目一卷宋太子中庶子殷琰集七卷梁又有宋武陵太守袁顗集八卷荀欽明集六卷安北參軍王詢之集五卷越
騎校尉戴法興集四卷亡宋黃門郎虞通之集十五卷梁二十卷宋司徒左長史沈勃集十五卷
梁二十卷宋金紫光祿大夫謝莊集十九卷梁十五卷又有宋金紫光祿大夫謝協集三卷三巴校尉張悅集十一卷揚州
從事賀顧集十一卷領軍長史孔邁之集八卷撫軍參軍賀弼集十六卷本州秀才劉遂集二卷亡宋建平王景素集十卷〇宋
征虜記室參軍鮑照集十卷梁六卷又有宋武康令沈懷遠集十九卷裴駰集六卷刪定郎劉鯤集五卷宜都太守費修集十卷
亡宋太中大夫徐爰集六卷梁十卷又有宋護軍司馬孫勃集六卷右光祿大夫張未集十卷陽羨令趙繹集十六卷亡宋
庾蔚之集十六卷梁二十卷又有太子中舍人徵不就王素集十六卷亡宋豫章太守劉愔集八卷梁十卷又
有宋起部費鏡運集二十卷光祿大夫孫夐集十一卷太尉從事中郎蔡頤集三卷司空劉緬集二十卷錄一卷青州刺史明僧暠集十卷吳興太守蕭惠開
集七卷沈宗之集十卷大司農張辯集十六卷金紫光祿大夫王瓚集十五卷錄一卷郭坦之集五卷會稽主簿辛湛之集八卷太子舍人朱年集二卷東海
王常侍鮑德遠集六卷會稽郡丞張緩集六卷亡宋寧國令劉薈集七卷〇宋江州從事吳邁遠集一
卷殘缺梁八卷亡宋宛朐令湯惠休集三卷梁四卷又有南海太守孫奉伯集十卷右將軍成元範集十卷奉朝請虞喜集十一

卷延陵令唐思賢集十五卷戴凱之集六卷亡宋司徒袁粲集十一卷并目錄梁九卷又有婦人韋氏集一卷宋後宮司儀韓蘭英集
四卷亡齊文帝集一卷殘缺梁十一卷又有齊晉安王子懋集四卷錄一卷隨王子隆集七卷亡齊竟陵王子良集四
十卷梁又有齊聞喜公蕭遙欣集十一卷領軍諮議劉祥集十卷亡齊太宰褚彥回集十五卷梁又有齊黃門侍郎崔祖思集
二十卷中軍佐鍾蹈集十二卷餘杭令丘巨源集十卷錄一卷亡齊太尉王儉集五十一卷梁六十卷又有齊東海太守謝顥集
十六卷謝灊集十卷豫州刺史劉善明集十卷侍中褚賁集十二卷徵士劉虯集二十四卷司徒主簿徵不就庾易集十卷顧歡集三十卷劉瓛集三十卷射
聲校尉劉璡集三卷亡齊中書郎周顒集八卷梁十六卷又有齊左侍郎鮑鴻集二十卷錄一卷雍州秀才韋瞻集十卷正員郎劉
懷慰集十卷錄一卷永嘉太守江山圖集十卷驃騎記室參軍荀憲集十一卷亡齊前軍參軍虞羲集九卷殘缺梁十一卷又有
平陽令韋沈集十卷車騎參軍任文集十一卷卞鑠集十六卷婁幼瑜集六十六卷長水校尉祖沖之集五十一卷亡齊中書郎王融集
十卷○齊吏部郎謝朓集十二卷○謝朓逸集一卷梁又有王巾集十一卷亡齊司徒左長
史張融集二十七卷梁十卷又有張融玉海集十卷大澤集十卷金波集六十卷又有齊羽林監庾韶集十卷黃門郎王僧祐集十卷太
常卿劉悛集三十卷錄一卷祕書王寂集五卷亡齊金紫光祿大夫孔稚珪集十卷○齊後軍法曹參
軍陸厥集八卷梁十卷齊太尉徐孝嗣集十卷梁七卷又有侍中劉暄集一十一卷通直常侍裴昭明集九卷虞炎
集七卷吏部郎劉瑱集十卷梁國從事中郎劉繪集十卷亡齊侍中袁彖集五卷并錄齊中書郎江奐集九卷

并錄齊平西諮議宗躬集十三卷○齊太子舍人沈驎士集六卷○梁武帝集二
十六卷梁三十二卷梁武帝詩賦集二十卷○梁武帝雜文集九卷○梁武帝別集
目錄二卷○梁武帝淨業賦三卷○梁簡文帝集八十五卷陸罩撰并錄梁元帝集
五十二卷○梁元帝小集十卷○梁昭明太子集二十卷梁有晉安王集三十卷亡梁岳
陽王督集十卷○梁王蕭繹集十卷○梁邵陵王綸集六卷○梁武陵王紀集
八卷○梁蕭琮集七卷梁又有安成煬王集五卷亡梁司徒諮議宗史集九卷并錄梁國子博
士丘遲集十卷并錄梁十一卷又有謝朏集十五卷亡梁金紫光祿大夫江淹集九卷梁二十卷江淹
後集十卷○梁尚書僕射范雲集十一卷并錄梁太常卿任昉集三十四卷梁有晉安
太守謝纂集十卷撫軍將軍柳惔集二十卷中護軍柳惲集十二卷豫州刺史柳憕集六卷尚書令柳忱集十三卷義興郡丞何僩集三卷撫軍中兵參軍韋
溫集十卷鎮西錄事參軍到洽集十一卷太子洗馬劉苞集十卷南徐州秀才諸葛璩集十卷亡梁特進沈約集一百一卷并錄
梁又有謝綽集十一卷亡梁中軍府諮議王僧孺集三十卷○梁尚書左丞范縝集十一卷
○梁護軍將軍周捨集二十卷梁有秘書張纘金河集六十卷劉歊集八卷玄貞處士劉許集一卷亡梁蕭洽集
二卷○梁隱居先生陶弘景集三十卷○陶弘景內集十五卷○梁徵士魏道

徵集三卷〇梁黃門郎張率集三十八卷〇梁南徐州治中王冏集三卷〇梁都官尚書江革集六卷〇梁奉朝請吳均集二十卷〇梁光祿大夫庾曇隆集十卷幷錄梁儀同三司徐勉前集三十五卷〇徐勉後集十六卷幷序錄梁吏部郎王錫集七卷幷錄梁尚書左僕射王暕集二十一卷〇梁平西刑獄參軍劉孝標集六卷〇梁鴻臚卿裴子野集十四卷〇梁仁威府長史司馬褧集九卷〇梁蕭子暉集九卷〇梁始興內史蕭子範集十三卷〇梁建陽令江洪集二卷〇梁鎮西府記室鮑畿集八卷〇梁尚書祠部郎虞嚼集十卷〇梁新田令費昶集三卷〇梁蕭機集二卷〇梁東陽郡丞謝瑱集八卷〇梁通直郎謝琛集五卷〇梁仁威記室何遜集七卷梁有安西記室劉綏集四卷沙門釋智藏集五卷亡梁太常卿陸倕集十四卷〇梁廷尉卿劉孝綽集十四卷〇梁都官尚書劉孝儀集二十卷〇梁太子庶子劉孝威集十卷〇梁東陽太守王揖集五卷〇梁黃門郎陸雲公集十卷〇梁國子祭酒蕭子雲集十九卷〇梁征西府長史楊脁集十一卷幷錄梁太子洗馬王筠集十一卷幷錄王筠中書集十一卷幷錄王筠臨海集十一卷幷錄王筠

左佐集十一卷幷錄王筠尙書集九卷幷錄梁西昌侯蕭深藻集四卷幷錄梁中書郎任孝恭集十卷○梁平北府長史鮑泉集一卷○梁雍州刺史張纘集十一卷幷錄梁尙書僕射張綰集十一卷幷錄梁度支尙書庾肩吾集十卷○梁太常卿劉之遴前集十一卷○劉之遴後集二十一卷○梁豫章世子侍讀謝郁集五卷○梁安成蕃王蕭欣集十卷○梁中書舍人朱超集一卷○梁護軍將軍甄玄成集十卷幷錄梁散騎常侍沈君攸集十三卷○梁臨安恭公主集三卷武帝女梁征西記室范靖妻沈滿願集三卷○梁太子洗馬徐悱妻劉令嫺集三卷○後魏孝文帝集三十九卷○後魏司空高允集二十一卷○後魏司農卿李諧集十卷○後魏太常卿盧元明集十七卷○後魏司空祭酒袁躍集十三卷○後魏著作佐郎韓顯宗集十卷○後魏散騎常侍温子昇集三十九卷○後魏太常卿陽固集三卷○北齊特進邢子才集三十一卷○北齊尙書僕射魏收集六十八卷○北齊儀同劉逖集二十六卷○後周明帝集九卷○後周趙王集八卷○後周滕簡王集八卷○後周儀同宗懍集十二卷幷錄後周沙門釋忘名

集十卷○後周小司空王褒集二十一卷幷錄後周少傅蕭撝集十卷○後周開府儀同庾信集二十一卷幷錄陳後主集三十九卷○陳後主沈后集十卷○陳大匠卿杜之偉集十二卷○陳金紫光祿大夫周弘讓集九卷○陳周弘讓後集十二卷○陳侍中沈炯前集七卷○陳沈炯後集十三卷○陳沙門釋標集二卷○陳沙門釋洪偃集八卷○陳沙門釋瑗集六卷○陳沙門釋靈裕集四卷○陳尙書僕射周弘正集二十卷○陳鎭南府司馬陰鏗集一卷○陳左衞將軍顧野王集十九卷○陳沙門策上人集五卷○陳尙書左僕射徐陵集三十卷○陳右衞將軍張式集十四卷○陳尙書度支郎張正見集十四卷○陳司農卿陸琰集二卷○陳少府卿陸玢集十卷○陳光祿卿陸瑜集十一卷幷錄陳護軍將軍蔡景歷集五卷○陳沙門釋暠集六卷○陳御史中丞褚玠集十卷○陳安右府諮議司馬君卿集二卷○陳著作佐郎張仲簡集一卷○煬帝集五十五卷○王祐集一卷○武陽太守盧思道集三十卷○金州刺史李元操集十卷○蜀王府記室辛德源集三十卷○太尉楊素集十卷○懷州刺史

李德林集十卷○吏部尚書牛弘集十二卷○司隸大夫薛道衡集三十卷○國子祭酒何妥集十卷○祕書監柳䛒集五卷○開府江總集三十卷○江總後集二卷○記室參軍蕭慤集九卷○著作郎魏彥深集三卷○著作郎諸葛頴集十四卷○劉子政母祖氏集九卷○著作郎王胄集十卷

右四百三十七部四千三百八十一卷（通計亡書合八百八十六部八千一百二十六卷）

別集之名蓋漢東京之所創也自靈均已降屬文之士衆矣然其志尚不同風流殊別後之君子欲觀其體勢而見其心靈故別聚焉名之爲集辭人景慕並自記載以成書部年代遷徙亦頗遺散其高唱絕俗者略皆具存今依其先後次之於此

文章流別集四十一卷（梁六十卷志二卷論二卷摯虞撰）文章流別志論二卷（摯虞撰）文章流別本十二卷（謝混撰）續文章流別三卷（孔甯撰）集苑四十五卷（梁六十卷）集林一百八十一卷（宋臨川王劉義慶撰梁二百卷）集林鈔十一卷○集鈔十卷（沈約撰梁有集鈔四十卷丘遲撰亡）集略二十卷○撰遺六卷（梁又有零集三十六卷亡）翰林論三卷（李充撰梁五十四卷）文苑一百卷（孔逭撰）文苑鈔三

十卷○文選三十卷梁昭明太子撰詞林五十八卷○文海五十卷○吳朝士文集十
卷梁十三卷又有漢書文府三卷亡巾箱集七卷梁有文章志錄雜文八卷謝沈撰又名士雜文八卷亡婦人集二十卷
梁有婦人集三十卷殷淳撰又有婦人集十一卷亡婦人集鈔二卷○雜文十六卷為婦人作文選音三卷蕭該
撰文心彫龍十卷梁兼東宮通事舍人劉勰撰文章始一卷姚察撰梁有文章始一卷任昉撰四代文章記一卷吳郡功曹
張防撰亡賦集九十二卷謝靈運撰梁又有賦集五十卷宋新渝惠侯撰賦集四十卷宋明帝撰樂器賦十卷伎藝賦六卷亡賦集鈔
一卷○賦集八十六卷後魏秘書丞崔浩撰續賦集十九卷殘缺歷代賦十卷梁武帝撰皇德瑞
應賦頌一卷梁十六卷五都賦六卷并錄張衡及左思撰雜都賦十一卷梁雜賦十六卷又東都賦一卷孔逭作二
京賦二卷李軌綦毋邃撰齊都賦二卷并音左思撰相風賦七卷傅玄等撰迦維國賦二卷晉右軍行參軍虞干紀撰遂志賦十卷乘輿赭白馬二卷亡述
征賦一卷○神雀賦一卷後漢傅毅撰雜賦注本三卷梁有郭璞注子虛上林賦一卷薛綜注張衡二京賦二卷
晁矯注二京賦一卷武巽注二京賦二卷張載及晉侍中劉逵晉懷令衛瓘注左思三都賦三卷綦毋邃注三都賦三卷項氏注幽通賦蕭廣濟注木玄虛海
賦一卷徐爰注射雉賦一卷亡獻賦十八卷○圍碁賦一卷梁武帝撰觀象賦一卷○洛神賦一卷
孫壑注枕賦一卷張居祖撰二都賦音一卷李軌撰百賦音十卷宋御史褚詮之撰梁有賦音二卷郭徵之撰雜
賦圖十七卷亡大隋封禪書一卷○上封禪書二卷梁有雜封禪文八卷秦帝刻石文一卷宋會稽太守褚淡撰亡集

雅篇五卷○靖恭堂頌一卷晉涼王李暠撰梁有頌集二十卷王僧綽撰木連理頌二卷太元十九年羣臣上亡詩集五
十卷謝靈運撰梁五十一卷又有宋侍中張敷袁淑補謝靈運詩集一百卷又詩集百卷幷例錄二卷顏峻撰詩集四十卷宋明帝撰雜詩七十九卷江
邃撰雜詩二十卷宋太子洗馬劉和注二晉雜詩二十卷古今五言詩美文五卷荀綽撰詩鈔十卷亡詩集鈔十卷謝靈運撰梁有雜詩鈔十
卷錄一卷謝靈運撰亡古詩集九卷○六代詩集鈔四卷梁有雜言詩鈔五卷謝朏撰亡詩英九卷謝靈運集
梁十卷又有文章英華三十卷梁昭明太子撰亡今詩英八卷○古今詩苑英華十九卷梁昭明太子撰詩纘
十三卷○衆詩英華一卷○詩類六卷○玉臺新詠十卷徐陵撰百志詩九卷干寶
撰梁五卷又有古遊仙詩一卷應貞注應璩百一詩八卷百一詩二卷晉蜀郡太守李彪撰亡齊釋奠會詩一十卷○齊讌會
詩十七卷○青溪詩三十卷齊讌會作梁有魏晉宋雜祖餞讌會詩集二十一部一百四十三卷亡今略其數西府新
文十一卷幷錄梁蕭淑撰百國詩四十三卷○文林館詩府八卷後齊文林館作詩評三卷鍾嶸
撰或曰詩品古樂府八卷○文會詩三卷陳仁威記室徐伯陽撰五岳七星迴文詩一卷梁有雜詩
圖一卷亡毛伯成詩一卷伯成東晉征西將軍春秋寶藏詩四卷張朏撰江淹擬古一卷羅潛注樂
府歌辭鈔一卷○歌錄十卷○古歌錄鈔二卷○晉歌章八卷梁十卷吳聲歌辭
曲一卷梁二卷又有樂府歌詩二十卷秦伯文撰樂府歌詩十二卷樂府三校歌詩十卷樂府歌辭九卷太樂歌詩八卷歌辭四卷張永記魏讌樂歌

辭七卷晉歌章十卷又晉歌詩十八卷晉讌樂歌辭十卷荀勗撰宋太始祭高禖歌辭十一卷齊三調雅辭五卷古今九代歌詩七卷張湛撰三調相和歌辭五卷三調詩吟錄六卷奏鞞鐸舞曲二卷管絃錄一卷伎錄一卷太樂備問鍾鐸律奏舞歌四卷郝生撰迴文集十卷謝靈運撰又迴文詩八卷織錦迴文詩一卷苻堅秦州刺史竇氏妻蘇氏作頌集二十卷王僧綽撰木連理頌二卷晉太元十九年羣臣上又有鼓吹清商樂府讌樂高禖鞞鐸等歌辭舞錄凡十部

陳郊廟歌辭三卷并錄徐陵撰

樂府新歌十卷秦王記室崔子發撰

樂府新歌二卷秦王司馬殷僧首撰

古今箴銘集十四卷張湛撰錄一卷梁有箴集十六卷雜誡箴二十四卷女箴一卷女史箴圖一卷又有銘集十一卷又陸少玄撰佛像雜銘十三卷釋僧祐撰箴器雜銘五卷亡

衆賢誡集十卷殘缺梁有誡林三卷綦毋邃撰四帝誡三卷王誕撰雜家誡七卷諸家雜誡九卷集誡二十二卷亡

諸葛武侯誡一卷○女誡一卷○女誡一卷曹大家撰

女鑒一卷梁有女訓十六卷

婦人訓誡集十一卷并錄梁十卷宋司空徐湛之撰

娣姒訓一卷馮少冑撰

貞順志一卷○讚集五卷謝莊撰

畫讚五卷漢明帝殿閣畫魏陳思王讚梁五十卷又有誄集十三卷謝莊撰亡

七集十卷謝靈運集

七林十卷梁十二卷錄二卷卞景撰梁又有七林三十卷音一卷亡

七悟一卷顏之推撰梁有弔文集六卷錄一卷弔文二卷亡

碑集二十九卷○雜碑集二十九卷○雜碑集二十二卷梁有碑集十卷謝莊撰釋氏碑文三十卷梁元帝撰雜碑二十二卷碑文十五卷晉將作大匠陳勰撰碑文十卷車灌撰又有羊祜墮淚碑一卷桓宣武碑十卷長沙景王碑文三卷荊州雜碑三卷雍州雜碑四卷廣州刺史碑十二卷義興周許碑一卷太原王氏家碑誄頌讚銘集二十六卷諸寺碑文四十六卷釋僧祐撰雜祭文六卷衆僧行狀四十卷釋僧祐撰亡

設論集

二卷劉楷撰梁有設論集三卷東晉人撰客難集二十卷亡論集七十三卷○雜論十卷○明真論一卷晉兗州刺史宗岱撰東西晉興亡論一卷○陶神論五卷○正流論一卷○黃芳引連珠一卷○梁武連珠一卷沈約注梁武帝制旨連珠十卷梁邵陵王綸注梁武帝制旨連珠十卷陸緬注梁有設論連珠十卷謝靈運撰連珠集五卷陳證撰連珠十五卷又連珠一卷陸機撰何承天注又班固典引一卷蔡邕注亡梁代雜文三卷○詔集區分四十一卷後周獸門學士宗幹撰魏朝雜詔二卷梁有漢高祖手詔一卷亡錄魏吳二志詔二卷梁有三國詔誥十卷亡晉咸康詔四卷○晉朝雜詔九卷梁有晉雜詔百卷錄一卷又有晉雜詔二十八卷錄一卷又晉詔六十卷晉文王武帝雜詔十二卷亡錄晉詔十四卷梁有晉武帝詔十二卷成帝詔草十七卷康帝詔草十卷建元直詔三卷永和副詔九卷升平隆和興寧副詔十卷泰元咸寧寧康副詔二十二卷隆安直詔五卷元興太亨副詔三卷亡晉義熙詔十卷梁有義熙副詔十卷義熙以來至于大明詔三十卷晉宋雜詔四卷又晉宋雜詔八卷王韶之撰又雜詔十四卷班五條詔十卷亡宋永初雜詔十三卷梁有詔集百卷起漢訖宋武帝詔四卷宋元熙詔令五卷永初二年五年詔三卷永初以來中書雜詔二十卷亡宋孝建詔一卷梁有宋景平詔三卷亡宋元嘉副詔十五卷梁有宋元嘉詔六十二卷又宋孝武詔五卷宋大明詔七十卷宋永光景和詔五卷宋泰始泰豫詔二十二卷宋義嘉僭詔一卷宋元徽詔十二卷宋昇明詔四卷亡齊雜詔十卷○齊中興二年詔三卷梁有齊建元詔五卷永明詔三卷武帝中詔十卷齊隆平延興建武詔九卷齊建武二年副詔九卷梁天監元年至七年詔十二卷天監九年

十年詔二卷亡後魏詔集十六卷○後周雜詔八卷○雜詔八卷○雜赦書六卷○陳
天嘉詔草三卷○霸朝集三卷李德林撰皇朝詔集九卷○皇朝陳事詔十三卷梁有
雜九錫文四卷亡上法書表一卷虞和撰梁中表十一卷梁邵陵王撰梁有漢名臣奏三十卷魏名臣奏三十卷陳長壽
撰魏雜事七卷晉諸公奏十一卷雜表奏駮三十五卷漢丞相匡衡大司馬王鳳奏五卷劉隗奏五卷孔羣奏二十二卷晉金紫光祿大夫周閔奏事四卷晉
中丞劉邵奏事六卷中丞司馬無忌奏事十三卷中丞虞谷奏事六卷中丞高崧奏事五卷又諸彈事等十四部亡雜露布十二卷梁有雜檄
文十七卷魏武帝露布文九卷亡山公啓事三卷○范甯啓事三卷梁十卷梁有雜薦文十二卷薦文集七卷亡善
文五十卷杜預撰雜集一卷殷仲堪撰梁魏周齊陳皇朝聘使雜啓九卷○政道集十
卷○書集八十八卷晉散騎常侍王履撰梁八十卷亡書林十卷○雜逸書六卷梁二十二卷徐爰撰應璩
書林八卷夏赤松撰抱朴君書一卷葛洪撰蔡司徒書三卷蔡謨撰前漢雜筆十卷吳晉雜筆九卷吳朝文二十四卷李氏家書八卷晉左將軍王鎮惡與劉
丹陽書一卷亡後周與齊軍國書二卷○高澄與侯景書一卷○策集一卷殷仲堪撰策集
六卷梁有孝秀對策十二卷亡宋元嘉策孝秀文十卷○誹諧文三卷○誹諧文十卷袁淑撰梁
有續誹諧文集十卷又有誹諧文一卷沈宗之撰任子春秋一卷杜嵩撰博陽秋一卷宋零陵令辛邕之撰亡法集百七卷梁沙門釋寶唱撰

右一百七部二千二百一十三卷通計亡書合二百四十九部五千二百二十四卷

總集者以建安之後辭賦轉繁衆家之集日以滋廣晉代摯虞苦覽者之勞倦於是採擿孔翠芟翦繁蕪自詩賦下各為條貫合而編之謂為流別是後又集總鈔作者繼軌屬辭之士以為覃奧而取則焉今次其前後并解釋評論總於此篇

凡集五百五十四部六千六百二十二卷（通計亡書合一千一百四十六部一萬三千三百九十卷）

文者所以明言也古者登高能賦山川能祭師旅能誓喪紀能誄作器能銘則可以為大夫言其因物騁辭情靈無擁者也唐歌虞詠商頌周雅敘事緣物紛綸相襲自斯已降其道彌繁世有澆淳時移治亂文體遷變邪正或殊宋玉屈原激清風於南楚嚴鄒枚馬陳盛藻於西京平子豔發於東都王粲獨步於漳滏爰逮晉氏見稱潘陸並黼藻相輝宮商間起清辭潤乎金石精義薄乎雲天永嘉已後玄風既扇辭多平淡文寡風力降及江東不勝其弊宋齊之世下逮梁初靈運高致之奇延年錯綜之美謝玄暉之藻麗沈休文之富溢煇煥斌蔚辭義可觀梁簡文之在東宮亦好篇什清辭巧製止乎衽席之間彫琢蔓藻思

極閨闈之內後生好事遞相放習朝野紛紛號爲宮體流宕不已訖于喪亡陳氏因之未能全變其中原則兵亂積年文章道盡後魏文帝頗效屬辭未能變俗例皆淳古齊宅漳濱辭人間起高言累句紛紜絡繹清辭雅致是所未聞後周草創干戈不戢君臣戮力專事經營風流文雅我則未暇其後南平漢沔東定河朔訖于有隋四海一統采荊南之杞梓收會稽之箭竹辭人才士總萃京師屬以高祖少文煬帝多忌當路執權逮相擯壓於是握靈蛇之珠韞荊山之玉轉死溝壑之內者不可勝數草澤怨刺於是與焉古者陳詩觀風斯亦所以關乎盛衰者也班固有詩賦略凡五種今引而伸之合爲三種謂之集部

凡四部經傳三千一百二十七部三萬六千七百八卷（通計亡書合四千一百九十一部四萬九千四百六十七卷）

經戒三百一部九百八卷〇餌服四十六部一百六十七卷〇房中十三部三十八卷〇符錄十七部一百三卷

右三百七十七部一千二百一十六卷

道經者云有元始天尊生於太元之先稟自然之氣沖虛凝遠莫知其極所以

說天地淪壞劫數終盡略與佛經同以爲天尊之體常存不滅每至天地初開

或在玉京之上或在窮桑之野授以祕道謂之開劫度人然其開劫非一度矣

故有延康赤明龍漢開皇是其年號其間相去經四十一億萬載所度皆諸天

仙上品有太上老君太上丈人天真皇人五方天帝及諸仙官轉共承受世人

莫之豫也所說之經亦稟元一之氣自然而有非所造爲亦與天尊常在不滅

天地不壞則蘊而莫傳劫運若開其文自見凡八字盡道體之奧謂之天書字

方一丈八角垂芒光輝照耀驚心眩目雖諸天仙不能省視天尊之開劫也乃

命天真皇人改囀天音而辯析之自天真以下至于諸仙展轉節級以次相授

諸仙得之始授世人然以天尊經歷年載始一開劫受法之人得而寶祕亦有

年限方始傳授上品則年久下品則年近故今授道者經四十九年始得授人

推其大旨蓋亦歸於仁愛清靜積而修習漸致長生自然神化或白日登仙與

道合體其受道之法初受五千文籙次授三洞籙次受洞玄籙次受上清籙籙

皆素書紀諸天曹官屬佐吏之名有多少又有諸符錯在其間文章詭怪世所不識受者必先潔齋然後齎金環一幷諸贄幣以見於師師受其贄以籙授之仍剖金環各持其半云以為約弟子得籙緘而佩之其潔齋之法有黃籙玉籙金籙塗炭等齋為壇三成每成皆置緜蕝以為限域傍各開門皆有法象齋者亦有人數之限以次入于緜蕝之中魚貫面縛陳說愆咎告白神祇晝夜不息或一二七日而止其齋數之外有人者並在緜蕝之外謂之齋客但拜謝而已不面縛焉而又有諸消災度厄之法依陰陽五行數術推人年命書之如章表之儀幷具贄幣燒香陳讀云奏上天曹請為除厄謂之上章夜中於星辰之下陳設酒脯餅餌幣物歷祀天皇太一祀五星列宿為書如上章之儀以奏之名之為醮又以木為印刻星辰日月於其上吸氣執之以印疾病多有愈者又能登刃入火而焚勑之使刃不能割火不能爇而又有諸服餌辟穀金丹玉漿雲英蠲除滓穢之法不可殫記云自上古黃帝帝嚳夏禹之儔並遇神人咸受道籙年代既遠經史無聞焉推尋事迹漢時諸子道書之流有三十七家大旨皆

去健羨處沖虛而已無上天官符籙之事其黃帝四篇老子二篇最得深旨故言陶弘景者隱於句容好陰陽五行風角星算修辟穀導引之法受道經符籙武帝素與之遊及禪代之際弘景取圖讖之文合成景梁字以獻之由是恩遇甚厚又撰登真隱訣以證古有神仙之事又言神丹可成服之則能長生與天地永畢帝令弘景試合神丹竟不能就乃言中原隔絕藥物不精故也帝以為然敬之尤甚然武帝弱年好事先受道法及即位猶自上章朝士受道者衆三吳及邊海之際信之踰甚陳武世居吳興故亦奉焉後魏之世嵩山道士寇謙之自云嘗遇真人成公興後遇太上老君授謙之為天師而又賜之雲中音誦科誡二十卷又使玉女授其服氣導引之法遂得辟穀氣盛體輕顏色鮮麗弟子十餘人皆得其術其後又遇神人李譜云是老君玄孫授其圖籙真經劾召百神六十餘卷及銷鍊金丹雲英八石玉漿之法太武始光之初奉其書而獻之帝使謁者奉玉帛牲牢祀嵩岳迎致其餘弟子於代都東南起壇宇給道士百二十餘人顯揚其法宣布天下太武親備法駕而受符籙焉自是道業大行

每帝即位必受符籙以為故事刻天尊及諸仙之象而供養焉遷洛已後置道場於南郊之傍方二百步正月十月之十五日並有道士哥人百六人拜而祠焉後齊武帝遷鄴遂罷之文襄之世更置館宇選其精至者使居焉後周承魏崇奉道法每帝受籙如魏之舊尋與佛法俱滅開皇初又與高祖雅信佛法於道士蔑如也大業中道士以術進者甚衆其所以講經由以老子為本次講莊子及靈寶昇玄之屬其所衆經或言傳之神人篇卷非一自云天尊姓樂名靜信例皆淺俗故世甚疑之其術業優者行諸符禁往往神驗而金丹玉液長生之事歷代糜費不可勝紀竟無效焉今考其經目之數附之於此

大乘經六百一十七部二千七十六卷五百五十八部一千六百九十七卷經五十九部三百七十九卷疏小乘經四百八十七部八百五十二卷〇雜經三百八十部七百一十六卷雜經目殘缺其見數如此雜疑經一百七十二部三百三十六卷〇大乘律五十二部九十一卷〇小乘律八十部四百七十二卷七十七部四百九十卷律二部二十三卷講疏雜律二十七部四十六卷〇大乘論三十五部一百四十一卷三十部九十四卷論十五部四十七卷疏小乘論四十一部

五百六十七卷二十一部四百九十一卷論十部七十六卷講疏雜論五十一部四百三十七卷三十二部二百九十九卷論九部一百三十八卷講疏記二十部四百六十四卷

右一千九百五十部六千一百九十八卷

佛經者西域天竺之迦維衛國淨飯王太子釋迦牟尼所說釋迦當周莊王之九年四月八日自母右脇而生姿貌奇異有三十二相八十二好捨太子位出家學道勤行精進覺悟一切種智而謂之佛亦曰佛陀亦曰浮屠皆胡言也華言譯之爲淨覺其所說云人身雖有生死之異至於精神則恆不滅此身之前則經無量身矣積而修習精神清淨則佛道天地之外四維上下更有天地亦無終極然皆有成有敗一成一敗謂之一劫自此天地已前則有無量劫矣每劫必有諸佛得道出世教化其數不同今此劫中當有千佛自初至于釋迦已七佛矣其次當有彌勒出世必經三會演說法藏開度衆生由其道者有四等之果一曰須陁洹二曰斯陁含三曰阿那含四曰阿羅漢至羅漢者則出入生顯死去來隱而不爲累阿羅漢已上至菩薩者深見佛性以至成道每佛滅度

遺法相傳有正象末三等淳醨之異年歲遠近亦各不同末法已後衆生愚鈍無復佛教而業行轉惡年壽漸短經數百千載間乃至朝生夕死然後有大水大火大風之災一切除去之而更立生人又歸淳朴謂之小劫每一小劫則一佛出世初天竺中多諸外道並事水火毒龍而善諸變幻釋迦之苦行也是諸邪道並來嬲惱以亂其心而不能得及佛道成盡皆摧伏並爲弟子弟子男曰桑門譯言息心而總曰僧譯言行乞女曰比丘尼皆剃落鬚髮釋累辭家相與和居治心修淨行乞以自資而防心攝行僧至二百五十戒尼五百戒俗人信憑佛法者男曰優婆塞女曰優婆夷皆去殺盜婬妄言飲酒是謂五誡釋迦在世教化四十九年乃至天龍人鬼並來聽法弟子得道以百千萬億數然後於拘尸那城娑羅雙樹間以二月十五日入般涅槃涅槃亦曰泥洹譯言滅度亦言常樂我淨初釋迦說法以人之性識根業各差故有大乘小乘之說至是謝世弟子大迦葉與阿難等五百人追共撰述綴以文字集載爲十二部後數百年有羅漢菩薩相繼著論贊明其義然佛所說我滅度後正法五百年像法一

千年末法三千年其義如此推尋典籍自漢已上中國未傳或云久以流布遭
秦之世所以堙滅其後張騫使西域蓋聞有浮屠之教哀帝時博士弟子秦景
使伊存口授浮屠經中土聞之未之信也後漢明帝夜夢金人飛行殿庭以問
於朝而傅毅以佛對帝遣郎中蔡愔及秦景使天竺求之得佛經四十二章及
釋迦立像并與沙門攝摩騰竺法蘭東還愔之來也以白馬負經因立白馬寺
於洛城雍門西以處之其經緘于蘭臺石室而又畫像於清源臺及顯節陵上
章帝時楚王英以崇敬佛法聞西域沙門齎佛經而至者甚衆永平中法蘭又
譯十住經其餘傳譯多未能通至桓帝時有安息國沙門安靜齎經至洛翻譯
最爲通解靈帝時有月支沙門支讖天竺沙門竺佛朔等並翻佛經而支讖所
譯泥洹經二卷學者以爲大得本旨漢末太守竺融亦崇佛法三國時有西域
沙門康僧會齎佛經至吳譯之吳主孫權甚大敬信魏黃初中中國人始依佛
戒剃髮爲僧先是西域沙門來此譯小品經首尾乖舛未能通解甘露中有朱
仕行者往西域至于闐國得經九十章晉元康中至鄴譯之題曰放光般若經

太始中有月支沙門竺法護西遊諸國大得佛經至洛翻譯部數甚多佛教東流自此而盛石勒時常山沙門衞道安性聰敏誦經日至萬餘言以胡僧所譯維摩法華未盡深旨精思十年心了神悟乃正其乖舛宣揚解釋時中國紛擾四方隔絕道安乃率門徒南遊新野欲令玄宗所在流布分遣弟子各趣諸方法性詣揚州法和入蜀道安與慧遠之襄陽後至長安與苻堅甚敬之道安素聞天竺沙門鳩摩羅什思通法門勸堅致之什亦聞安令問遙拜致敬姚萇弘始二年羅什至長安時道安卒後已二十載矣什深慨恨什之來也大譯經論道安所正與什所譯義如一初無乖舛初晉元熙中新豐沙門智猛策杖西行到華氏城得泥洹經及僧祇律東至高昌譯泥洹爲二十卷後有天竺沙門曇摩羅讖復齎胡本來至河西沮渠蒙遜遣使至高昌取猛本欲相參驗未還而蒙遜破滅姚萇弘始十年猛本始至長安譯爲三十卷曇摩羅讖又譯金光明等經時胡僧至長安者數十輩惟鳩摩羅什才德最優其所譯則維摩法華成實論等諸經及曇無讖所譯金光明曇摩羅讖所譯泥洹等經並爲大乘之學

而什又譯十誦律天竺沙門佛陀耶舍譯長阿舍經及四方律兜法勒沙門雲
摩難提譯增一阿舍經曇摩耶舍譯阿毗曇論並爲小乘之學其餘經論不可
勝記自是佛法流通極於四海矣東晉隆安中又有罽賓沙門僧伽提婆譯增
一阿舍經及中阿舍經義熙中沙門支法領從于闐國得華嚴經三萬六千偈
至金陵宣譯又有沙門法顯自長安遊天竺經三十餘國隨有經律之處學其
書語譯而寫之還至金陵與天竺禪師跋羅參共辯足謂僧祇律學者傳之齊
梁及陳並有外國沙門然所宣譯無大名部可爲沙門者梁武大崇佛法於華
林園中總集釋氏經典凡五千四百卷沙門寶唱撰經目錄又後魏時太武帝
西征長安以沙門多違佛律羣聚穢亂乃詔有司盡坑殺之焚破佛像長安僧
徒一時殲滅自餘征鎮豫聞詔書亡匿得免者十一二文成之世又使修復熙
平中遣沙門慧生使西域采諸經律得一百七十部永平中又有天竺沙門菩
提留支大譯佛經與羅什相埒其地持十地論並爲大乘學者所重後齊遷鄴
佛法不改至周武帝時蜀郡沙門衞元嵩上書稱僧徒猥濫武帝出詔一切廢

毁開皇元年高祖普詔天下任聽出家仍令計口出錢營造經像而京師及并州相州洛州等諸大都邑之處並官寫一切經置于寺內而又別寫藏于祕閣天下之人從風而靡競相景慕民閒佛經多於六經數十百倍大業時又令沙門智果於東都內道場撰諸經目分別條貫以佛所說經爲三部一曰大乘二曰小乘三曰雜經其餘似後人假託爲之者別爲一部謂之疑經又有菩薩及諸深解奧義贊明佛理者名之爲論及戒律並有大小及中三部之別又所學者錄其當時行事名之爲記凡十一種今舉其大數列於此篇

右道佛經二千三百二十九部七千四百一十四卷

道佛者方外之教聖人之遠致也俗士爲之不通其指多離以迂怪假託變幻亂於世斯所以爲弊也故中庸之教是所罕言然亦不可誣也故錄其大綱附于四部之末

大凡經傳存亡及道佛六千五百二十部五萬六千八百八十一卷

隋書卷三十五

隋書卷三十五考證

經籍志四右十部二十九卷注通計亡書十一部四十卷〇監本脫合字今增已上一類統算現存書十部三十卷再加梁有楚辭十一卷通計亡書合十一部四十一卷右少算一卷

祕書監柳䛒集五卷〇監本䛒訛誓按康熙字典䛒即辟字北齊所造也

隋書卷三十五考證

隋書卷三十六

唐　特　進　臣　魏　徵　上

列傳第一

后妃

夫陰陽肇分乾坤定位君臣之道斯著夫婦之義存焉陰陽和則裁成萬物家
道正則化行天下由近及遠自家刑國配天作合不亦大乎興亡是繫不亦重
乎是以先王愼之正其本而嚴其防後之繼體靡克聿脩甘心柔曼之容罔念
幽閑之操成敗攸屬安危斯在故皇英降而虞道隆任姒歸而姬宗盛妹妲致
夏殷之釁褒趙結周漢之禍爰歷晉宋寔繁有徒皆位以寵升榮非德進恣行
淫僻莫顧禮儀爲梟爲鴟敗不旋踵後之伉儷宸極正位居中罕蹈平易之塗
多遵覆車之轍雎鳩之德千載寂寥牝雞之晨殊邦接響窈窕淑女靡有求於
寤寐鏗鏘環珮鮮克嗣於徽音永念前脩歎深彤管覽載籍於旣往考行事於
當時存亡得失之機蓋亦多矣故述皇后列傳所以垂戒將來然后妃之制夏

殷以前略矣周公定禮內職始備列焉秦漢以下代有沿革品秩差次前史載之詳矣齊梁以降歷魏暨周廢置益損參差不一周宣嗣位不率典章衣褘翟稱中宮者凡有五夫人以下略無定數高祖思革前弊大矯其違唯皇后正位傍無私寵婦官稱號未詳備焉開皇二年著內宮之式略依周禮省減其數嬪三員掌教四德視正三品世婦九員掌賓客祭祀視正五品女御三十八員掌女工絲枲視正七品又採漢晉舊儀置六尚六司六典遞相統攝以掌宮掖之政一曰尚宮掌導引皇后及閨閣廩賜管司令三人掌圖籍法式糾察宣奏典琮三人掌琮璽器翫二曰尚儀掌禮儀教學管司樂三人掌音律之事典贊三人掌導引內外命婦朝見三曰尚服掌服章寶藏管司飾三人掌簪珥花嚴典櫛三人掌巾櫛膏沐四曰尚食掌進膳先嘗管司醫三人掌方藥卜筮典器三人掌罇彝器皿五曰尚寢掌幃帳牀褥管司筵三人掌鋪設灑掃典執三人掌扇傘燈燭六曰尚工掌營造百役管司製三人掌衣服裁縫典會三人掌財帛出入六尚各三員視從九品六司視勳品六典視流外二品初文獻皇后功參

歷試外預朝政內擅宮闈懷嫉妬之心虛嬪妾之位不設三妃防其上逼自嬪以下置六十員加又抑損服章降其品秩至文獻崩後始置貴人三員增嬪至九員世婦二十七員御女八十一員貴人等關掌宮闈之務六尚已下皆分隸焉煬帝時后妃嬪御無釐婦職唯端容麗飾陪從醼遊而已帝又參詳典故自製嘉名著之於令貴妃淑妃德妃是爲三夫人品正第一順儀順容順華脩儀脩容脩華充儀充容充華是爲九嬪品正第二婕妤一十二員品正第三美人才人一十五員品正第四是爲世婦寶林二十四員品正第五御女二十四員品正第六采女三十七員品正第七是爲女御總一百二十以敘於宴寢又有承衣刀人皆趨侍左右並無員數視六品已下時又增置女官準尚書省以六局管二十四司一曰尚宮局管司言掌宣傳奏啓司簿掌名錄計度司正掌格式推罰司闈掌門閤管鑰二曰尚儀局管司籍掌經史教學紙筆几案司樂掌音律司賓掌賓客司贊掌禮儀贊相導引三曰尚服局管司璽掌琮璽符節司衣掌衣服司飾掌湯沐巾櫛翫弄司仗掌仗衛戎器四曰尚食局管司膳掌膳

羞司醞掌酒醴醯醢司藥掌醫巫藥劑司饎掌廩餼柴炭五曰尚寢局管司設掌牀席帷帳鋪設灑掃司輿掌輿輦繖扇執持羽儀司苑掌園籞種植蔬菜瓜果司燈掌火燭六曰尚工局管司製掌營造裁縫司寶掌金玉珠璣錢貨司綵掌繒帛司織掌織染六尚二十二司員各二人唯司樂司膳員各四人每司又置典及掌以貳其職六尚十人品從第五司二十八人品從第六典二十八人品從第七掌二十八人品從第九女使流外量局閑劇多者十人已下無定員數聯事分職各有司存焉

文獻獨孤皇后河南雒陽人周大司馬河內公信之女也信見高祖有奇表故以后妻焉時年十四高祖與后相得誓無異生之子后初亦柔順恭孝不失婦道后姊爲周明帝后長女爲周宣帝后貴戚之盛莫與爲比而后每謙卑自守世以爲賢及周宣帝崩高祖居禁中總百揆后使人謂高祖曰大事已然騎獸之勢必不得下勉之高祖受禪立爲皇后突厥嘗與中國交市有明珠一篋價值八百萬幽州總管陰壽白后市之后曰非我所須也當今戎狄屢寇將士罷

勞未若以八百萬分賞有功者百寮聞而畢賀高祖甚寵憚之上每臨朝后輒與上方輦而進至閤乃止使宦官伺上政有所失隨則匡諫多所弘益候上退朝而同反燕寢相顧欣然后早失二親常懷感慕見公卿有父母者每爲致禮焉有司奏以周禮百官之妻命於王后憲章在昔請依古制后曰以婦人與政或從此漸不可開其源也不許后每謂諸公主曰周家公主類無婦德失禮於舅姑離薄人骨肉此不順事爾等當誡之大都督崔長仁后之中外兄弟也犯法當斬高祖以后之故欲免其罪后曰國家之事焉可顧私長仁竟坐死后異母弟陀以猫鬼巫蠱呪詛於后坐當死后三日不食爲之請命曰陀若蠹政害民者妾不敢言今坐爲妾身敢請其命陀於是減死一等后每與上言及政事往往意合宮中稱爲二聖后頗仁愛每聞大理決囚未嘗不流涕然性尤妬忌後宮莫敢進御尉遲迥女孫有美色先在宮中上於仁壽宮見而悅之因此得幸后伺上聽朝陰殺之上由是大怒單騎從苑中而出不由徑路入山谷間二十餘里高熲楊素等追及上扣馬苦諫上太息曰吾貴爲天子而不得自由高

熲曰陛下豈以一婦人而輕天下上意少解駐馬良久中夜方始還宮后俟上於閤內及上至后流涕拜謝熲素等和解之上置酒極歡后自此意頗衰折初后以高熲是父之家客甚見親禮至是聞熲謂己爲一婦人因此銜恨又以熲夫人死其妾生男益不善之漸加譖毀上亦每事唯后言是用后見諸王及朝士有妾孕者必勸上斥之時皇太子多內寵妃元氏暴薨后意太子愛妾雲氏害之由是諷上黜高熲竟廢太子立晉王廣皆后之謀也仁壽二年八月甲子月暈四重己巳太白犯軒轅其夜后崩於永安宮時年五十葬於太陵其後宣華夫人陳氏容華夫人蔡氏俱有寵上頗惑之由是發疾及危篤謂侍者曰使皇后在吾不及此云

宣華夫人陳氏陳宣帝之女也性聰慧姿貌無雙及陳滅配掖庭後選入宮爲嬪時獨孤皇后性妬後宮罕得進御唯陳氏有寵晉王廣之在藩也陰有奪宗之計規爲內助每致禮焉進金蛇金駝等物以取媚於陳氏皇太子廢立之際頗有力焉及文獻皇后崩進位爲貴人專房擅寵主斷內事六宮莫與爲比及

上大漸遺詔拜爲宣華夫人初上寢疾於仁壽宮也夫人與皇太子同侍疾平旦出更衣爲太子所逼夫人拒之得免歸於上所上怪其神色有異問其故夫人泫然曰太子無禮上恚曰畜生何足付大事獨孤誠誤我意謂獻皇后也因呼兵部尚書柳述黃門侍郎元巖曰召我兒述等將呼太子上曰勇也述巖出閣爲勑書訖示左僕射楊素素以其事白太子太子遣張衡入寢殿遂令夫人及後宮同侍疾者並出就別室俄聞上崩而未發喪也夫人與諸後宮相顧曰事變矣皆色動股慄哺後太子遣使者齎金合子帖紙於際親署封字以賜夫人夫人見之惶懼以爲鴆毒不敢發使者促之於是乃發見合中有同心結數枚諸宮人咸悅相謂曰得免死矣陳氏恚而却坐不肯致謝諸宮人共逼之乃拜使者其夜太子烝焉及煬帝嗣位之後出居仙都宮尋召入歲餘而終時年二十九帝深悼之爲製神傷賦

容華夫人蔡氏丹陽人也陳滅之後以選入宮爲世婦容儀婉嫕上甚悅之以文獻皇后故希得進幸及后崩漸見寵遇拜爲貴人參斷宮掖之務與陳氏相

亞上寢疾加號容華夫人上崩後自請言事亦爲煬帝所烝
煬帝蕭皇后梁明帝巋之女也江南風俗二月生子者不舉后以二月生由是季父岌收而養之未幾岌夫妻俱死轉養舅氏張軻家然軻甚貧窶后躬親勞苦煬帝爲晉王時高祖將爲王選妃於梁遍占諸女諸女皆不吉巋迎后於舅氏令使者占之曰吉於是遂策爲王妃后性婉順有智識好學解屬文頗知占候高祖大善之帝甚寵敬焉及帝嗣位詔曰朕祗承丕緒憲章在昔爰建長秋用承饗薦妃蕭氏夙稟成訓婦道克脩宜正位軒闈式弘柔教可立爲皇后帝每遊幸后未嘗不隨從時后見帝失德心知不可不敢厝言因爲述志賦以自寄其詞曰承積善之餘慶備箕箒於皇庭恐脩名之不立將負累於先靈迺夙夜而匪懈實寅懼於玄冥雖自彊而不息亮愚蒙之所滯思竭節於天衢才追心而弗逮寔庸薄之多幸荷隆寵之嘉惠賴天高而地厚屬王道之升平均二儀之覆載與日月而齊明迺春生而夏長等品物而同榮願立志於恭儉私自兢於誠盈孰有念於知足苟無希於濫名惟至德之弘深情不邇於聲色感懷

舊之餘恩求故劒於宸極叨不世之殊盼謬非才而奉職何寵祿之踰分撫胷
襟而未識雖沐浴於恩光內慙惶而累息顧微躬之寡昧思令淑之良難實不
遑於啓處將何情而自安若臨深而履薄心戰慄其如寒夫居高而必危慮處
滿而防溢知恣夸之非道乃攝生於冲謐嗟寵辱之易驚尚無爲而抱一履謙
光而守志且願安乎容膝珠簾玉箔之奇金屋瑤臺之美雖時俗之崇麗蓋吾
人之所鄙愧絺綌之不工豈絲竹之喧耳知道德之可尊明善惡之由己蕩囂
煩之俗慮乃伏膺於經史綜箴誡以訓心觀女圖而作軌遵古賢之令範冀福
祿之能綏時循躬而三省覺今是而昨非嗤黃老之損思信爲善之可歸慕周
姒之遺風美虞妃之聖則仰先哲之高才貴至人之休德質菲薄而難蹤心恬
愉而去惑乃平生之耿介實禮義之所遵雖生知之不敏庶積行以成仁懼達
人之蓋寡謂何求而自陳誠素志之難寫同絕筆於獲麟及帝幸江都臣下離
貳有宮人白后曰外聞人人欲反后曰任汝奏之宮人言於帝帝大怒曰非所
宜言遂斬之後人復白后曰宿衞者往往偶語謀反后曰天下事一朝至此勢

已然無可救也何用言之徒令帝憂煩耳自是無復言者及宇文氏之亂隨軍至聊城化及敗沒於竇建德突厥處羅可汗遣使迎后於洺州建德不敢留遂入於虜庭大唐貞觀四年破滅突厥乃以禮致之歸于京師

史臣曰二后帝未登庸早儷宸極恩隆好合始終不渝文獻德異鳴鳩心非均一擅寵移嫡傾覆宗社惜哉書曰牝雞之晨惟家之索高祖之不能敦睦九族抑有由矣蕭后初歸藩邸有輔佐君子之心煬帝得不以道便謂人無忠信父子之間尚懷猜阻夫婦之際其何有焉暨乎國破家亡竄身無地飄流異域良足悲矣

隋書卷三十六

隋書卷三十六考證

后妃傳六尚二十二司員各二人惟司樂司膳員各四人○臣映斗按此合算得四十八人下文云司二十八人云云疑誤

隋書卷三十六考證

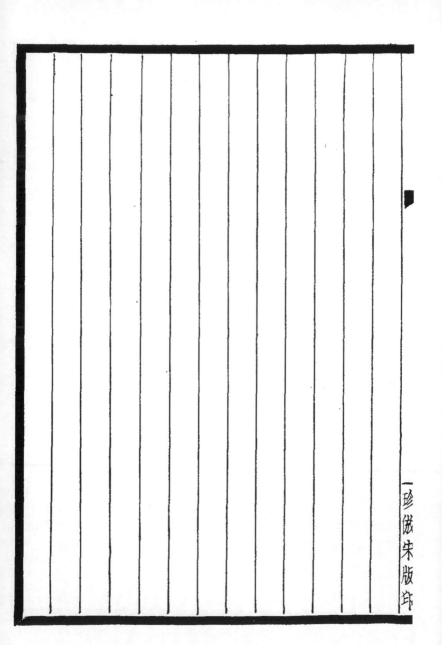

唐 特 進 臣 魏 徵 上

列傳第二

李穆 子渾 穆兄子詢 詢弟崇 崇子敏

李穆字顯慶自云隴西成紀人漢騎都尉陵之後也陵沒匈奴子孫代居北狄其後隨魏南遷復歸汧隴祖斌以都督鎮高平因家焉父文保早卒及穆貴贈司空穆風神警俊倜儻有奇節周太祖首建義旗穆便委質釋褐統軍永熙末奉迎魏武帝授都督封永平縣子邑三百戶又領鄉兵累以軍功進爵爲伯從太祖擊齊師於芒山太祖臨陣墮馬穆突圍而進以馬策擊太祖而詈之授以從騎潰圍俱出賊見其輕侮謂太祖非貴人遂緩之以故得免既而與穆相對泣顧謂左右曰成我事者其此人乎即令撫慰關中所至克定擢授武衛將軍儀同三司進封安武郡公增邑一千七百戶賜以鐵券恕其十死尋加開府領侍中初芒山之敗穆以驄馬授太祖太祖於是廄內驄馬盡以賜之封穆姊妹

皆爲郡縣君宗從舅氏頒賜各有差轉太僕從于謹破江陵增邑千戶進位大將軍擊曲沔蠻破之授原州刺史拜嫡子惇爲儀同三司穆以二兄賢遠並爲佐命功臣而子弟布列清顯穆深懼盈滿辭不受拜太祖不許俄還雍州刺史兼小冢宰周元年增邑三千戶通前三千七百戶又別封一子爲升遷伯穆讓兄子孝軌許之宇文護執政穆兄遠及其子植俱被誅穆當從坐先是穆知植非保家之主每勸遠除之遠不能用及遠臨刑泣謂穆曰顯慶吾不用汝言以至於此將復奈何穆以此獲免除名爲民及其子弟亦免官植弟浙州刺史基當坐戮穆請以二子代基之命護義而兩釋焉未幾拜開府儀同三司直州刺史復爵安武郡公武成中子弟免官爵者悉復之尋除少保進位大將軍歲餘拜小司徒進位柱國轉大司空奉詔築通洛城天和中進爵申國公持節綏集東境築武申旦郛慈㵎崇德安民交城鹿盧等諸鎮建德初拜太保歲餘出爲原州總管數年進位上柱國轉幷州總管大象初加邑至九千戶拜大左輔總管如故高祖作相尉迥之作亂也遣使招穆穆鎖其使上其書穆子士榮以穆

所居天下精兵處陰勸穆反穆深拒之乃奉十三環金帶於高祖蓋天子之服也穆尋以天命有在密表勸進高祖既受禪下詔曰公既舊德且又父黨敬惠來旨義無有違便以今月十三日恭膺天命俄而穆來朝高祖降坐禮之拜太師贊拜不名真食成安縣三千戶於是穆子孫雖在襁褓悉拜儀同其一門執象笏者百餘人穆之貴盛當時無比穆上表乞骸骨詔曰朕初臨寓內方藉嘉猷養老乞言實懷虛想七十致仕本爲常人至若呂尚以期頤佐周張蒼以華皓相漢高才命世不拘恆禮遲得此心留情規訓公年既耆舊筋力難煩今勒所司敬蠲朝集如有大事須共謀謨別遣侍臣就第詢訪時太史奏云當有移都之事上以初受命甚難之穆上表曰帝王所居隨時興廢天道人事理有存焉始自三皇暨夫兩漢有一世而屢徙無革命而不遷曹馬同洛水之陽魏周共長安之內此之四代蓋聞之矣曹則三家鼎立馬則四海尋分有魏及周甫得平定事乃不暇非曰師古往者周運將窮禍生華裔廟堂冠帶屢覩姦回士有包藏人稀柱石四海萬國皆縱豺狼不叛不侵百城罕一伏惟陛下膺期誕

聖秉籙受圖始晦君人之德俯從將相之重內翦羣兇崇朝大定外誅巨猾不日肅清變大亂之民成太平之俗百靈符命兆庶謳歌幽顯樂推日月填積方屈箕潁之志始順內外之請自受命神宗弘道設教陶冶與陰陽合德覆育共天地齊旨萬物開闢之初八表光華之旦視聽以革風俗且移至若帝室天居未議經刱非所謂發明大造光贊惟新自漢已來爲喪亂之地爰從近代累葉所都未嘗謀龜問筮瞻星定鼎何以副聖主之規表大隋之德竊以神州之廣福地之多將爲皇家與廟建寢上玄之意當別有之伏願遠順天人取決卜筮時改都邑光宅區夏任子來之民垂無窮之業應神宮於辰極順和氣於天壤理康物阜永隆長世臣日薄桑榆位高軒冕經邦論道自顧缺然丹赤所懷無容嘿嘿上素嫌臺城制度迮小又宮內多鬼祅蘇威嘗勸遷上不納遇太史奏狀意乃惑之至是省穆表上曰天道聰明已有徵應太師民望復抗此請則可矣遂從之歲餘下詔曰禮制凡品不拘上智法備小人不防君子太師上柱國申國公器宇弘深風猷遐曠社稷佐命公爲稱首位極帥臣才爲人傑萬頃不

測百鍊彌精乃無伯玉之非豈有顏回之貳故以自居寥廓弗關憲網然王者
作教惟旌善人去法弘道示崇年德自今已後雖有愆罪但非謀逆縱有百死
終不推問開皇六年薨于第年七十七遺令曰吾荷國恩年宦已極啓足歸泉
無所復恨竟不得陪玉鑾於岱宗預金泥於梁甫眷眷光景其在斯乎詔遣黃
門侍郎監護喪事賵馬四匹粟麥二千斛布絹一千匹贈使持節冀定趙相瀛
毛魏衞洛懷十州諸軍事冀州刺史謚曰明賜以石椁前後部羽葆鼓吹輼輬
車百寮送之郭外詔遣太常卿牛弘齎哀册祭以太牢孫筠嗣筠父惇字士獻
穆長子也仕周官至安樂郡公鳳州刺史先穆卒筠幼以穆功拜儀同開皇八
年以嫡孫襲爵仁壽初叔父渾忿其恡嗇陰遣兄子善衡賊殺之求盜不獲高
祖大怒盡禁其親族初筠與從父弟瞿曇有隙時渾有力遂證瞿曇殺之瞿曇
竟坐斬而善衡獲免四年議立嗣邳公蘇威奏筠不義骨肉相殺請絕其封上
不許惇弟怡官至儀同早卒贈渭州刺史怡弟雅少有識量周保定中屢以軍
功封西安縣男拜大都督天和中從元定征江西時諸軍失利遂沒於陳後得

歸國拜開府儀同三司領左右軍其年從太子西征吐谷渾雅率步騎二千督
軍糧於洮河爲賊所躡相持數日雅患之遂與僞和虜備稍解縱奇兵擊破之
賜奴婢百口封一子爲侯後拜齊州刺史俄徵還京數載授瀛州刺史高祖作
相鎮靈州以備胡還授大將軍遷荊州總管加邑八百戸開皇初進爵爲公雅
弟恆官至益州刺史封陽曲侯恆弟榮官至合州刺史長城縣公榮弟直官至
車騎將軍歸政縣侯直弟雄官至柱國密國公驃騎將軍雄弟渾最知名
渾字金才穆第十子也姿貌瓌偉美鬚髯起家周左侍上士尉迥反於鄴時穆
在并州高祖慮其爲迥所誘遣渾乘驛往布腹心穆遽令渾入京奉熨斗於高
祖曰願執威柄以熨安天下也高祖大悅又遣渾詣韋孝寬所而述穆意焉適
遇平鄴以功授上儀同三司封安武郡公開皇初進授象城府驃騎將軍晉王
廣出藩渾以驃騎領親信從往揚州仁壽元年從左僕射楊素爲行軍總管出
夏州北三百里破突厥阿勿俟斤於納遠川斬首五百級進位大將軍拜左武
衛將軍領太子宗衛率初穆孫筠卒高祖議立嗣渾規欲紹之謂其妻兄太子

左衛率宇文述曰若得襲封當以國賦之半每歲奉公述利之因入白皇太子曰立嗣以長不則以賢今申明公嗣絕徧觀其子孫皆無賴不足以當榮寵唯金才有勳於國謂非此人無可以襲封者太子許之竟奏高祖封渾爲申國公以奉穆嗣大業初轉右驍衞將軍六年有詔追改穆封爲郕國公渾仍襲焉累加光祿大夫九年遷右驍衞大將軍渾既紹父業日增豪侈後房曳羅綺者以百數二歲之後不以俸物與述述大恚之因醉酒謂其友人于象賢曰我竟爲金才所賣死且不忘渾亦知其言由是結隙後帝討遼東有方士安伽陀自言曉圖讖謂帝曰當有李氏應爲天子勸盡誅海內凡姓李者述知之因誣構渾於帝曰伽陀之言信有徵矣臣與金才夙親聞其情趣大異常日數共李敏善衡等日夜屏語或終夕不寐渾大臣也家代隆盛身捉禁兵不宜如此願陛下察之帝曰公言是矣可覓其事述乃遣武賁郎將裴仁基表告渾反即日發宿衞千餘人付述掩渾等家遣左丞元文都御史大夫裴蘊雜治之案問數日不得其反狀以實奏聞帝不納更遣述窮治之述入獄中召出敏妻宇文氏謂之

曰夫人帝甥也何患無賢夫李敏金才名當祆讖國家殺之無可救也夫人當自求全若相用語身當不坐敏妻曰不知所出惟尊長教之述曰可言李家謀反金才嘗告敏云汝應圖籙當爲天子今主上好兵勞擾百姓此亦天亡隋時也正當共汝取之若復度遼吾與汝必爲大將每軍二萬餘兵固以五萬人矣又發諸房子姪內外親婭並募從征吾家子弟決爲主帥分領兵馬散在諸軍伺候間隙首尾相應吾與汝前發襲取御營子弟響起各殺軍將一日之間天下足定矣述口自傳授令敏妻寫表封云上密述持入奏之曰已得金才反狀幷有敏妻密表帝覽之泣曰吾宗社幾傾賴親家公而獲全耳於是誅渾敏等宗族三十二人自餘無少長皆徙嶺外渾從父兄威開皇初以平蠻功官至上柱國黎國公

詢字孝詢父賢周大將軍詢沉深有大略頗涉書記仕周納言上士俄轉內史上士兼掌吏部以幹濟聞建德三年武帝幸雲陽宮拜司衞上士委以留府事周衞王直作亂焚肅章門詢於內益火故賊不得入帝聞而善之拜儀同三司

還長安令累遷英果中大夫屢以軍功加位大將軍賜爵平高郡公高祖爲丞相尉迥作亂遣韋孝寬擊之以詢爲元帥長史委以心膂軍至永橋諸將不一詢密啓高祖請重臣監護高祖遂令高熲監軍與熲同心協力唯詢而已及平尉迥進位上柱國改封隴西郡公賜帛千匹加以口馬開皇元年引杜陽水灌三趾原詢督其役民賴其利尋檢校襄州總管事歲餘拜隰州總管數年以疾徵還京師中使顧問不絕卒於家時年四十九上悼惜者久之諡曰襄有子元方嗣

崇字永隆英果有籌算膽力過人周元年以父賢勳封迴樂縣侯時年尚小拜爵之日親族相賀崇獨泣下賢怪而問之對曰無勳於國而幼少封侯當報主恩不得終於孝養是以悲耳賢由此大奇之起家州主簿非其所好辭不就官求爲將兵都督隨宇文護伐齊以功最擢授儀同三司尋除小司金大夫治軍器監建德初遷少侍伯大夫轉少承御大夫攝太子宮正周武帝平齊引參謀議以勳加授開府封襄陽縣公邑一千戶尋改封廣宗縣公轉太府中大夫歷

工部中大夫遷右司馭高祖爲丞相遷左司武上大夫加授上開府儀同大將軍尋爲懷州刺史進爵郡公加邑至二千戶尉迥反遣使招之崇初欲相應從知叔父穆以幷州附高祖慨然太息曰合家富貴者數十人值國有難竟不能扶傾繼絶復何面目處天地閒乎韋孝寬亦疑之與俱臥起其兄詢時爲元帥長史每諷諭之崇由是亦歸心焉及破尉惇拜大將軍旣平尉迥授徐州總管尋進位上柱國開皇三年除幽州總管突厥犯塞崇輒破之奚霫契丹等懾其威略爭來內附其後突厥大爲寇掠崇率步騎三千拒之轉戰十餘日師人多死遂保於砂城突厥圍之城本荒廢不可守禦曉夕力戰又無所食每夜出掠賊營復得六畜以繼軍糧突厥畏之厚爲其備每夜中結陣以待之崇軍苦饑出輒遇敵死亡略盡遲明奔還城者尙且百許人然多傷重不堪更戰突厥意欲降之遣使謂崇曰若來降者封爲特勒崇知必不免令其士卒曰崇喪師徒罪當死今日効命以謝國家待看吾死且可降賊方便散走努力還鄉若見至尊道崇此意乃挺刃突賊復殺二人賊亂射之卒于陣年四十八贈豫鄎申永

澮亳六州諸軍事豫州刺史諡曰壯子敏嗣

敏字樹生高祖以其父死王事養宮中者久之及長襲爵廣宗縣公起家左千牛美姿儀善騎射歌舞管絃無不通解開皇初周宣帝后封樂平公主有女娥英妙擇婚對敕貴公子弟集弘聖宮者日以百數公主親在帷中並令自序幷試技藝選不中者輒引出之至敏而合意竟爲姻媾敏假一品羽儀禮如尚帝之女後將侍宴公主謂敏曰我以四海與至尊唯一女夫當爲汝求柱國若授餘官汝愼無謝及進見上上親御琵琶遣敏歌舞既而大悅謂公主曰李敏何官對曰一白丁耳上因謂敏曰今授汝儀同敏不答上曰不滿爾意邪今授汝開府敏又不謝上曰公主有大功於我我何得向其女壻而惜官乎今授卿柱國敏迺拜而蹈舞遂於坐發詔授柱國以本官宿衛後避諱改封經城縣公邑一千戶歷蒲豳金華敷州刺史多不莅職常留京師往來宮內侍從遊宴賞賜超於功臣後幸仁壽宮以爲岐州刺史大業初轉衛尉卿樂平公主之將薨也遺言於煬帝曰妾無子息唯有一女不自憂死但深憐之今湯沐邑乞迴與敏

帝從之竟食五千戶攝屯衞將軍楊玄感反後城大與敏之策也轉將作監從
征高麗領新城道軍將加光祿大夫十年帝復征遼東遣敏於黎陽督運時或
言敏一名洪兒帝疑洪字當讖嘗面告之冀其引決敏由是大懼數與金才善
衡等屏人私語宇文述知而奏之竟與渾同誅年三十九其妻宇文氏後數月
亦賜鴆而終

梁睿

梁睿字恃德安定烏氏人也父禦西魏太尉睿少沉敏有行檢周太祖時以功
臣子養宮中者數年其後命諸子與睿遊處同師共業情契甚歡七歲襲爵廣
平郡公累加儀同三司邑五百戶尋爲本州大中正魏恭帝時加開府改封爲
五龍郡公拜渭州刺史周閔帝受禪徵爲御伯未幾出爲中州刺史鎮新安以
備齊齊人來寇睿輒挫之帝甚嘉歎拜大將軍進爵蔣國公入爲司會後從齊
王憲拒齊將斛律明月於雒陽每戰有功還小冢宰武帝時歷數州刺史涼安
二州總管俱有惠政進位柱國高祖總百揆代王謙爲益州總管行至漢川而

謙反遣兵攻始州睿不得進高祖命睿爲行軍元帥率行軍總管于義張威達奚長儒梁昇石孝義步騎二十萬討之時謙遣開府李三王等守通谷睿使張威擊破之擒數千人進至龍門謙將趙儼秦會擁衆十萬據嶮爲營周亘三十里睿令將士銜枚出自閒道四面奮擊力戰破之蜀人大駭睿鼓行而進謙將敬豪守劍閣梁巖拒平林並懼而來降謙又令高阿那瓌達奚惎等以盛兵攻利州聞睿將至惎分兵據開遠睿顧謂將士曰此虜據要欲遏吾兵勢吾當出其不意破之必矣遣上開府拓拔宗趣劍閣大將軍宇文夐詣巴西大將軍趙達水軍入嘉陵睿遣張威王倫賀若震于義韓相貴阿那惠等分道攻惎自午及申破之惎奔歸于謙睿進逼成都謙令達奚惎乙弗虔城守親率精兵五萬背城結陣睿擊之謙不利將入城惎虔以城降拒謙不內謙將麾下三十騎遯走新都令王寶執之睿斬謙于市劍南悉平進位上柱國總管如故賜物五千段奴婢一千口金二千兩銀三千兩食邑千戶睿時威振西川夷獠歸附唯南寧酋帥爨震恃遠不賓睿上疏曰竊以遠撫長駕王者令圖易俗移風有國恆

典南寧州漢世牂柯之地近代已來分置與古雲南建寧朱提四郡戶口殷衆
金寶富饒二河有駿馬明珠益寧出鹽井犀角晉太始七年以益州曠遠分置
寧州至僞梁南寧州刺史徐文盛被湘東徵赴荊州屬東夏尙阻未遑遠略土
民爨瓚遂竊據一方國家遙授刺史其子震相承至今而震臣禮多虧貢賦不
入每年奉獻不過數十匹馬其處去益路止一千朱提北境即與戎州接界如
聞彼人苦其苛政思被皇風伏惟大丞相匡贊聖朝寧濟區宇絕後光前方垂
萬代闢土服遠今正其時幸因平蜀士衆不煩重與師旅押獠旣訖即請略定
南寧自盧戎已來軍糧須給過此即於蠻夷徵稅以供兵馬其寧州朱提雲南
西爨並置總管州鎮計彼熟蠻租調足供城防倉儲一則以肅蠻夷二則裨益
軍國今謹件南寧州郡縣及事意如別有大都督杜神敬昔曾使彼具所諳練
今幷送往書未答又請曰竊以柔遠能邇著自前經拓土開疆王者所務南寧
州漢代牂柯之郡其地沃壤多是漢人旣饒寶物又出名馬今若往取仍置州
郡一則遠振威名二則有益軍國其處與交廣相接路乃非遙漢代開此本為

討越之計伐陳之日復是一機以此商量決謂須取高祖深納之然以天下初定恐民心不安故未之許後竟遣史萬歲討平之並因睿之策也睿威惠兼著民夷悅服聲望逾重高祖陰憚之薛道衡從軍在蜀因入接宴說睿曰天下之望已歸于隋密令勸進高祖大悅及受禪顧待彌隆睿復上平陳之策上善之下詔曰公英風震動妙算縱橫清蕩江南宛然可見循環三復但以欣然公既上才若總戎律一舉大定固在不疑但朕初臨天下政道未洽恐先窮武事未爲盡善昔公孫述隗囂漢之賊也光武與其通和稱爲皇帝尉佗之於高祖初猶不臣孫皓之答晉文書尚云白或尋款服或即滅亡王者體大義存遵養雖陳國來朝未盡藩節如公大略誠須責罪尚欲且緩其誅宜知此意淮海未滅必與師旅若命永襲終當相屈想以身許國無足致辭也睿乃止焉睿時見突厥方彊恐爲邊患復陳鎮守之策十餘事上書奏之曰竊以戎狄作患其來久矣防遏之道自古爲難所以周無上算漢收下策以其倏來忽往雲屯霧散彊則騁其犯塞弱又不可盡除故也今皇祚肇興宇內寧一唯有突厥種類尚爲

邊梗此臣所以廢寢與食寤寐思之昔匈奴未平去病辭老先零尚在充國自
劾臣才非古烈而志追昔士謹件安置北邊城鎮烽候及人馬糧貯戰守事意
如別謹并圖上呈伏惟裁覽上嘉歎久之答以厚意睿時自以周代舊臣久居
重鎮內不自安屢請入朝於是徵還京師及引見上爲之興命睿上殿握手極
歡睿退謂所親曰功遂身退今其時也遂謝病於家闔門自守不交當代上賜
以版輿每有朝覲必令三衞輿上殿睿初平王謙之始自以威名太盛恐爲時
所忌遂大受金賄以自穢由是勳簿多不以實詣朝堂稱屈者前後百數上令
有司案驗其事主者多獲罪睿惶懼上表陳謝請歸大理上慰諭遣之十五年
從上至洛陽而卒時年六十五謚曰襄子洋嗣官歷蒿徐二州刺史武賁郎將
大業六年詔追改封睿爲戴公命以洋襲焉
史臣曰李穆梁睿皆周室功臣高祖王業初基俱受腹心之寄故穆首登師傅
睿終膺殊寵觀其見機而動抑亦民之先覺然方魏朝之貞烈有愧王陵比晉
室之忠臣終慙徐廣穆之子孫特爲隆盛朱輪華轂凡數十人見忌當時禍難

湍及得之非道可不戒歟

隋書卷三十七

隋書卷三十七考證

李穆傳穆讓兄子孝軌○一本無孝字按北史穆請迴授賢子孝軌有孝字

李敏○監本傳前又有孝敏二字一行按李渾李詢李崇李敏前已注李穆下

崇傳末又云子敏嗣不當複列今刪

及長襲爵廣宗縣公○監本無縣字按李崇傳改封廣宗縣公敏襲父爵不當

脫縣字今增

梁睿傳昔匈奴未平去病辭老○各本同　臣映斗按前漢書霍去病傳上爲治

第令視之對曰匈奴不滅無以家爲也辭老疑作辭第

隋書卷三十七考證

唐　特　進　臣　魏　徵　上

列傳第三

劉昉

劉昉博陵望都人也父孟良大司農從魏武入關周太祖以爲東梁州刺史昉性輕狡有姦數周武帝時以功臣子入侍皇太子及宣帝嗣位以技佞見狎出入宮掖寵冠一時授大都督遷小御正與御正中大夫顏之儀並見親信及帝不悆召昉及之儀俱入臥內屬以後事帝瘖不復能言昉見靜帝幼沖不堪負荷然昉素知高祖又以后父之故有重名於天下遂與鄭譯謀引高祖輔政高祖固讓不敢當昉曰公若爲當速爲之如不爲昉自爲也高祖乃從之及高祖爲丞相以昉爲司馬時宣帝弟漢王贊居禁中每與高祖同帳而坐昉飾美妓進於贊贊甚悅之昉因說贊曰大王先帝之弟時望所歸孺子幼沖豈堪大事今先帝初崩羣情尚擾王且歸第待事寧之後入爲天子此萬全之計也贊時

年未弱冠性識庸下聞昉之說以爲信然遂從之高祖以昉有定策之功拜上大將軍封黃國公與沛國公鄭譯皆爲心膂前後賞賜鉅萬出入以甲士自衞朝野傾矚稱爲黃沛時人爲之語曰劉昉牽前鄭譯推後昉自恃其功頗有驕色然性麤疏溺於財利富商大賈朝夕盈門于時尉迥起兵高祖令韋孝寬討之至武陟諸將不一高祖欲遣昉譯一人往監軍因謂之曰須得心膂以統大軍公等兩人誰當行者昉自言未嘗爲將譯又以母老爲請高祖不懌而高熲請行遂遣之由是恩禮漸薄又王謙司馬消難相繼而反高祖憂之忘寢與食昉逸遊縱酒不以職司爲意相府事物多所遺落高祖深銜之以高熲代爲司馬是後益見疏忌及受禪進位柱國改封舒國公閑居無事不復任使昉自以佐命元功中被疏遠甚不自安後遇京師饑上令禁酒昉使妾賃屋當壚沽酒治書侍御史梁毗劾奏昉曰臣聞處貴則戒之以奢持滿則守之以約昉既位列羣公秩高庶尹糜爵稍久厚祿已淹正當戒滿歸盈鑒斯止足何乃規麴糵之潤競錐刀之末身昵酒徒家爲逋藪若不糾繩何以肅厲有詔不治昉鬱鬱

不得志時柱國梁士彥宇文忻俱失職忿望昉並與之交數相來往士彥妻有美色昉因與私通士彥不之知也情好彌協遂相與謀反許推士彥爲帝後事泄上窮治之昉自知不免默無所對下詔誅之曰朕君臨四海慈愛爲心加以起自布衣入升皇極公卿之內非親則友位雖差等情皆舊人護短全長恆思覆育每殷勤戒約言無不盡天之曆數定於杳冥豈慮苞藏之心能爲國家之害欲使其長守富貴不觸刑書故也上柱國郕國公梁士彥上柱國杞國公宇文忻柱國舒國公劉昉等朕受命之初並展勤力酬勳報効榮高祿重待之既厚愛之實隆朝夕宴言備知朕意但心如谿壑志等豺狼不荷朝恩忽謀逆亂士彥爰始幼來恆自誣罔稱有相者云其應籙年過六十必據九五初平尉迥蹔臨相州已有反心彰於行路朕即遣人代之不聲其罪入京之後逆意轉深忻昉之徒言相扶助士彥許率僮僕尅期不遠欲於蒲州起事即斷河橋捉黎陽之關塞河陽之路劫調布以爲牟甲募盜賊而爲戰士就食之人亦云易集輕忽朝廷嗤笑官人自謂一朝奮發無人當者其第二子剛每常苦諫第三子

叔諧固深勸獎朕既聞知猶恐枉濫乃授晉部之任欲驗蒲州之情士彦得以欣然云是天贊忻及昉等皆賀時來忻往定鄴城自矜不已位極人臣猶恨賞薄云我欲反何慮不成怒色忿言所在流布朕深念其功不計其禮任以武候授以領軍寄之爪牙委之心腹忻密爲異計樹黨宮闈多奏親友入參宿衞朕推心待物言必依許爲而弗止心迹漸彰仍解禁兵令其改悔而志規不逞愈結於懷乃與士彦情意偏厚要請神明誓不負約俱營賊逆逢則交謀委彦河東自許關右蒲津之事即望從征兩軍結東西之旅一舉合連橫之勢然後北破晉陽還圖宗社昉入佐相府便爲非法三度事發二度其婦自論常云姓是卯金刀名是一萬日劉氏應王爲萬日天子朕訓之導之示其利害每加寬宥望其脩改口請自新志存如舊亦與士彦情好深重逆節姦心盡探肝鬲嘗共士彦論太白所犯問東井之間思秦地之亂訪軒轅之裏願宮掖之災唯待蒲坂事興欲在關內應接殘賊之策千端萬緒惟忻及昉名位並高寧肯北面曲躬臣於士彦乃是各懷不遜圖成亂階一得擾攘之基方逞吞并之事人之姦

詐一至於此雖國有常刑罪在不赦朕載思草創咸著厥誠情用愍然未忍極法士彥忻昉身爲謀首叔諧贊成父意義實難容並已處盡士彥忻昉兄弟叔姪特恕其命有官者除名士彥小男女忻母妻女及小男並放士彥叔諧妻妾及資財田宅忻昉妻妾及資財田宅悉沒官士彥昉兒年十五以上遠配上儀同薛摩兒是士彥交舊上柱國府戶曹參軍事裴石達是士彥府寮反狀逆心巨細皆委薛摩兒聞語仍相應和俱不申陳宜從大辟問即承引頗是恕心可除名免死朕握圖當籙六載於斯政事徒勤淳化未洽與言軫念良深歎憤臨刑至朝堂宇文忻見高熲向之叩頭求哀昉勃然謂忻曰事形如此何叩頭之有於是伏誅籍沒其家後數日上素服臨射殿盡取昉忻士彥三家資物置於前令百寮射取之以爲鑒誡云

鄭譯

鄭譯字正義滎陽開封人也祖瓊魏太常父道邕魏司空譯頗有學識兼知鍾律善騎射譯從祖開府文寬尚魏平陽公主則周太祖元后之妹也主無子太

祖令譯後之由是譯少爲太祖所親恆令與諸子遊集年十餘歲嘗詣相府司錄李長宗長宗於衆中戲之譯斂容謂長宗曰明公位望不輕瞻仰斯屬輒相習狎無乃喪德也長宗甚異之文寛後誕二子譯復歸本生周武帝時起家給事中士拜銀青光祿大夫轉左侍上士與儀同劉昉恆侍帝側譯時喪妻帝命譯尚梁安固公主及帝親總萬機以爲御正下大夫俄轉太子宮尹時太子多失德內史中大夫烏丸軌每勸帝廢太子而立秦王由是太子恆不自安其後詔太子西征吐谷渾太子乃陰謂譯曰秦王上愛子也烏丸軌上信臣也今吾此行得無扶蘇之事乎譯曰願殿下勉著仁孝無失子道而已勿爲他慮太子然之既破賊譯以功最賜爵開國子邑三百戶後坐褻狎皇太子帝大怒除名爲民太子復召之譯戲狎如初因言於太子曰殿下何時可得據天下太子悅而益昵之及帝崩太子嗣位是爲宣帝超拜開府內史下大夫封歸昌縣公邑一千戶委以朝政俄遷內史上大夫進封沛國公邑五千戶以其子善願爲歸昌公元琮爲永安縣男又監國史譯頗專權時帝幸東京譯擅取官材自營私

第坐是復除名爲民劉昉數言於帝帝復召之顧待如初詔領內史事初高祖與譯有同學之舊譯又素知高祖相表有奇傾心相結至是高祖爲宣帝所忌情不自安嘗在永巷私於譯曰久願出藩公所悉也敢布心腹少留意焉譯曰以公德望天下歸心欲求多福豈敢忘也謹卽言之時將遣譯南征譯請元帥帝曰卿意如何譯對曰若定江東自非懿戚重臣無以鎮撫可令隋公行且爲壽陽總管以督軍事帝從之乃下詔以高祖爲揚州總管譯發兵俱會壽陽以伐陳行有日矣帝不悆遂與御正下大夫劉昉謀引高祖入受顧託既而譯宣詔文武百官皆受高祖節度時御正中大夫顏之儀與宦者謀引大將軍宇文仲輔政仲已至御坐譯知之遽率開府楊惠及劉昉皇甫績柳裘俱入仲與之儀見譯等愕然逡巡欲出高祖因執之於是矯詔復以譯爲內史上大夫明日高祖爲丞相拜譯柱國相府長史治內史上大夫事及高祖爲大冢宰總百揆以譯兼領天官都府司會總六府事出入臥內言無不從賞賜玉帛不可勝計每出入以甲士從拜其子元璹爲儀同時尉迥王謙司馬消難等作亂高祖逾

加親禮俄而進位上柱國恕以十死譯性輕險不親職務而賦貨狼籍高祖陰踈之然以其有定策功不忍廢放陰勅官屬不得白事於譯譯猶坐廳事無所關預譯懼頓首求解職高祖寬諭之接以恩禮及上受禪以上柱國公歸第賞賜豐厚進子元璹爵城皐郡公邑二千戶元珣永安男追贈其父及亡兄二人並爲刺史譯自以被踈陰呼道士章醮以祈福助其婢奏譯猒蠱左道上謂譯曰我不負公此何意也譯無以對譯又與母別居爲憲司所劾由是除名下詔曰譯嘉謀良策寂爾無聞鬻獄賣官沸騰盈耳若留之於世在人爲不道之臣戮之於朝入地爲不孝之鬼有累幽顯無以置之宜賜以孝經令其熟讀仍遣與母共居未幾詔譯參撰律令復授開府隆州刺史請還治疾有詔徵之見於醴泉宮上賜宴甚歡因謂譯曰貶退已久情相矜愍於是復爵沛國公位上柱國上顧謂侍臣曰鄭譯與朕同生共死閒關危難與言念此何日忘之譯因奉觴上壽上令內史令李德林立作詔書高熲戲謂譯曰筆乾譯答曰出爲方岳杖策言歸不得一錢何以潤筆上大笑未幾詔譯參議樂事譯以周代七聲廢

缺自大隋受命禮樂宜新更脩七始之義名曰樂府聲調凡八篇奏之上嘉美焉俄還岐州刺史在職歲餘復奉詔定樂於太常前後所論樂事語在音律志上勞譯曰律令則公定之音樂則公正之禮樂律令公居其三良足美也於是還岐州開皇十一年以疾卒官時年五十二上遣使弔祭焉謚曰達子元璹嗣煬帝初立五等悉除以譯佐命元功詔追改封譯莘公以元璹襲元璹初爲驃騎將軍後轉武賁郎將數以軍功進位右光祿大夫還右候衞將軍大業末出爲文城太守及義兵起義將張倫略城至文城元璹以城歸之

柳裘

柳裘字茂和河東解人齊司空世隆之曾孫也祖惔梁尚書左僕射父明太子舍人義與太守裘少聰慧弱冠有令名在梁仕歷尚書郎駙馬都尉梁元帝爲魏軍所逼遣裘請和於魏俄而江陵陷遂入關中周明武間自麟趾學士累遷太子侍讀封昌樂縣侯後除天官府都上士宣帝即位拜儀同三司進爵爲公轉御飾大夫及帝不悆留侍禁中與劉昉韋謩皇甫績同謀引高祖入總萬機

高祖固讓不許裴進曰時不可再機不可失今事已然宜早定大計天與不取反受其咎如更遷延恐貽後悔高祖從之進位上開府拜內史大夫委以機密及尉迥作亂天下騷動并州總管李穆頗懷猶豫高祖令裴往喻之裴見穆盛陳利害穆甚悅遂歸心於高祖後以奉使功賜綵三百匹金九環帶一腰時司馬消難阻兵安陸又令喻之未到而消難奔陳高祖即令裴隨便安集淮南賜馬及雜物開皇元年進位大將軍拜許州刺史在官清簡吏民懷之復轉曹州刺史其後上思裴定策功欲加榮秩將徵之顧問朝臣曰曹州刺史何當入朝或對曰即今冬也帝乃止裴尋卒高祖傷惜者久之謚曰安子惠童嗣

皇甫績 韋藝

皇甫績字功明安定朝那人也祖穆魏隴東太守父道周湖州刺史雍州都督績三歲而孤爲外祖韋孝寬所鞠養嘗與諸外兄博奕孝寬以其惰業督以嚴訓愍績孤幼特捨之績歎曰我無庭訓養於外氏不能克躬勵己何以成立深自感激命左右自杖三十孝寬聞而對之流涕於是精心好學略涉經史周武

帝爲魯公時引爲侍讀建德初轉宮尹中士武帝嘗避暑雲陽宮時宣帝爲太子監國衞刺王作亂城門已閉百寮多有遁者績聞難赴之於玄武門遇皇太子太子下樓執績手悲喜交集帝聞而嘉之遷小宮尹宣政初錄前後功封義陽縣男拜畿伯下大夫累轉御正下大夫宣帝崩高祖總己績有力焉語在鄭譯傳加位上開府轉內史中大夫進封郡公邑千戶尋拜大將軍開皇元年出爲豫州刺史增邑通前二千五百戶尋拜都官尚書後數載轉晉州刺史將之官稽首而言曰臣實庸鄙無益於國每思犯難以報國恩今僞陳尚存以臣度之有三可滅上問其故績答曰大吞小一也以有道伐無道二也納叛臣蕭巖於我有詞三也陛下若命鷹揚之將臣請預戎行展絲髮之効上嘉其壯志勞而遣之及陳平拜蘇州刺史高智慧等作亂江南州民顧子元發兵應之因以攻績相持八旬子元素感績恩於冬至日遣使奉牛酒績遺子元書曰皇帝握符受籙合極通靈受揖讓於唐虞弃干戈於湯武東踰蟠木方朔所未窮西盡流沙張騫所不至玄漠黃龍之外交臂來王葱嶺榆關之表屈膝請吏曩者僞

陳獨阻聲教江東士民困於荼毒皇天輔仁假手朝廷聊申薄伐應時瓦解金陵百姓死而復生吳會臣民白骨還肉唯當懷音感德行歌擊壤豈宜自同吠主翻成反噬卿非吾民何須酒禮吾是隋將何容外交易子析骸未能相告況是足食足兵高城深壍坐待強援綽有餘力何勞踵輕敝之俗作虛僞之辭欲阻誠臣之心徒惑驍雄之志以此見期必不可得卿宜善思活路曉諭黎元能早改迷失道非遠子元得書於城下頓首陳謝楊素援兵至合擊破之拜信州總管十二州諸軍事俄以病乞骸骨詔徵還京賜以御藥中使相望顧問不絕卒於家時年五十二謚曰安子偲嗣大業之世官至尚書主爵郎韋藝者京兆人也仕周內史大夫高祖以藝有定策之功累遷上柱國封晉安郡公開皇初卒於蒲州刺史

盧賁

盧賁字子徵涿郡范陽人也父光周開府燕郡公賁略涉書記頗解鍾律周武帝時襲爵燕郡公邑一千九百戶後歷魯陽太守太子小宮尹儀同三司平齊

有功增邑四百戶轉司武上士時高祖爲大司武賁知高祖爲非常人深自推結宣帝嗣位加開府及高祖初被顧託羣情未一乃引賁置於左右高祖將之東第百官皆不知所去高祖潛令賁部伍仗衞因召公卿而謂曰欲求富貴者當相隨來往往偶語欲有去就賁嚴兵而至衆莫敢動出崇陽門至東宮門者拒不內賁諭之不去瞋目叱之門者遂却既而高祖得入賁恆典宿衞後承間進說曰周歷已盡天人之望實歸明公願早應天順民也天與不取反受其咎高祖甚然之及受禪命賁清宮因典宿衞賁於是奏改周代旗幟更爲嘉名其青龍騶虞朱雀玄武千秋萬歲之旗皆賁所制也尋拜散騎常侍兼太子左庶子左領軍右將軍時高熲蘇威共掌朝政賁甚不平之柱國劉昉時被疏忌賁因諷昉及上柱國元諧李詢華州刺史張賓等謀出熲威五人相與輔政又以晉王上之愛子謀行廢立復私謂皇太子曰賁將數謁殿下恐爲上所譴願察區區之心謀泄上窮治其事昉等委罪於賓賁公卿奏二人坐當死上以龍潛之舊不忍加誅並除名爲民賓未幾卒歲餘賁復爵位檢校太常卿賁以古樂

宮懸七八損益不同歷代通儒議無定準於是上表曰殷人以上通用五音周
武克殷得鶉火天駟之應其音用七漢與加應鍾故十六枚而在一簴鄭玄注
周禮二八十六簴此則七八之義其來遠矣然世有沿革用捨不同至周武帝
復改懸七以林鍾爲宮夫樂者治之本也故移風易俗莫善於樂是以吳札觀
而辯興亡然則樂也者所以動天地感鬼神情發於聲治亂斯應周武以林鍾
爲宮蓋將亡之徵也且林鍾之管卽黃鍾下生之義黃鍾君也而生於臣明爲
皇家九五之應又陰者臣也而居君位更顯國家登極之祥斯實冥數相符非
關人事伏惟陛下握圖御寓道邁前王功成作樂煥乎曩策臣聞五帝不相沿
樂三王不相襲禮此蓋隨時改制而不失雅正者也上竟從之卽改七懸八以
黃鍾爲宮詔賁與儀同楊慶和刪定周齊音律未幾拜郢州刺史尋轉虢州刺
史後遷懷州刺史決沁水東注名曰利民渠又派入溫縣名曰溫潤渠以溉舄
鹵民賴其利後數年轉齊州刺史民饑穀米踴貴閉人糶而自糶之坐是除名
爲民後從幸洛陽上從容謂賁曰我始爲大司馬時卿以布腹心於我及總百

揆頻繁左右與卿足爲恩舊卿若無過者位與高熲齊坐與凶人交構由是廢黜言念疇昔之恩復當牧伯之位何乃不思報効以至於此吾不忍殺卿是屈法申私耳賁俯伏陳謝詔復本官後數日對詔失旨又自敘功績有怨言上大怒顧謂羣臣曰吾將與賁一州觀此不可復用後皇太子爲其言曰此輩並有佐命之功雖性行輕險誠不可棄上曰我抑屈之全其命也微劉昉鄭譯及賁柳裘皇甫績等則我不至此然此等皆反覆子也當周宣帝時以無賴得幸及帝大漸顏之儀等請以宗王輔政此輩行詐顧命於我我將爲治又欲亂之故昉謀大逆於前譯爲巫蠱於後如賁之徒皆不滿志任之則不遜致之則怨自難信也非我棄之衆人見此或有竊議謂我薄於功臣斯不然矣蘇威進曰漢光武欲全功臣皆以列侯奉朝請至尊仁育復用此道以安之上曰然遂廢於家是歲卒年五十四

史臣曰高祖肇基王業昉譯實啓其謀當軸執鈞物無異論不能忘身急病以義斷恩方乃慮難求全偷安懷祿暨夫帝遷明德義非簡在鹽梅之寄自有攸

歸言追昔款內懷觖望恥居吳耿之末羞與絳灌為伍事君盡禮旣闕於宿心不愛其親遽彰於物議其在周也靡忠貞之節其奉隋也愧竭命之誠非義掩其前功畜怨興其後釁而望不陷刑辟保貴全生難矣柳裘皇甫績盧賁因人成事協規不二大運光啓莫參樞要斯固在人欲其悅已在我欲其罵人理自然也晏嬰有言一心可以事百君百心不可以事一君於昉譯見之矣

隋書卷三十八

隋書卷三十八考證

史臣贊昉謀大逆於前譯爲巫蠱於後○通鑑考異曰按譯以開皇元年坐巫蠱廢昉以六年坐謀反誅盧賁傳誤也

隋書卷三十八考證

隋書卷三十九

唐　特　進　臣　魏　徵　上

列傳第四

于義　子宣道　宣敏

于義字慈恭河南雒陽人也父謹從魏武帝入關仕周官至太師因家京兆義少矜嚴有操尚篤志好學大統末以父功賜爵平昌縣伯邑五百戶起家直閤將軍其後改封廣都縣公周閔帝受禪增邑六百戶累遷安武太守專崇德惠不尚威刑有郡民張善安王叔兒爭財相訟義曰太守德薄不勝任之所致非其罪也於是取家財倍與二人喻而遣去善安等各懷恥愧移貫他州於是風教大洽其以德化人皆此類也進封建平郡公明武世歷西兗瓜邵三州刺史數從征伐進位開府宣帝嗣位政刑日亂義上疏諫時鄭譯劉昉以恩倖當權謂義不利於己先惡之於帝帝覽表色動謂侍臣曰于義謗訕朝廷也御正大夫顏之儀進曰古先哲王立誹謗之木置敢諫之鼓猶懼不聞過于義之言不

可罪也帝乃解及高祖作相王謙構逆高祖將擊之問將於高熲熲答曰于義素有經略可爲元帥高祖初然之劉昉進曰梁睿位望素重不可居義之下高祖乃止於是以睿爲元帥以義爲行軍總管謙將達奚惎擁衆據開遠義將左軍擊破之尋拜潼州總管賜奴婢五百口雜綵三千段超拜上柱國時義兄翼爲太尉弟智兄子仲文竝上柱國大將軍已上十餘人稱爲貴戚歲餘以疾免職歸於京師數月卒時年五十贈豫州刺史謚曰剛賻物千段粟米五百石子宣道宣敏竝知名

宣道字元明性謹密不交非類仕周釋褐左侍上士以父功賜爵成安縣男邑二百戶後轉小承御上士高祖爲丞相引爲外兵曹尋拜儀同及踐阼還內史舍人進爵爲子丁父憂水漿不入口者累日獻皇后命中使敦諭歲餘起令視事免喪拜車騎將軍兼左衛長史舍人如故後六歲遷太子左衛副率進位上儀同卒年四十二子志寧早知名出繼叔父宣敏

宣敏字仲達少沉密有才思年十一詣周趙王招王命之賦詩宣敏爲詩甚有

幽貞之志王大奇之坐客莫不嗟賞起家右侍上士遷千牛備身高祖踐阼拜奉車都尉奉使撫慰巴蜀及還上疏曰臣聞開盤石之宗漢室於是惟永建維城之固周祚所以靈長昔秦皇置牧守而罷諸侯魏后暱諂邪而疎骨肉遂使宗社移於佗族神器傳於異姓此事之明甚於觀火然山川設險非親勿居且蜀土沃饒人物殷阜西通邛僰南屬荊巫周德之衰茲土遂成戎首炎政失御此物便為禍先是以明者防於無形治者制其未亂方可慶隆萬世年逾七百伏惟陛下日角龍顏膺樂推之運參天貳地居揖讓之期億兆宅心百神受職理須樹建藩屏封植子孫繼周漢之宏圖改秦魏之覆軌抑近習之權勢崇公族之本枝但三蜀三齊古稱天險分王戚屬今正其時若使利建合宜封樹得所巨猾息其非望姦臣杜其邪謀盛業洪基同天地之長久英聲茂實齊日月之照臨臣雖學謝多聞然情深體國輒申管見戰灼惟深帝省表嘉之謂高熲曰于氏世有人焉竟納其言遣蜀王秀鎮於蜀宣敏常以盛滿之誡昔賢所重每懷靜退著述志賦以見其志焉未幾卒官時年二十九

陰壽子世師　骨儀

陰壽字羅雲武威人也父嵩周夏州刺史壽少果烈有武幹性謹厚敦然諾周世屢以軍功拜儀同從武帝平齊進位開府賜物千段奴婢百口女樂二十人及高祖爲丞相引壽爲掾尉迥作亂高祖以韋孝寬爲元帥擊之令壽監軍時孝寬有疾不能親總戎事每臥帳中遣婦人傳教命三軍綱紀皆取決於壽以功進位上柱國尋以行軍總管鎮幽州卽拜幽州總管封趙國公時有高寶寧者齊氏之疎屬也爲人桀黠有籌算在齊久鎮黃龍及齊滅周武帝拜爲營州刺史甚得華夷之心高祖爲丞相遂連結契丹靺鞨舉兵反高祖以中原多故未遑進討以書喻之而不得開皇初又引突厥攻圍北平至是令壽率步騎數萬出盧龍塞以討之寶寧求救於突厥時衛王爽等諸將數道北征突厥不能援寶寧弃城奔于磧北黃龍諸縣悉平壽班師留開府成道昂鎮之寶寧遣其子僧伽率廣騎掠城下而去尋引契丹靺鞨之衆來攻道昂苦戰連日乃退壽患之於是重購寶寧又遣人陰間其所親任者趙世模王威等月餘世模率其

衆降寶寧復走契丹爲其麾下趙脩羅所殺北邊遂安賜物千段未幾卒官贈司空子世師嗣

世師少有節槩性忠厚多武藝弱冠以功臣子拜儀同累遷驃騎將軍煬帝嗣位領東都瓦工監後三歲拜張掖太守先是吐谷渾及黨項羌屢爲侵掠世師至郡有來寇者親自捕擊輒禽斬之深爲戎狄所憚入爲武賁郎將遼東之役出襄平道明年帝復擊高麗以本官爲涿郡留守于時盜賊蜂起世師逐捕之往往剋捷及帝還大加賞勞拜樓煩太守時帝在汾陽宮世師聞始畢可汗將爲寇勸帝幸太原帝不從遂有鴈門之難尋遷左翊衞將軍與代王留守京師及義軍至世師自以世荷隋恩又藩邸之舊遂勒兵拒守月餘城陷與京兆郡丞骨儀等見誅時年五十三

骨儀京兆長安人也性剛鯁有不可奪之志開皇初爲侍御史處法平當不爲勢利所回煬帝嗣位遷尚書右司郎于時朝政漸亂濁貨公行凡當樞要之職無問貴賤竝家累金寶天下士大夫莫不變節而儀勵志守常介然獨立帝嘉

其清苦超拜京兆郡丞公方彌著時刑部尚書衛玄兼領京兆內史頗行詭道
輒爲儀所執正玄雖不便之不能傷也及義兵至而玄恐禍及己遂稱老病無
所干預儀與世師同心叶契父子竝誅其後遂絕世師有子弘智等以年幼獲
全

竇榮定

竇榮定扶風平陵人也父善周太僕季父熾開皇初爲太傅榮定沈深有器局
容貌瓌偉美鬚髯便弓馬魏文帝時爲千牛備身周太祖見而奇之授平東將
軍賜爵宜君縣子邑三百戶後從太祖與齊人戰於北邙周師不利榮定與汝
南公宇文神慶帥精騎二千邀擊之齊師乃却以功拜上儀同後從武元皇帝
引突厥木杆侵齊之幷州賜物三百段襲爵永富縣公邑千戶進位開府除忠
州刺史從武帝平齊加上開府拜前將軍佽飛中大夫其妻則高祖姊安成長
公主也高祖少小與之情契甚厚榮定亦知高祖有人君之表尤相推結及高
祖作相領左右宮伯使鎮守天臺總統露門內兩廂仗衛常宿禁中遇尉迥初

平朝廷頗以山東爲意乃拜榮定爲洛州總管以鎮之前後賜縑四千匹西涼女樂一部高祖受禪來朝京師上顧謂羣臣曰朕少惡輕薄性相近者唯竇榮定而已賜馬三百匹部曲八千戶而遣之坐事除名高祖以長公主之故尋拜右武候大將軍上數幸其第恩賜甚厚每令尙食局日供羊一口珍味稱是以佐命功拜上柱國寧州刺史未幾復爲右武候大將軍尋除秦州總管賜吳樂一部突厥沙鉢略寇邊以爲行軍元帥率九總管步騎三萬出涼州與虜戰於高越原兩軍相持其地無水士卒渴甚至刺馬血而飲死者十有二三榮定仰天太息俄而澍雨軍乃復振於是進擊數挫其鋒突厥憚之請盟而去賜縑萬匹進爵安豐郡公增邑千六百戶復封子憲爲安康郡公賜縑五千匹歲餘拜右武衞大將軍俄轉左武衞大將軍上欲以爲三公榮定上書曰臣每觀西朝衞霍東都梁鄧幸託葭莩位極台鉉寵積驕盈必致傾覆向使前賢少自貶損遠避權勢推而不居則天命可保何覆宗之有臣每覽前修實爲畏懼上於是乃止前後賞賜不可勝計開皇六年卒時年五十七上爲之廢朝令左衞大將

軍元旻監護喪事賻縑三千匹上謂侍臣曰吾每欲致榮定於三事其人固讓不可今若贈之重違其志於是贈冀州刺史陳國公謚曰懿子抗嗣抗美容儀性通率長於巧思父卒之後恩遇彌隆所賜錢帛金寶亦以鉅萬抗官至定州刺史復檢校幽州總管煬帝卽位漢王諒構逆以爲抗與通謀由是除名以其弟慶襲封陳公焉慶亦有姿儀性和厚頗工草隸初封永富郡公官至河東太守衞尉卿大業之末出爲南郡太守爲盜賊所害慶弟璡亦工草隸頗解鍾律官歷潁川南郡扶風太守

元景山

元景山字琁岳河南洛陽人也祖燮魏安定王父琰宋安王景山少有器局幹略過人周閔帝時從大司馬賀蘭祥擊吐谷渾以功拜撫軍將軍其後數從征伐累遷儀同三司賜爵文昌縣公授亹川防主後與齊人戰於北邙斬級居多加開府遷建州刺史進封宋安郡公邑三千戶從武帝平齊每戰有功拜大將軍改封平原郡公邑二千戶賜女樂一部帛六千匹奴婢二百五十口牛羊數

千治亳州總管先是州民王迴洛張季真等聚結亡命每爲劫盜前後牧守不能制景山下車逐捕之迴洛季真挺身奔江南擒其黨與數百人皆斬之法令明肅盜賊屏迹稱爲大治陳人張景遵以淮南內屬爲陳將任蠻奴所攻破其數柵景山發譙潁兵援之蠻奴引軍而退徵爲候正宣帝嗣位從上柱國韋孝寬經略淮南鄖州總管宇文亮謀圖不軌以輕兵襲孝寬孝寬窘迫未得整陣爲亮所薄景山率鐵騎三百出擊破之斬亮傳首以功拜亳州總管高祖爲丞相尉迥稱兵作亂滎州刺史宇文冑與迥通謀陰以書諷動景山景山執其使封書詣相府高祖甚嘉之進位上大將軍司馬消難之以鄖州入陳也陳遣將樊毅馬傑等來援景山率輕騎五百馳赴之毅等懼掠居民而遯景山追之一日一夜行三百餘里與毅戰於漳口二合皆剋毅等退保甑山鎮其城邑爲消難所陷者悉平之拜安州總管進位柱國前後賜帛三千匹時桐柏山蠻相聚爲亂景山復擊平之高祖受禪拜上柱國明年大舉伐陳以景山爲行軍元帥率行軍總管韓延呂哲出漢口遣上開府鄧孝儒將勁卒四千攻陳甑山鎮陳

人遣其將陸綸以舟師來援孝儒逆擊破之陳將魯達陳紀以兵守溳口景山復遣兵擊走之陳人大駭甑山沌陽二鎮守將皆棄城而遯景山將濟江會陳宣帝卒有詔班師景山大著威名甚爲敵人所憚後數載坐事免卒于家時年五十五贈梁州總管賜縑千匹諡曰襄子成壽嗣成壽便弓馬起家千牛備身以上柱國世子拜儀同後爲秦王庫真車騎煬帝嗣位徵爲左親衛郎將楊玄感之亂也從刑部尚書衛玄擊之以功進位正議大夫拜西平通守

源雄

源雄字世略西平樂都人也祖懷父纂俱爲魏隴西王雄少寬厚偉姿儀在魏起家祕書郎尋加征討將軍屬其父爲高氏所誅雄脫身而遯變姓名西歸長安周太祖見而器之賜爵隴西郡公後從武帝伐齊以功授開府改封朔方郡公拜冀州刺史時以突厥寇邊徙雄爲平州刺史以鎮之未幾檢校徐州總管及高祖爲丞相尉迥作亂時雄家累在相州迥潛以書誘之雄卒不顧高祖遺雄書曰公妻子在鄴城雖言離隔賊徒翦滅聚會非難今日已後不過數旬之

別遲能開慰無以綏懷徐部大蕃東南襟帶密邇吳寇特須安撫藉公英略委以邊謀善建功名用副朝委也迥遣其將畢義緒據蘭陵席毗陷昌慮下邑雄遣徐州刺史劉仁恩擊義緒儀同劉弘李琰討席毗悉平之陳人見中原多故遣其將陳紀蕭摩訶任蠻奴周羅睺樊毅等侵江北西自江陵東距壽陽民多應之攻陷城鎮雄與吳州總管于顗揚州總管賀若弼黃州總管元景山等擊走之悉復故地東潼州刺史曹孝達據州作亂雄遣兵襲斬之進位上大將軍拜徐州總管後數歲轉懷州刺史尋遷朔州總管突厥有來寇掠雄輒捕斬之深爲北夷所憚伐陳之役高祖下冊書曰於戲唯爾上大將軍朔方公雄識悟明允風神果毅往牧徐方時逢寇逆建旗馬邑安撫北蕃嘉謀絕外境之虞挺劍息韋韝之望沙漠以北俱荷威恩呂梁之間罔不懷惠但江淮叢爾有陳僭逆今將董率戎旅清彼東南是用命爾爲行軍總管往欽哉於是從秦王俊出信州道及陳平以功進位上柱國賜子崇爵端氏縣伯褒爲安化縣伯賜物五千段復鎮朔州二歲上表乞骸骨徵還京師卒于家時年七十子崇嗣官至儀

同大業中自上黨贊治入爲尚書虞部郎及天下盜起將兵討北海與賊力戰而死贈正議大夫

豆盧勣

豆盧勣字定東昌黎徒河人也本姓慕容燕北地王精之後也中山敗歸魏北人謂歸義爲豆盧因氏焉祖萇魏柔玄鎮大將父寧柱國太保勣初生時周太祖親幸寧家稱慶時遇新破齊師太祖因字之曰定東勣聰悟有器局少受業國子學略涉文藝魏大統十二年太祖以勣勳臣子封義安縣侯周閔帝受禪授稍伯下大夫開府儀同三司改封丹陽郡公邑千五百戶明帝時爲左武伯中大夫勣自以經業未通請解職遊露門學帝嘉之勅以本官就學未幾齊王憲納勣妹爲妃恩禮逾厚會武帝嗣位拜邛州刺史未之官渭源燒當羌因饑饉作亂以勣有才略轉渭州刺史甚有惠政華夷悅服德澤流行大致祥瑞鳥鼠山俗呼爲高武隴其下渭水所出其山絕壁千尋由來乏水諸羌苦之勣馬足所踐忽飛泉湧出有白烏翔至廳前乳子而後去又白狼見於襄武民爲之

謠曰我有丹陽山出玉瑗濟我民夷神烏來翔百姓因號其泉爲玉瑗泉後丁
父艱毀瘁過禮天和二年授邵州刺史襲爵楚國公復徵爲天官府司會歷信
夏二州總管相州刺史以母憂還京宣帝大象二年拜利州總管進位上大將
軍月餘拜柱國高祖爲丞相益州總管王謙作亂勣嬰城固守謙遣其將達奚
惎高阿那肱乙弗虔等衆十萬攻之起土山鑿城爲七十餘穴堰江水以灌之
勣時戰士不過二千晝夜相拒經四旬勢漸迫勣於是出奇兵擊之斬數千級
降二千人梁睿軍且至賊因而解去高祖遣開府趙仲卿勞之詔曰勣器識優
長氣調英遠總馭藩部風化已行巴蜀稱兵奄來圍逼入守出戰大摧凶醜貞
節雄規厥功甚茂可使持節上柱國賜一子爵中山縣公開皇二年突厥犯塞
以勣爲北道行軍元帥以備邊歲餘拜夏州總管上以其家世貴盛勳效克彰
甚重之後爲漢王諒納勣女爲妃恩遇彌厚七年詔曰上柱國楚國公勣蜀人
寇亂之日稱兵犯順固守金湯隱如敵國嘉猷大節其勞已多可食始州臨津
縣邑千戶十年以疾徵還京師詔諸王竝至勣第中使顧問道路不絕其年卒

時年五十五上悼惜者久之特加賵贈鴻臚監護喪事謚曰襄子賢嗣官至顯
州刺史大理少卿武賁郎將賢弟毓
毓字道生少英果有氣節漢王諒出鎮并州毓以妃兄爲王府主簿從趙仲卿
北征突厥以功授儀同三司及高祖崩煬帝卽位徵諒入朝諒納諮議王頍之
謀發兵作亂毓苦諫不從因謂弟懿曰吾匹馬歸朝自得免禍此乃身計非爲
國也今且爲從以思後計毓兄顯州刺史賢言於帝曰臣弟毓素懷志節必不
從亂但逼兇威不能克遂臣請從軍與毓爲表裏諒不足圖也帝以爲然許之
賢密遣家人齎勅書至毓所與之計議諒出城將往介州令毓與總管屬朱濤
留守毓謂濤曰漢王構逆敗不旋踵吾豈坐受夷滅孤負家國邪當與卿出兵
拒之濤驚曰王以大事相付何得有是語因拂衣而去毓追斬之時諒司馬皇
甫誕前以諫諒被囚毓於是出誕與之協計及開府盤石侯宿勤武開府宇文
永昌儀同成端長孫愷車騎安成侯元世雅原武令皇甫文顯等閉城拒諒部
分未定有人告諒諒襲擊之毓見諒至紿其衆曰此賊軍也諒攻城南門毓時

遣稽胡守堞稽胡不識諒射之箭下如雨諒復至西門守兵皆并州人素識諒即開門納之毓遂見害時年二十八及諒平煬帝下詔曰褒顯名節有國通規加等飾終抑推令典毓深識大義不顧姻親出於萬死首建奇策去逆歸順殉義忘身追加榮命宜優恆禮可贈大將軍封正義縣公賜帛二千匹諡曰愍子願師嗣尋拜儀同三司大業初行新令五等並除未幾帝復下詔曰故大將軍正義愍公毓臨節能固捐生殉國成爲令典沒世不忘象賢無墜德隆必祀改封雍丘愍侯復以願師承襲大業末授千牛左右

通字平東勳之兄也一名會弘厚有器局在周少以父功賜爵臨貞縣侯邑千戶尋授大都督俄遷儀同三司大冢宰宇文護引之令督親信兵改封沃野縣公邑四千七百戶後加開府歷武賁中大夫北徐州刺史及高祖爲丞相尉迥作逆遣其所署莒州刺史烏丸尼率衆來攻通逆擊破之賜物八百段進位大將軍開皇初進爵南陳郡公尋徵入朝以本官典宿衛歲餘出拜定州刺史後轉相州刺史尚高祖妹昌樂長公主自是恩禮漸隆遷夏州總管洪州總管所

在之職竝稱寬惠十七年卒官年五十九謚曰安有子寬

賀若誼

賀若誼字道機河南洛陽人也祖伏連魏雲州刺史父統右衛將軍誼性剛果有幹略在魏以功臣子賜爵容城縣男累遷直閣將軍大都督通直散騎常侍尚食典御周太祖據有關中引之左右常使詣杏城屬茹茹種落攜貳屯於河表誼因譬以禍福誘令歸附降者萬餘口太祖深奇之賜金銀百兩齊遣其舍人楊暢結好於茹茹太祖恐其并力爲邊境之患使誼聘茹茹誼因啗以厚利茹茹信之遂與周連和執暢付誼太祖嘉之拜車騎大將軍儀同三司略陽公府長史周閔帝受禪除司射大夫改封霸城縣子轉左宮伯尋加開府後歷靈邵二州刺史原信二州總管俱有能名其兄敦爲金州總管以讒毀伏誅坐是免職武帝親總萬機召誼治熊州刺史平齊之役誼率兵出函谷先據洛陽即拜洛州刺史進封建威縣侯齊范陽王高紹義之奔突厥也誼以兵追之戰於馬邑遂禽紹義以功進位大將軍高祖爲丞相拜亳州總管馳驛之部西過司

馬消難東拒尉迥申州刺史李慧反誼討之進爵范陽郡公授上大將軍開皇初入爲右武候將軍河間王弘北征突厥以誼爲副元帥軍還轉左武候大將軍坐事免歲餘拜華州刺史俄轉數州刺史改封海陵郡公復轉涇州刺史時突厥屢爲邊患朝廷以誼素有威名拜靈州刺史進位柱國誼時年老而筋力不衰猶能重鎧上馬甚爲北夷所憚數載上表乞骸骨優詔許之誼家富於財於郊外構一別廬多植果木每邀賓客列女樂遊集其間卒于家時年七十七子舉襲爵庶長子協官至驃騎將軍協弟祥奉車都尉祥弟與車騎將軍誼兄子弼別有傳

史臣曰于義竇榮定等或南陽姻亞或豐邑舊遊運屬時來俱宣力用以勞定國以功懋賞保其祿位貽厥子孫析薪克荷崇基弗墜盛矣豆盧毓遇屯剝之機亡身殉義陰世師遭天之所廢捨命不渝使夫死者有知足以無愧君親矣

隋書卷三十九

隋書卷三十九考證

元景山傳治亳州總管○治疑作除

隋書卷三十九考證

唐 特 進 臣 魏 徵 上

列傳第五

梁士彥子剛 梁默

梁士彥字相如安定烏氏人也少任俠不仕州郡性剛果喜正人之是非好讀兵書頗涉經史周世以軍功拜儀同三司武帝將有事東夏聞其勇決自扶風郡守除九曲鎮將進位上開府封建威縣公齊人甚憚焉尋遷熊州刺史後從武帝拔晉州進位柱國除使持節晉絳二州諸軍事晉州刺史及帝還後齊後主親總六軍而圍之獨守孤城外無聲援衆皆震懼士彥慷慨自若賊盡銳攻之樓堞皆盡城雉所存尋仞而已或短兵相接或交馬出入士彥謂將士曰死在今日吾爲爾先於是勇烈齊奮呼聲動地無不一當百齊師少却乃令妻妾軍民子女晝夜修城三日而就帝率六軍亦至齊師解圍營於城東十餘里士彥見帝持帝鬚而泣曰臣幾不見陛下帝亦爲之流涕時帝以將士疲倦意欲

班師士彥叩馬諫曰今齊師遁衆心皆動因其懼也而攻之其勢必舉帝從之大軍遂進帝執其手曰余之有晉州爲平齊之基若不固守則事不諧矣朕無前慮惟恐後變善爲我守之及齊平封郕國公進位上柱國雍州主簿宣帝即位除東南道行臺使持節徐州總管三十二州諸軍事徐州刺史與烏丸軌擒陳將吳明徹裴忌於呂梁别破黄陵略定淮南地高祖作相轉亳州總管二十四州諸軍事尉迥之反也以爲行軍總管從韋孝寬擊之至河陽與迥軍相對令家僮梁默等數人爲前鋒士彥以其徒繼之所當皆破乘勝至草橋迥衆復合進戰大破之及圍鄴城攻北門而入馳啓西門納宇文忻之兵及迥平除相州刺史高祖忌之未幾徵還京師閑居無事自恃元功甚懷怨望遂與宇文忻劉昉等謀作亂將率僮僕於享廟之際因車駕出圖以發機復欲於蒲州起事略取河北捉黎陽關塞河陽路劫調布以爲牟甲募盜賊以爲戰士其甥裴通豫知其謀而奏之高祖未發其事授晉州刺史欲觀其意士彥欣然謂昉等曰天也又請儀同薛摩兒爲長史高祖從之後與公卿朝謁高祖令左右執士彥

忻昉等於行間詰之曰爾等欲反何敢發此意初猶不伏捕薛摩兒適至於是庭對之摩兒具論始末云第二子剛垂泣苦諫第三子叔諧曰作猛獸要須成班士彥失色顧謂摩兒曰汝殺我於是伏誅時年七十二有子五人操字孟德出繼伯父官至上開府義鄉縣公長寧王府驃騎早卒剛字永固弱冠授儀同以平尉迥勳加開府擊突厥有功進位上大將軍通政縣公涇州刺史士彥之誅也以諫獲免徙瓜州叔諧官至上儀同廣平縣公車騎將軍志遠爲安定伯務爲建威伯皆坐士彥誅梁默者士彥之蒼頭驍武絕人士彥每從征伐常與默陷陣仕周致位開府開皇末以行軍總管從楊素北征突厥進位大將軍漢王諒之反也復以行軍總管從楊素討平之加授柱國大業五年從煬帝征吐谷渾遇賊力戰而死贈光祿大夫

宇文忻

宇文忻字仲樂本朔方人徙京兆祖莫豆于魏安平公父貴周大司馬許國公忻幼而敏慧爲兒童時與羣輩遊戲輒爲部伍進止行列無不用命有識者見

而異之年十二能左右馳射驍捷若飛恆謂所親曰自古名將唯以韓白衛霍爲美談吾察其行事未足多尚若使與僕並時不令豎子獨擅高名也其少小慷慨如此年十八從周齊王憲討突厥有功拜儀同三司賜爵興固縣公韋孝寬之鎮玉壁也以忻驍勇請與同行屢有戰功加位開府驃騎將軍進爵化政郡公邑二千戶從武帝伐齊攻拔晉州齊後主親馭六軍兵勢甚盛帝憚之欲旋師忻諫曰以陛下之聖武乘敵人之荒縱何往不克若使齊人更得令主君臣協力雖湯武之勢未易平也今主暗臣愚兵無鬬志雖有百萬之衆實爲陛下奉耳帝從之戰遂大克及帝攻陷幷州先勝後敗帝爲賊所窘左右皆殲帝挺身而遁諸將多勸帝還忻勃然而進曰自陛下克晉州破高緯乘勝逐北以至於此致令僞主奔波關東響振自古行兵用師未有若斯之盛也昨日破城將士輕敵微有不利何足爲懷丈夫當死中求生敗中取勝今者破竹其勢已成奈何棄之而去帝納其言明日復戰遂拔晉陽及齊平進位大將軍賜物千段尋與烏丸軌破陳將吳明徹於呂梁進位柱國賜奴婢二百口除豫州總管

高祖龍潛時與忻情好甚協及爲丞相恩顧彌隆尉迥作亂以忻爲行軍總管從韋孝寬擊之時兵屯河陽諸軍莫敢先進帝令高熲馳驛監軍與熲密謀進取者唯忻而已迥遣子惇盛兵武陟忻先鋒擊走之進臨相州迥遣精甲三千伏於野馬岡欲邀官軍忻以五百騎襲之斬獲略盡進至草橋迥又拒守忻率奇兵擊破之直趨鄴下迥背城結陣與官軍大戰官軍不利時鄴城士女觀戰者數萬人忻與高熲李詢等謀曰事急矣當以權道破之於是擊所觀者大囂而走轉相騰藉聲如雷霆忻乃傳呼曰賊敗矣衆軍復振齊力急擊之迥軍大敗及平鄴城以功加上柱國賜奴婢二百口牛馬羊萬計高祖顧謂忻曰尉迥傾山東之衆連百萬之師公舉無遺策戰無全陣誠天下之英傑也進封英國公增邑三千戶自是以後每參帷幄出入臥內禪代之際忻有力焉後拜右領軍大將軍恩顧彌重忻妙解兵法馭戎齊整當時六軍有一善事雖非忻所建在下輒相謂曰此必英公法也其見推服如此後改封杞國公上嘗欲令忻率兵擊突厥高熲言於上曰忻有異志不可委以大兵乃止忻既佐命功臣頻經

將領有威名於當世上由是微忌焉以譴去官忻與梁士彥昵狎數相往來士彥時亦怨望陰圖不軌忻謂士彥曰帝王豈有常乎相扶卽是公於蒲州起事我必從征兩陣相當然後連結天下可圖也謀洩伏誅年六十四家口籍沒忻兄善弘厚有武藝仕周官至上柱國許國公高祖受禪遇之甚厚拜其子頵爲上儀同及忻誅並廢于家善未幾卒頵至大業中爲司農少卿及李密逼東都叛歸於密忻弟愷別有傳

王誼

王誼字宜君河南洛陽人也父顯周鳳州刺史誼少慷慨有大志便弓馬博覽羣言周閔帝時爲左中侍上士時大冢宰宇文護執政勢傾王室帝拱默無所關預有朝士於帝側微爲不恭誼勃然而進將擊之其人惶懼請罪乃止自是朝士無敢不肅歲餘遷御正大夫丁父艱毀瘁過禮廬於墓側負土成墳歲餘起拜雍州別駕固讓不許武帝卽位授儀同累遷內史大夫封楊國公從帝伐齊至并州帝旣入城反爲齊人所敗左右多死誼率麾下驍雄赴之帝賴以全

濟時帝以六軍挫衂將班師誼固諫帝從之及齊平授相州刺史未幾復徵爲大內史汾州稽胡爲亂誼率兵擊之帝弟越王盛譙王儉雖爲總管並受誼節度其見重如此及平賊而還賜物五千段封一子開國公帝臨崩謂皇太子曰王誼社稷臣宜處以機密不須遠任也皇太子卽位是爲宣帝憚誼剛正出爲襄州總管及高祖爲丞相轉爲鄭州總管司馬消難舉兵反高祖以誼爲行軍元帥率四總管討之軍次近郊消難懼而奔陳于時北至商洛南拒江淮東西二千餘里巴蠻多叛共推渠帥蘭雒州爲主雒州自號河南王以附消難北連尉迥誼率行軍總管李威馮暉李遠等分討之旬月皆平高祖以誼前代舊臣甚加禮敬遣使勞問冠蓋不絕以第五女妻其子奉孝尋拜大司徒誼自以與高祖有舊亦歸心焉及上受禪顧遇彌厚上親幸其第與之極歡太常卿蘇威立議以爲戶口滋多民田不贍欲減功臣之地以給民誼奏曰百官者歷世勳賢方蒙爵土一旦削之未見其可如臣所慮正恐朝臣功德不建何患人田有不足上然之竟寢威議開皇初上將幸岐州誼諫曰陛下初臨萬國人情未洽

何用此行上戲之曰吾昔與公位望齊等一朝屈節爲臣或當恥愧是行也震揚威武欲以服公心耳誼笑而退尋奉使突厥上嘉其稱旨進封郢國公未幾其子奉孝卒踰年誼上表言公主少請除服御史大夫楊素劾誼曰臣聞喪服有五親踈異節喪制有四降殺殊文王者之所常行故曰不易之道也是以賢者不得踰不肖者不得不及而儀同王奉孝旣尙蘭陵公主奉孝以去年五月身喪始經一周而誼便請除釋竊以雖曰王姬終成下嫁之禮公則主之猶在移天之義況復三年之喪自上達下及期釋服在禮未詳然夫婦則人倫攸始喪紀則人道至大苟不重之取笑君子故鑽燧改火責以居喪之速朝祥暮歌譏以忘哀之早然誼雖不自彊爵位已重欲爲無禮其可得乎乃薄俗傷教爲父則不慈輕禮易喪致婦於無義若縱而不正恐傷風俗請付法推科有詔勿治然恩禮稍薄誼頗怨望或告誼謀反上令案其事主者奏誼有不遜之言實無反狀上賜酒而釋之于時上柱國元諧亦頗失意誼數與相往來言論醜惡胡僧告之公卿奏誼大逆不道罪當死上見誼愴然曰朕與公舊爲同學甚相

憐愍將奈國法何於是下詔曰誼有周之世早豫人倫朕共遊庠序遂相親好然性懷險薄巫覡盈門鬼言怪語稱神道聖朕受命之初深存戒約口云改悔心實不悛乃說四天正神道誼應受命書有誼讖天有誼星桃鹿二川岐州之下歲在辰巳與帝王之業密令卜問伺殿省之災又說其身是明王信用左道所在詿誤自言相表當王不疑此而赦之將或爲亂禁暴除惡宜伏國刑上復令大理正趙綽謂誼曰時命如此將若之何於是賜死於家時年四十六

元諧

元諧河南雒陽人也家代貴盛諧性豪俠有氣調少與高祖同受業於國子甚相友愛後以軍功累遷大將軍及高祖爲丞相引致左右諧白高祖曰公無黨援譬如水間一堵牆大危矣公其勉之尉迥作亂遣兵寇小鄉令諧擊破之及高祖受禪上顧諧笑曰水間牆竟何如也於是賜宴極歡進位上大將軍封樂安郡公邑千戶奉詔參修律令時吐谷渾寇涼州詔諧爲行軍元帥率行軍總管賀婁子幹郭竣元浩等步騎數萬擊之上勅諧曰公受朝寄總兵西下本欲

自寧疆境保全黎庶非是貪無用之地害荒服之民王者之師意在仁義渾賊
若至界首者公宜曉示以德臨之以教誰敢不服也時賊將定城王鍾利房率
騎三千度河連結党項諧率兵出鄯州趣青海邀其歸路吐谷渾引兵拒諧相
遇於豐利山賊鐵騎二萬與諧大戰諧擊走之賊駐兵青海遣其太子可博汗
以勁騎五萬來掩官軍諧逆擊敗之追奔三十餘里俘斬萬計虜大震駭於是
移書諭以禍福其名王十七人公侯十三人各率其所部來降上大悅下詔曰
褒善疇庸有聞前載諧識用明達神情警悟文規武略譽流朝野申威拓土功
成疆埸深謀大節實簡朕心加禮延代宜隆賞典可柱國別封一子縣公諧拜
寧州刺史頗有威惠然剛愎好排詆不能取媚於左右嘗言於上曰臣一心事
主不曲取人意上曰宜終此言後以公事免時上柱國王誼有功於國與諧俱
無任用每相往來胡僧告諧誼謀反上按其事無逆狀上慰諭而釋之未幾誼
伏誅諧漸被疎忌然以龍潛之舊每預朝請恩禮無虧及上大宴百寮諧進曰
陛下威德遠被臣請突厥可汗爲候正陳叔寶爲令史上曰朕平陳國以伐罪

弔人非欲誇誕取威天下公之所奏殊非朕心突厥不知山川何能警候叔寶昏醉寧堪驅使諧默然而退後數歲有人告諧與從父弟上開府滂臨澤侯田鸞上儀同祁緒等謀反上令案其事有司奏諧謀令祁緒勒党項兵卽斷巴蜀時廣平王雄左僕射高熲二人用事諧欲譖去之云左執法星動已四年矣狀一奏高熲必死又言太白犯月光芒相照主殺大臣楊雄必當之諧嘗與滂同謁上諧私謂滂曰我是主人殿上者賊也因令滂望氣滂曰彼雲似蹲狗走鹿不如我輩有福德雲上大怒諧滂鸞緒竝伏誅籍沒其家

王世積

王世積闡熙新囶人也父雅周使持節開府儀同三司世積容貌魁岸腰帶十圍風神爽拔有傑人之表在周有軍功拜上儀同封長子縣公高祖爲丞相尉迥作亂從韋孝寬擊之每戰有功拜上大將軍高祖受禪進封宜陽郡公高熲美其才能甚善之嘗密謂熲曰吾輩俱周之臣子社稷淪滅其若之何熲深拒其言未幾授蘄州總管平陳之役以舟師自蘄水趣九江與陳將紀瑱戰於蘄

口大破之旣而晉王廣已平丹陽世積於是移書告諭遣千金公權始璋略取
新蔡陳江州司馬黃偲棄城而遁始璋入據其城世積繼至陳豫章太守徐璒
廬陵太守蕭廉潯陽太守陸仲容巴山太守王誦太原太守馬頲齊昌太守黃
正始安成太守任瓘等及鄱陽臨川守將竝詣世積降以功進位柱國荊州總
管賜絹五千段加之寶帶邑三千戶後數歲桂州人李光仕作亂世積以行軍
總管討平之上遣都官員外郞辛凱卿馳勞之及還進位上柱國賜物二千段
上甚重之世積見上性忌刻功臣多獲罪由是縱酒不與執政言及時事上以
爲有酒疾舍之宮內令醫者療之世積詭稱疾愈始得就第及起遼東之役世
積與漢王竝爲行軍元帥至柳城遇疾疫而還拜涼州總管令騎士七百人送
之官未幾其親信安定皇甫孝諧有罪吏捕之亡抵世積世積不納由是有憾
孝諧竟配防桂州事總管令狐熙熙又不之禮甚困窮因徼幸上變稱世積嘗
令道人相其貴不道人答曰公當爲國主謂其妻曰夫人當爲皇后又將之涼
州其所親謂世積曰河西天下精兵處可以圖大事也世積曰涼州土曠人稀

非用武之國由是被徵入朝按其事有司奏左衞大將軍元
胄左僕射高熲並與世積交通受其名馬之贈世積竟坐誅旻胄等免官拜孝
諧爲上大將軍

虞慶則

虞慶則京兆櫟陽人也本姓魚其先仕於赫連氏遂家靈武代爲北邊豪傑父
祥周靈武太守慶則幼雄毅性倜儻身長八尺有膽氣善鮮卑語身被重鎧帶
兩鞬左右馳射本州豪俠皆敬憚之初以弋獵爲事中便折節讀書常慕傅介
子班仲升爲人仕周釋褐中外府行參軍稍遷外兵參軍事襲爵沁源縣公宣
政元年授儀同大將軍除幷州總管長史二年授開府時稽胡數爲反叛越王
盛內史下大夫高熲討平之將班師熲與盛謀須文武幹略者鎮遏之表請慶
則於是卽拜石州總管甚有威惠境內清肅稽胡慕義而歸者八千餘戶開皇
元年進位大將軍遷內史監吏部尚書京兆尹封彭城郡公營新都總監二年
冬突厥入寇慶則爲元帥討之部分失所士卒多寒凍墮指者千餘人偏將達

奚長儒率騎兵二千人別道邀賊爲虜所圍甚急慶則案營不救由是長儒孤軍獨戰死者十八九上不之責也尋遷尚書右僕射後突厥主攝圖將內附請一重臣充使於是上遣慶則詣突厥所攝圖恃彊初欲亢禮慶則責以往事攝圖不服其介長孫晟又說諭之攝圖及弟葉護皆拜受詔因卽稱臣朝貢請永爲藩附初慶則出使高祖勑之曰我欲存立突厥彼送公馬但取五三匹攝圖見慶則贈馬千匹又以女妻之上以慶則勳高皆無所問授上柱國封魯國公食任城縣千戶詔以彭城公迴授第二子義高祖平陳之後幸晉王第置酒會羣臣高熲等奉觴上壽上因曰高熲平江南虞慶則降突厥可謂茂功矣楊素曰皆由至尊威德所被慶則曰楊素前出兵武牢硤石若非至尊威德亦無克理遂與互相長短御史欲彈之上曰今日計功爲樂宜不須劾上觀羣臣宴射慶則進曰臣蒙賚酒食令盡樂御史在側恐醉而被彈上賜御史酒因遣之出慶則奉觴上壽極歡上謂諸公曰飲此酒願我與諸公等子孫常如今日世守富貴九年轉爲右衞大將軍尋改爲右武候大將軍開皇十七年嶺南人李賢

據州反高祖議欲討之諸將二三請行皆不許高祖顧謂慶則曰位居宰相爵乃上公國家有賊遂無行意何也慶則拜謝恐懼上乃遣焉爲桂州道行軍總管以婦弟趙什柱爲隨府長史什柱先與慶則愛妾通恐事彰乃宣言曰慶則不欲此行遂聞於上先是朝臣出征上皆宴別禮賜遣之及慶則南討辭上上色不悅慶則由是怏怏不得志暨平賢至潭州臨桂鎮慶則觀眺山川形勢曰此誠險固加以足糧若守得其人攻不可拔遂使什柱馳詣京奏事觀上顏色什柱至京因告慶則謀反上案驗之慶則於是伏誅拜什柱爲柱國慶則子孝仁幼豪俠任氣起家拜儀同領晉王親信坐父事除名煬帝嗣位以藩邸之舊授候衞長史兼領金谷監監禁苑有巧思頗稱旨九年伐遼授都水丞充使監運頗有功然性奢華以駱駝負函盛水養魚而自給十一年或告孝仁謀圖不軌遂誅之其弟澄道東宮通事舍人坐除名

元胄

元胄河南洛陽人也魏昭成帝之六代孫祖順魏濮陽王父雄武陵王胄少英

果多武藝美鬚眉有不可犯之色周齊王憲見而壯之引致左右數從征伐官至大將軍高祖初被召入將受顧託先呼胄次命陶澄並委以腹心恆宿臥內及為丞相每典軍在禁中又引弟威俱入侍衞周趙王招知高祖將遷周鼎乃要高祖就第趙王引高祖入寢室左右不得從惟楊弘與胄兄弟坐於戶側趙王謂其二子員貫曰汝當進瓜我因刺殺之及酒酣趙王欲生變以佩刀子刺瓜連啗高祖將為不利胄進曰相府有事不可久留趙王訶之曰我與丞相言汝何為者叱之使却胄瞋目憤氣扣刀入衞趙王問其姓名胄以實對趙王曰汝非昔事齊王者乎誠壯士也因賜之酒曰吾豈有不善之意邪卿何猜警如是趙王偽吐將入後閤胄恐其為變扶令上坐如此者再三趙王稱喉乾命胄就廚取飲胄不動會滕王逌後至高祖降階迎之胄與高祖耳語曰事勢大異可速去高祖猶不悟謂曰彼無兵馬復何能為胄曰兵馬悉他家物一先下手大事便去胄不辭死死何益耶高祖復入坐胄聞屋後有被甲聲遽請曰相府事殷公何得如此因扶高祖下牀趣而去趙王將追之胄以身蔽戶王不得出

高祖及門胄自後而至趙王恨不時發彈指出血及誅趙王賞賜不可勝計高祖受禪進位上柱國封武陵郡公邑三千戶拜左衞將軍尋遷右衞大將軍高祖從容曰保護朕躬成此基業元胄功也後數載出爲豫州刺史歷亳浙二州刺史時突厥屢爲邊患朝廷以胄素有威名拜靈州總管北夷甚憚焉後復徵爲右衞大將軍親顧益密嘗正月十五日上與近臣登高時胄下直上令馳召之及胄見上謂曰公與外人登高未若就朕勝也賜宴極歡晉王廣每致禮焉房陵王之廢也胄豫其謀上正窮治東宮事左衞大將軍元旻苦諫楊素乃譖之上大怒執旻於仗胄時當下直不去因奏曰臣不下直者爲防元旻耳復以此言激怒上上遂誅旻賜胄帛千匹蜀王秀之得罪胄坐與交通除名煬帝即位不得調慈州刺史上官政坐事徙嶺南將軍丘和亦以罪廢胄與和有舊因數從之遊胄嘗酒酣謂和曰上官政壯士也今徙嶺表得無大事乎因自拊腹曰若是公者不徒然矣和明日奏之胄竟坐死於是徵政爲驍衞將軍拜和代州刺史

史臣曰昔韓信惌垓下之期則項王不滅英布無淮南之舉則漢道未隆以二子之勳庸咸憤怨而葅戮況乃無古人之殊績而懷悖逆之心者乎梁士彥宇文忻皆一時之壯士也遭雲雷之會竝以勇略成名遂貪天之功以爲己力報者倦矣施者未厭將生厲階求逞其欲及茲顛墜自取之也王誼元諧王世積虞慶則元胄或契闊艱厄或綢繆恩舊將安將樂漸見遺忘內懷怏怏矜伐不已雖時主之刻薄亦言語以速禍乎然高祖佐命元功鮮有終其天命配享清廟寂寞無聞斯蓋草創帝圖事出權道本異同心故久而逾薄其牽牛蹊田雖則有罪奪之非道能無怨乎皆深文巧詆致之刑辟高祖沉猜之心固已甚矣求其餘慶不亦難哉

隋書卷四十

隋書卷四十一

唐　特　進　臣　魏　徵　上

列傳第六

高熲

高熲字昭玄一名敏自云渤海蓨人也父賓背齊歸周大司馬獨孤信引為寮佐賜姓獨孤氏及信被誅妻子徙蜀文獻皇后以賓父之故吏每往來其家賓後官至鄀州刺史及熲貴贈禮部尚書渤海公熲少明敏有器局略涉書史尤善詞令初孩孺時家有柳樹高百許尺亭亭如蓋里中父老曰此家當出貴人年十七周齊王憲引為記室武帝時襲爵武陽縣伯除內史上士尋遷下大夫以平齊功拜開府尋從越王盛擊隰州叛胡平之高祖得政素知熲彊明又習兵事多計略意欲引之入府遣邗國公楊惠諭意熲承旨欣然曰願受驅馳縱令公事不成熲亦不辭滅族於是為相府司錄時長史鄭譯司馬劉昉並以奢縱被疎高祖彌屬意於熲委以心膂尉迥之起兵也遣子惇率步騎八萬進屯

武陟高祖令韋孝寬擊之軍至河陽莫敢先進高祖以諸將不一令崔仲方監之仲方辭父在山東時熲又見劉昉鄭譯並無去意遂自請行深合上旨遂遣熲熲受命便發遣人辭母云忠孝不可兩兼歔欷就路至軍爲橋於沁水賊於上流縱大栰熲預爲木狗以禦之既度焚橋而戰大破之遂至鄴下與迥交戰仍共宇文忻李詢等設策因平尉迥軍還侍宴於臥內上撤御帷以賜之進位柱國改封義寧縣公遷相府司馬任寄益隆高祖受禪拜尚書左僕射兼納言進封渤海郡公朝臣莫與爲比上每呼爲獨孤而不名也熲深避權勢上表遜位讓於蘇威上欲成其美聽解僕射數日上曰蘇威高蹈前朝熲能推舉吾聞進賢受上賞寧可令去官於是命熲復位俄拜左衛大將軍本官如故時突厥屢爲寇患詔熲鎮遏緣邊及還賜馬百餘匹牛羊千計領新都大監制度多出於熲熲每坐朝堂北槐樹下以聽事其樹不依行列有司將伐之上特命勿去以示後人其見重如此又拜左領軍大將軍餘官如故母憂去職二旬起令視事熲流涕辭讓優詔不許開皇二年長孫覽元景山等伐陳令熲節度諸軍會

陳宣帝薨熲以禮不伐喪奏請班師蕭巖之叛也詔熲綏集江漢甚得人和上嘗問熲取陳之策熲曰江北地寒田收差晚江南土熱水田早熟量彼收穫之際微徵士馬聲言掩襲彼必屯兵禦守足得廢其農時彼既聚兵我便解甲再三若此賊以爲常後更集兵彼必不信猶豫之頃我乃濟師登陸而戰兵氣益倍又江南土薄舍多竹茅所有儲積皆非地窖密遣行人因風縱火待彼修立復更燒之不出數年自可財力俱盡上行其策由是陳人益敝九年晉王廣大舉伐陳以熲爲元帥長史三軍諮稟皆取斷於熲及陳平晉王欲納陳主寵姬張麗華熲曰武王滅殷戮妲己今平陳國不宜取麗華乃命斬之王甚不悅及軍還以功加授上柱國進爵齊國公賜物九千段定食千乘縣千五百戶上因勞之曰公伐陳後人言公反朕已斬之君臣道合非青蠅所間也熲又遜位詔曰公識鑒通遠器略優深出參戎律廓清淮海入司禁旅實委心腹自朕受命常典機衡竭誠陳力心迹俱盡此則天降良輔翊贊朕躬幸無詞費也其優獎如此是後右衛將軍龐晃及將軍盧賁等前後短熲於上上怒之皆被疏黜因

謂熲曰獨孤公猶鏡也每被磨瑩皎然益明未幾尚書都事姜曄楚州行參軍
李君才並奏稱水旱不調罪由高熲請廢黜之二人俱得罪而去親禮逾密上
幸并州留熲居守及上還京賜縑五千匹復賜行宮一所以爲莊舍其夫人賀
拔氏寢疾中使顧問絡繹不絶上親幸其第賜錢百萬絹萬匹復賜以千里馬
上嘗從容命熲與賀若弼言及平陳事熲曰賀若弼先獻十策後於蔣山苦戰
破賊臣文吏耳焉敢與大將軍論功帝大笑時論嘉其有讓尋以其子表仁取
太子勇女前後賞賜不可勝計時熒惑入太微犯左執法術者劉暉私言於熲
曰天文不利宰相可修德以禳之熲不自安以暉言奏之上厚加賞慰突厥犯
塞以熲爲元帥擊賊破之又出白道進圖入磧遣使請兵近臣緣此言熲欲反
上未有所答熲亦破賊而還時太子勇失愛於上潛有廢立之意謂熲曰晉王
妃有神憑之言王必有天下若之何熲長跪曰長幼有序其可廢乎上默然而
止獨孤皇后知熲不可奪陰欲去之初夫人卒后言於上曰高僕射老矣而喪
夫人陛下何能不爲之娶上以后言謂熲熲流涕謝曰臣今已老退朝之後唯

齋居讀佛經而已雖陛下垂哀之深至於納室非臣所願上乃止至是熲愛妾產男上聞之極歡后甚不悅上問其故后曰陛下當復信高熲邪始陛下欲爲熲娶熲心存愛妾面欺陛下今其詐已見陛下安得信之上由是疎熲會議伐遼東熲固諫不可上不從以熲爲元帥長史從漢王征遼東遇霖潦疾疫不利而還后言於上曰熲初不欲行陛下彊遣之妾固知其無功矣又上以漢王年少專委軍於熲熲以任寄隆重每懷至公無自疑之意諒所言多不用甚銜之及還諒泣言於后曰兒幸免高熲所殺上聞之彌不平俄而上柱國王世積以罪誅當推覈之際乃有宮禁中事云於熲處得之上欲成熲之罪聞此大驚時上柱國賀若弼吳州總管宇文㢸刑部尚書薛冑民部尚書斛律孝卿兵部尚書柳述等明熲無罪上逾怒皆以之屬吏自是朝臣莫敢言者熲竟坐免以公就第未幾上幸秦王俊第召熲侍宴熲歔欷悲不自勝獨孤皇后亦對之泣左右皆流涕上謂熲曰朕不負公公自負也因謂侍臣曰我於高熲勝兒子雖或不見常似目前自其解落瞑然忘之如本無高熲不可以身要君自云第一也

頃之熲國令上熲陰事稱其子表仁謂熲曰司馬仲達初託疾不朝遂有天下公今遇此焉知非福於是上大怒因熲於內史省而鞫之憲司復奏熲他事云沙門真覺嘗謂熲云明年國有大喪尼令暉復云十七十八年皇帝有大厄十九年不可過上聞而益怒顧謂羣臣曰帝王豈可力求孔子以大聖之才作法垂世寧不欲大位邪天命不可耳熲與子言自比晉帝此何心乎有司請斬熲上曰去年殺虞慶則今茲斬王世積如更誅熲天下其謂我何於是除名爲民熲初爲僕射其母誡之曰汝富貴已極但有一斫頭耳爾宜慎之熲由是常恐禍變及此熲歡然無恨色以爲得免於禍煬帝即位拜爲太常時詔收周齊故樂人及天下散樂熲奏曰此樂久廢今若徵之恐無識之徒棄本逐末遞相教習帝不悅帝時侈靡聲色滋甚又起長城之役熲甚病之謂太常丞李懿曰周天元以好樂而亡殷鑒不遠安可復爾時帝遇啟民可汗恩禮過厚熲謂太府卿何稠曰此虜頗知中國虛實山川險易恐爲後患復謂觀王雄曰近來朝廷殊無綱紀有人奏之帝以爲謗訕朝政於是下詔誅之諸子徙邊熲有文武大

略明達世務及蒙任寄之後竭誠盡節進引貞良以天下爲己任蘇威楊素賀若弼韓擒等皆熲所推薦各盡其用爲一代名臣自餘立功立事者不可勝數當朝執政將二十年朝野推服物無異議治致昇平熲之力也論者以爲真宰相及其被誅天下莫不傷惜至今稱冤不已所有奇策密謀及損益時政熲皆削藁世無知者其子盛道官至莒州刺史徙柳城而卒次弘德封應國公晉王府記室次表仁封勃海郡公徙蜀郡

蘇威 子夔

蘇威字無畏京兆武功人也父綽魏度支尚書威少有至性五歲喪父哀毀有若成人周太祖時襲爵美陽縣公仕郡功曹大冢宰宇文護見而禮之以其女新興主妻焉見護專權恐禍及己逃入山中爲叔父所逼卒不獲免然威每屏居山寺以諷讀爲娛未幾授使持節車騎大將軍儀同三司改封懷道縣公武帝親總萬機拜稍伯下大夫前後所授並辭疾不拜有從父妹者適河南元雄雄先與突厥有隙突厥入朝請雄及其妻子將甘心焉周遂遣之威曰夷人昧

利可以賂動遂標賣田宅罄家所有以贍雄論者義之宣帝嗣位就拜開府高
祖爲丞相高熲屢言其賢高祖亦素重其名召之及至引入臥內與語大悅居
月餘威聞禪代之議遁歸田里高熲請追之高祖曰此不欲預吾事且置之及
受禪徵拜太子少保追贈其父爲邳國公邑三千戶以威襲焉俄兼納言民部
尚書威上表陳讓詔曰舟大者任重馬駿者遠馳以公有兼人之才無辭多務
也威乃止初威父在西魏以國用不足爲征稅之法頗稱爲重既而歎曰今所
爲者正如張弓非平世法也後之君子誰能弛乎威聞其言每以爲己任至是
奏減賦役務從輕典上悉從之漸見親重與高熲參掌朝政威見宮中以銀爲
幔鉤因盛陳節儉之美以諭上上爲之改容彫飾舊物悉命除毀上嘗怒一人
將殺之威入閤進諫不納上怒甚將自出斬之威當上前不去上避之而出威
又遮止上拂衣而入良久乃召威謝曰公能若是吾無憂矣於是賜馬二匹錢
十餘萬尋復兼大理卿京兆尹御史大夫本官悉如故治書侍御史梁毗以威
領五職安繁戀劇無舉賢自代之心抗表劾威上曰蘇威朝夕孜孜志存遠大

舉賢有闕何遽迫之顧謂威曰用之則行舍之則藏唯我與爾有是夫因謂朝臣曰蘇威不值我無以措其言我不得蘇威何以行其道楊素才辯無雙至若斟酌古今助我宣化非威之匹也蘇威若逢亂世南山四皓豈易屈哉其見重如此未幾拜刑部尚書解少保御史大夫之官後京兆尹廢檢校雍州別駕時高熲與威同心協贊政刑大小無不籌之故革運數年天下稱治俄轉民部尚書納言如故屬山東諸州民饑上令威賑卹之後二載遷吏部尚書歲餘兼領國子祭酒隋承戰爭之後憲章踳駁上令朝臣釐改舊法爲一代通典律令格式多威所定世以爲能九年拜尚書右僕射其年以母憂去職柴毀骨立上勅威曰公德行高人情寄殊重大孝之道蓋同俯就必須抑割爲國惜身朕之於公爲君爲父宜依朕旨以禮自存未幾起令視事固辭優詔不許明年上幸并州命與高熲同總留事俄追詣行在所使決民訟威子夔少有盛名於天下引致賓客四海士大夫多歸之後議樂事夔與國子博士何妥各有所持於是夔妥俱爲一議使百僚署其所同朝廷多附威同夔者十八九妥恚曰吾席間函

丈四十餘年反爲昨暮兒之所屈也遂奏威與禮部尚書盧愷吏部侍郎薛道衡尚書右丞王弘考功侍郎李同和等共爲朋黨省中呼王弘爲世子李同和爲叔言二人如威之子弟也復言威以曲道任其從父弟徹肅等罔冒爲官又國子學請蕩陰人王孝逸爲書學博士威屬盧愷以爲其府參軍上令蜀王秀上柱國虞慶則等雜治之事皆驗上以宋書謝晦傳中朋黨事令威讀之威惶懼免冠頓首上曰謝已晚矣於是免威官爵以開府就第知名之士坐威得罪者百餘人未幾上曰蘇威有德行者但爲人所誤耳命之通籍歲餘復爵邳公拜納言從祠太山坐不敬免俄而復位上謂羣臣曰世人言蘇威詐清家累金玉此妄言也然其性狠戾不切世要求名太甚從己則悅違之必怒此其大病耳尋令持節巡撫江南得以便宜從事過會稽踰五嶺而還時突厥都藍可汗屢爲邊患復使威至可汗所與結和親可汗即遣使獻方物以勤勞進位大將軍仁壽初復拜尚書右僕射上幸仁壽宮以威總留後事及上還御史奏威職事多不理請推之上怒詰責威威拜謝上亦止後上幸仁壽宮不豫皇太子自

京師來侍疾詔威留守京師煬帝嗣位加上大將軍及長城之役威諫止之高熲賀若弼等之誅也威坐與相連免官歲餘拜魯郡太守俄召還參預朝政未幾拜太常卿其年從征吐谷渾進位左光祿大夫帝以威先朝舊臣漸加委任後歲餘復爲納言與左翊衞大將軍宇文述黃門侍郎裴矩御史大夫裴蘊內史侍郎虞世基參掌朝政時人稱爲五貴及遼東之役以本官領左武衞大將軍進位光祿大夫賜爵房陵侯其年進封房公威以年老上表乞骸骨上不許復以本官參掌選事明年從征遼東領右禦衞大將軍楊玄感之反也帝引威帳中懼見於色謂威曰此小兒聰明得不爲患乎威曰夫識是非審成敗者乃所謂聰明玄感麤疎非聰明者必無所慮但恐寖成亂階耳威見勞役不息百姓思亂微以此諷帝帝竟不寤從還至涿郡詔威安撫關中以威孫尙輦直長儇爲副其子鴻臚少卿夔先爲關中簡黜大使一家三人俱奉使關右三輔榮之歲餘帝下手詔曰玉以潔潤丹紫莫能渝其質松表歲寒霜雪莫能凋其采可謂溫仁勁直性之然乎房公威器懷溫裕識量弘雅早居端揆備悉國章先

皇舊臣朝之宿齒棟梁社稷弼諧朕躬守文奉法卑身率禮昔漢之三傑輔惠帝者蕭何周之十亂佐成王者邵奭國之寶器其在得賢參燮台階具瞻斯允雖復事藉論道終期獻替銓衡時務朝寄爲重可開府儀同三司餘並如故威當時見尊重朝臣莫與爲比後從幸鴈門爲突厥所圍朝廷危懼帝欲輕騎潰圍而出威諫曰城守則我有餘力輕騎則彼之所長陛下萬乘之主何宜輕脫帝乃止突厥俄亦解圍而去車駕至太原威言於帝曰今者盜賊不止士馬疲敝願陛下還京師深根固本爲社稷之計帝初然之竟用宇文述等議遂往東都時天下大亂威知帝不可改意甚患之屬帝問侍臣盜賊事宇文述曰盜賊信少不足爲虞威不能詭對以身隱於殿柱帝呼威而問之威對曰臣非職司不知多少但患其漸近帝曰何謂也威曰他日賊據長白山今者近在滎陽汜水帝不悅而罷尋屬五月五日百寮上饋多以珍翫威獻尚書一部微以諷帝帝彌不平後復問伐遼東事威對願赦羣盜遣討高麗帝益怒御史大夫裴蘊希旨令白衣張行本奏威昔在高陽典選濫授人官畏怯突厥請還京師帝令

案其事及獄成下詔曰威立性朋黨好爲異端懷挾詭道徼幸名利詆訶律令謗訕臺省昔歲薄伐奉述先志凡預切問各盡胸臆而威不以開懷遂無對命啓沃之道其若是乎資敬之義何其甚薄於是除名爲民後月餘有人奏威與突厥陰圖不軌者大理簿責威威自陳奉事二朝三十餘載精誠微淺不能上感咎釁屢彰罪當萬死帝憫而釋之其年從幸江都宮帝將復用威裴蘊虞世基奏言昏耄羸疾帝乃止宇文化及之弒逆也以威爲光祿大夫開府儀同三司化及敗歸於李密未幾密敗歸東都越王侗以爲上柱國邳公王充僭號署太師威自以隋室舊臣遭逢喪亂所經之處皆與時消息以求容免及大唐秦王平王充坐於東都閶闔門內威請謁見稱老病不能拜起王遣人數之曰公隋朝宰輔政亂不能匡救遂令品物塗炭君弒國亡見李密王充皆拜伏舞蹈今既老病無勞相見也尋歸長安至朝堂請見又不許卒於家時年八十八威治身清儉以廉慎見稱每至公議惡人異己雖或小事必固爭之時人以爲無大臣之體所修格令章程並行於當世然頗傷苛碎論者以爲非簡久之法及

大業末年尤多征役至於論功行賞威每承望風旨輒寢其事時羣盜蜂起郡縣有表奏詣闕者又訶詰使人令減賊數故出師攻討多不克捷由是爲物議所譏子夔

夔字伯尼小聰敏有口辯八歲誦詩書兼解騎射年十三從父至尙書省與安德王雄馳射賭得雄駿馬而歸十四詣學與諸儒論議詞致可觀見者莫不稱善及長博覽羣言尤以鍾律自命初不名夔其父改之頗爲有識所哂起家太子通事舍人楊素甚奇之素每戲威曰楊素無兒蘇夔無父後與沛國公鄭譯國子博士何妥議樂因而得罪議寢不行著樂志十五篇以見其志數載遷太子舍人後加武騎尉仁壽末詔天下舉達禮樂之源者晉王昭時爲雍州牧舉夔應之與諸州所舉五十餘人謁見高祖望夔謂侍臣唯此一人稱吾所舉於是拜晉王友煬帝嗣位遷太子洗馬轉司朝謁者以父免職夔亦去官後歷尙書職方郎燕王司馬遼東之役夔領宿衞以功拜朝散大夫時帝方勤遠略蠻夷朝貢前後相屬帝嘗從容謂宇文述虞世基等曰四夷率服觀禮華夏鴻臚

之職須歸令望寧有多才藝美儀容可以接對賓客者爲之乎咸以夔對帝然之卽日拜鴻臚少卿其年高昌王麴伯雅來朝朝廷妻以公主夔有雅望令主婚焉其後弘化延安等數郡盜賊蜂起所在屯結夔奉詔巡撫關中突厥之圍鴈門也夔領城東面事夔爲弩樓車廂獸圈一夕而就帝見而善之以功進位通議大夫坐父事除名爲民復丁母憂不勝哀而卒時年四十九

史臣曰齊公霸圖伊始早預經綸魚水冥符風雲玄感正身直道弼諧與運心同契合言聽計從東夏克平南國底定參謀帷幄決勝千里高祖既復禹迹思布堯心舟楫是寄鹽梅斯在兆庶賴以康寧百寮資而輯睦年將二紀人無間言屬高祖將廢儲宮由忠信而得罪逮煬帝方逞浮侈以忤時而受戮若使遂無猜釁克終厥美雖未可參蹤稷契足以方駕蕭曹繼之實難惜矣邳公周道云季方事幽貞隋室龍興首應旌命綢繆任遇窮極榮寵久處機衡多所損益罄竭心力知無不爲然志尚清儉體非弘曠好同惡異有乖直道不存易簡未爲通德歷事二帝三十餘年雖廢黜當時終稱遺老君邪而不能正言國亡而

情均衆庶予違汝弼徒聞其語疾風勁草未見其人禮命闕於興王抑亦此之由也夔志識沉敏方雅可稱若天假之年足以不虧堂構矣

隋書卷四十一

唐 特 進 臣 魏 徵 上

列傳第七

李德林

李德林字公輔博陵安平人也祖壽湖州戶曹從事父敬族歷太學博士鎮遠將軍魏孝靜帝時命當世通人正定文籍以爲內校書別在直閤省德林幼聰敏年數歲誦左思蜀都賦十餘日便度高隆之見而嗟歎遍告朝士云若假其年必爲天下偉器鄴京人士多就宅觀之月餘日中車馬不絕年十五誦五經及古今文集日數千言俄而該博墳典陰陽緯候無不通涉善屬文辭覈而理暢魏收嘗對高隆之謂其父曰賢子文筆終當繼溫子昇隆之大笑曰魏常侍殊已嫉賢何不近比老彭乃遠求溫子年十六遭父艱自駕靈輿反葬故里時正嚴冬單衰跣足州里人物由是敬慕之博陵豪族有崔諶者僕射之兄因休假還鄉車服甚盛將從其宅詣德林赴弔相去十餘里從者數十騎稍稍減留

比至德林門纔餘五騎云不得令李生怪人㸌灼德林居貧轗軻母氏多疾方
留心典籍無復宦情其後母病稍愈逼令仕進任城王湝爲定州刺史重其才
召入州館朝夕同遊殆均師友不爲君民禮數嘗語德林云竊聞蔽賢蒙顯戮
久令君沈滯吾獨得潤身朝廷縱不見尤亦懼明靈所譴於是舉秀才入鄴于
時天保八年也王因遺尚書令楊遵彥書云燕趙固多奇士此言誠不爲謬今
歲所貢秀才李德林者文章學識固不待言觀其風神器宇終爲棟梁之用至
如經國大體是賈生晁錯之儔彫蟲小技殆相如子雲之輩今雖唐虞君世俊
乂盈朝然修大廈者豈厭夫良材之積也吾嘗見孔文舉薦禰衡表云洪水横
流帝思俾乂以正平比夫大禹常謂擬論非倫今以德林言之便覺前言非大
遵彥即命德林製讓尚書令表援筆立成不加治點因大相賞異以示吏部郎
中陸卬卬云已大見其文筆浩浩如長河東注比來所見後生制作乃涓澮之
流耳卬仍命其子乂與德林周旋戒之曰汝每事宜師此人以爲模楷時遵彥
銓衡深慎選舉秀才擢第罕有甲科德林射策五條考皆爲上授殿中將軍既

是西省散員非其所好又以天保季世乃謝病還鄉闔門守道乾明初遵彥奏追德林入議曹皇建初下詔搜揚人物復追赴晉陽撰春思賦一篇代稱典麗是時長廣王作相居守在鄴勅德林還京與散騎常侍高元海等參掌機密王引授丞相府行參軍未幾而王卽帝位授奉朝請寓直舍人省河清中授員外散騎侍郎帶齋帥仍別直機密省天統初授給事中直中書參掌詔誥尋遷中書舍人武平初加通直散騎侍郎又勅與中書侍郎宋士素副侍中趙彥深別典機密尋丁母艱去職勺飲不入口五日因發熱病遍體生瘡而哀泣不絕諸士友陸騫宋士素名醫張子彥等爲合湯藥德林不肯進遍體洪腫數日間一時頓差身力平復諸人皆云孝感所致太常博士巴叔仁表上其事朝廷嘉之纔滿百日奪情起復德林以羸病屬疾請急罷歸魏收與陽休之論齊書起元事勅集百司會議收與德林書曰前者議文總諸事意小如混漫難可領解今便隨事條列幸爲留懷細加推逐凡言或者皆是敵人之議既聞人說因而探論耳德林復書曰卽位之元春秋常義謹按魯君息姑不稱卽位亦有元年非

獨卽位得稱元年也議云受終之元尚書之古典謹案大傳周公攝政一年救亂二年伐殷三年踐奄四年建侯衛五年營成周六年制禮作樂七年致政成王論者或以舜禹受終是爲天子然則周公以臣禮而死此亦稱元非獨受終爲帝也蒙示議文扶病省覽荒情迷識慙得發蒙當世君子必無橫議唯應閣筆贊成而已輒謂前二條有益於議仰見議中不錄謹以寫呈收重遺書曰惠示二事感佩殊深以魯公諸侯之事昨小爲疑息姑不書卽位舜禹亦不言卽位息姑雖攝尚得書元舜禹之攝稱元理也周公居攝乃云一年救亂似不稱元自無大傳不得尋討一之與元其事何別更有所見幸請論之德林答曰攝之與相其義一也故周公攝政孔子曰周公相成王魏武相漢曹植曰如虞翼唐或云高祖身未居攝灼然非理攝者專賞罰之名古今事殊不可以體爲斷陸機見舜肆類上帝班瑞羣后便云舜有天下須格於文祖也欲使晉之三主異於舜攝竊以爲舜若堯死獄訟不歸便是夏朝之益何得不須格於文祖也若使用王者之禮便曰卽真則周公負扆朝諸侯霍光行周公之事皆真帝乎

斯不然矣必知高祖與舜攝不殊不得從士衡之謬或以爲書元年者當時實錄非追書也大齊之興實由武帝謙匿受命豈直史也比觀論者閒追舉受命之元多有河漢但言追數受命之歲情或安之似所怖者元字耳事類朝三是許其一年不許其元年也案易黃裳元吉鄭玄注云如舜試天子周公攝政是以試攝不殊大傳雖無元字一之與元無異義矣春秋不言一年一月者欲使人君體元以居正蓋史之婉辭非一與元別也漢獻帝死劉備自尊崇陳壽蜀人以魏爲漢賊甯肯蜀主未立已云魏武受命乎士衡自尊本國誠如高議欲使三方鼎峙同爲霸名習氏漢晉春秋意在是也至司馬炎兼并許其帝號魏之君臣吳人並以爲戮賊亦寧肯當塗之世云晉有受命之徵史者編年也故魯號紀年墨子又云吾見百國春秋史又有無事而書年者是重年驗也若欲高祖事事謙沖即須號令皆推魏氏便是編魏年紀魏事此即魏末功臣之傳豈復皇朝帝紀者也陸機稱紀元立斷或以正始或以嘉平束晳議云赤雀白魚之事恐晉朝之議是并論受命之元非止代終之斷也公議云陸機不論元

者是所未喻願更思之陸機以刊木著於虞書龕黎見於商典以蔽晉朝正始嘉平之議斯又謬矣唯可二代相涉兩史並書必不得以後朝創業之迹斷入前史若然則世宗高祖皆天保以前唯入魏氏列傳不作齊朝帝紀可乎此既不可彼復何證是時中書侍郎杜臺卿上世祖武成皇帝頌齊主以爲未盡善令和士開以頌示德林宣旨云臺卿此文未當朕意以卿有大才須敘盛德卽宜速作急進本也德林乃上頌十六章幷序文多不載武成覽頌善之賜名馬一匹三年祖孝徵入爲侍中尚書左僕射趙彥深出爲兗州刺史朝士有先爲孝徵所待遇者間德林云是彥深黨與不可仍掌機密孝徵曰德林久滯絳衣我常恨彥深待賢未足內省文翰方以委之尋當有佳處分不宜妄說尋除中書侍郎仍詔修國史齊主留情文雅召入文林館又令與黃門侍郎顏之推二人同判文林館事五年勑令與黃門侍郎李孝貞中書侍郎李若別掌宣傳尋除通直散騎常侍兼中書侍郎隆化中假儀同三司承光中授儀同三司及周武帝克齊入鄴之日勑小司馬唐道和就宅宣旨慰喻云平齊之利唯在於爾

朕本畏爾逐齊王東走今聞猶在大以慰懷宜即入相見道和引之入內遣內史宇文昂訪問齊朝風俗政教人物善惡即留內省三宿乃歸仍遣從駕至長安授內史上士自此以後詔誥格式及用山東人物一以委之武帝嘗於雲陽宮作鮮卑語謂羣臣云我常日唯聞李德林名及見其與齊朝作詔書移檄我正謂其是天上人豈言今日得其驅使復為我作文書極為大異神武公紇豆陵毅答曰臣聞明王聖主得騏驎鳳皇為瑞是聖德所感非力能致之瑞物雖來不堪使用如李德林來受驅策亦陛下聖德感致有大才用無所不堪勝於騏驎鳳皇遠矣武帝大笑曰誠如公言宣政末授御正下大夫大象初賜爵成安縣男宣帝大漸屬高祖初受顧命邗國公楊惠謂德林曰朝廷賜令總文武事經國任重非羣才輔佐無以克成大業今欲與公共事必不得辭德林聞之甚喜乃答云德林雖庸愞微誠亦有所在若曲相提獎必望以死奉公高祖大悅即召與語劉昉鄭譯初矯詔召高祖受顧命輔少主總知內外兵馬事諸衞既奉勑並受高祖節度鄭譯劉昉議欲授高祖冢宰鄭譯自攝大司馬劉昉又

求小冢宰高祖私問德林曰欲何以見處德林云卽宜作大丞相假黃鉞都督內外諸軍事不爾無以壓衆心及發喪便卽依此以譯爲相府長史帶內史上大夫昉但爲丞相府司馬譯昉由是不平以德林爲丞相府屬加儀同大將軍未幾而三方構亂指授兵略皆與之參詳軍書羽檄朝夕塡委一日之中動逾百數或機速競發口授數人文意百端不加治點鄖公韋孝寬爲東道元帥師次永橋爲沁水泛漲兵未得度長史李詢上密啓云大將梁士彥宇文忻崔弘度並受尉遲迥餉金軍中慅慅人情大異高祖得詢啓深以爲憂與鄭譯議欲代此三人德林獨進計云公與諸將並是國家貴臣未相伏馭今以挾令之威使得之耳安知後所遣者能盡腹心前所遣人獨致乖異又取金之事虛實難明卽令換易彼將懼罪恐其逃逸便須禁錮然則鄖公以下必有驚疑之意且臨敵代將自古所難樂毅所以辭燕趙括以之敗趙如愚所見但遣公一腹心明於智略爲諸將舊來所信服者速至軍所使觀其情僞縱有異志必不敢動丞相大悟曰若公不發此言幾敗大事卽令高熲馳驛往軍所爲諸將節度竟

成大功凡厥謀謨多此類也進授丞相府從事內郎禪代之際其相國總百揆
九錫殊禮詔策牋表璽書皆德林之辭也高祖登阼之日授內史令初將受禪
虞慶則勸高祖盡滅宇文氏高熲楊惠亦依違從之唯德林固爭以爲不可高
祖作色怒云君讀書人不足平章此事於是遂盡誅之自是品位不加出於高
虞之下唯依班例授上儀同進爵爲子開皇元年勅令與太尉任國公于翼高
熲等同修律令事訖奏聞別賜九環金帶一腰駿馬一匹賞損益之多也格令
班後蘇威每欲改易事條德林以爲格式已頒義須畫一縱令小有踳駮非過
蠹政害民者不可數有改張威又奏置五百家鄉正卽令理民閒辭訟德林以
爲本廢鄉官判事爲其里閭親戚剖斷不平今令鄉正專治五百家恐爲害更
甚且今時吏部總選人物天下不過數百縣於六七百萬戶內詮簡數百縣令
猶不能稱其才乃欲於一鄉之內選一人能治五百家者必恐難得又卽時要
荒小縣有不至五百家者復不可令兩縣共管一鄉勅令內外羣官就東宮會
議自皇太子以下多從德林議蘇威又言廢郡德林語之云修令時公何不論

廢郡爲便今令纔出其可改乎然高熲同威之議稱德林狠戾多所固執由是高祖盡依威議五年勅令撰錄作相時文翰勒成五卷謂之霸朝雜集序其事曰竊以陽烏垂曜微藿傾心神龍騰舉飛雲觸石聖人在上幽顯冥符故稱比屋可封萬物斯覩臣皇基草昧便豫驅馳遂得參可封之民爲萬物之一其爲嘉慶固以多也若夫帝臣王佐應運挺生接踵於朝諒有之矣而班爾之妙曲木變容朱藍所染素絲改色二十二臣功成盡矣二十八將効力於時種德積善豈皆比於稷契計功稱伐非悉類於耿賈書契已還立言立事質非殆庶何世無之蓋上稟睿后旁資羣傑牧商鄙賤屠釣幽微化爲侯王皆由此也有教無類童子羞於霸功見德思齊狂夫成於聖業治世多士亦因此焉煙霧可依騰蛇與蛟龍俱遠栖息有所蒼蠅同騏驥之速因人成事其功不難自此而談雖非上智事受命之主委質爲臣遇高世之才連官接席皆可以翊亮天地流名鐘鼎何必蒼頡造書伊尹制命公旦操筆老聃爲史方可敘帝王之事談人鬼之謀乎至若臣者本慙賓實非勳非德廁軒冕之流無學無才處藝文之職

若不逢休運非遇天恩光大含弘博約文禮萬官百辟才悉兼人收拙里閭退仕鄉邑不種東陵之瓜豈過南陽之掾安得出入閶闔之閒趨走太微之庭履天子之階侍聖皇之側樞機帷幄霑及榮寵者也昔歲木行將季諒闇在辰火運肇興羣官總己有周典八柄之所大隋納百揆之日兩朝文翰臣兼掌之時溥天之下三方構亂軍國多務朝夕填委簿領紛紜羽書交錯或速均發弩或事大滔天或日有萬幾或幾有萬事皇帝內明外順經營區宇吐無窮之術運不測之神幽贊兩儀財成萬類咨謀臺閣曉喻公卿訓率士之濱責反常之賊三軍奉律戰勝攻取之方萬國承風安上治民之道讓受終之禮報羣臣之令有憲章古昔者矣有隨事作故者矣千變萬化譬彼懸河寸陰尺日不棄光景大則天壤不遺小則毫毛無失遠尋三古未聞者盡聞遜聽百王未見者皆見發言吐論卽成文章臣染翰操牘書記而已昔放勛之化老人覩而未知孔丘之言弟子聞而不達愚情稟聖多必乖舛加以奏閤趨墀盈懷滿袖手披目閱堆案積几心無別慮筆不暫停或畢景忘餐或連宵不寐以勤補拙不遑自處

其有詞理踈謬遺漏闕疑皆天旨訓誘神筆改定運籌建策通幽達冥從命者
獲安違命者悉禍懸測萬里指期來事常如目見固乃神知變大亂而致太平
易可誅而爲淳粹化成道洽其在人文盡出聖懷用成典誥並非臣意所能至
此伯禹矢謨成湯陳誓漢光數行之札魏武接要之書濟時拯物無以加也屬
神器大寶將還明德天道人心同謨歸往周靜南面每詔褒揚在位諸公各陳
本志璽書表奏羣情賜委臣寰海之內忝曰一民樂趨之誠切於黎獻欣然從
命輒不敢辭比夫潘勖之冊魏王阮籍之勸晉后道高前世才謝往人內手捫
心夙宵慙惕檄書露板及以諸文有臣所作之有臣潤色之唯是愚思所奏定
者雖詞乖黼藻而理歸霸德文有可忽事不可遺前奉勑旨集納麓已還至於
受命文筆當時制述條目甚多今日收撰略爲五卷云爾高祖省讀訖明旦謂
德林曰自古帝王之興必有異人輔佐我昨讀霸朝集方知感應之理昨宵恨
夜長不能早見公面必令公貴與國始終於是追贈其父恆州刺史未幾上曰
我本意欲深榮之復贈定州刺史安平縣公謚曰孝以德林襲焉德林既少有

才名重以貴顯凡製文章動行於世或有不知者謂爲古人焉德林以梁士彥及元諧之徒頻有逆意大江之南抗衡上國乃著天命論上之其辭曰粤若邃古玄黃肇闢帝王神器歷數有歸生其德者天應其時者命確乎不變非人力所能爲也龍圖鳥篆號謚遺跡疑而難信缺而未詳者靡得而明焉其在典文煥乎緗素欽明至德莫盛於唐虞貽謀長世莫過於文武大隋神功積於文王天命顯於唐叔昔邑姜方娠夢帝謂己余命而子曰虞將與之唐而蕃育其子孫及生有文在其手曰虞遂以命之成王滅唐而封太叔又唐叔之封也箕子曰其後必大易曰崇高富貴莫大於帝王老子謂域內四大王居一焉此則名虞與唐美兼二聖將令其後必大終致唐虞之美蕃育子孫用享無窮之祚遠皇家建國初號大興箕子必大之言於茲乃驗天之眷命懸屬聖朝重耳區區豈足云也有娀玄鳥商以興焉姜嫄巨跡周以興焉邑姜夢帝隋以興焉古今三代靈命如一本枝種德奕葉丕基佐高帝而滅楚立宣皇以定漢東京大尉關西孔子生感遺鱣之集歿降巨鳥之奇累仁積善大申休命太祖挺生庇民

匡主立殊勳於魏室建盛業於周朝啓翼軫之國肇炎精之紀爰受厥命陟配彼天皇帝載誕之初神光滿室具興王之表韞大聖之能或氣或雲蔭映於廊廟如天如日臨照於軒冕內明外順自險獲安豈非萬福扶持百祿攸集有周之末朝野騷然降志執均鎮衞宗社明神饗其德上帝付其民誅姦逆於九重行神化於四海于斯時也尉迥據有齊累世之都乘新國易亂之俗驅馳虵豕連合縱橫地迺九州陷三民則十分擁六王謙乘連率之威憑全蜀之險與兵舉衆震蕩江山鴆毒巴庸蠶食秦楚此二虜也窮凶極逆非欲割洪溝之地閉劍閣之門皆將長戟強弩睥睨宸極從漳河而達負海連岱岳而距華陽迫脅荊蠻吐納江漢佐鬭嫁禍紛若蝟毛曝骨履腸聞不容礪爾乃奉殪戎之命運先天之略不出戶庭推轂分閫一麾以定三方數旬而清萬國蕩滌天壤之速規摹指畫之神造化以來弗之聞也光熙前緒罔有不服煙雲改色鐘石變音三靈顧望萬物影響未運告盡褰裳克讓天歷在躬推而弗有百辟庶尹四方岳牧稽圖讖之文順億兆之請披肝瀝膽晝歌夜吟方屈箕潁之高式允幽明

之願基命宥密如恆如升推帝居歆刱業垂統殊徽號改服色建都邑敘彝倫
薄賦輕徭慎刑恤獄除繁苛之政與清靜之風去無用之官省相監之職奇才
閒出威德無隱星精雲氣共趨走於墀山神海靈咸燮理於臺閣東漸日谷
西被月川教暨北溟之表聲加南海之外悠悠沙漠區域萬里蠢蠢百蠻莫之
與競五帝所不化三王所未賓屈膝頓顙盡爲臣妾殊方異類書契不傳梯山
越海貢琛奉贄欣欣如也巢居穴處化以宮室不火不粒訓以庖廚禮樂合天
地之同律呂節寒暑之候制作詳垂衣之後淳粹得神農之前遨遊文雅之場
出入杳冥之極合神謨鬼通幽洞微羣物歲成含生日用飲和氣以自得沐玄
澤而不知也丹雀爲史玄龜載書甘露自天醴泉出地神禽異獸珍木奇草望
風觀海應化歸風備休祥於圖牒罄幽遐而戾止猶且父天子民兢兢翼翼至
矣大矣七十四帝曷可同年而語哉若夫天下之重不可妄據故唐之許由夏
之伯益懷道立事人授而弗可也軒初四帝周餘六王藉世因基自取而不得
也孟軻稱仲尼之德過於堯舜著述成帝者之事弟子備王佐之才黑不代蒼

泣麟歎鳳栖栖汲汲雖聖達而莫許也蚩尤則黃帝抗衡共工則黑帝勍敵項羽誅秦推漢宰割神州角逐爭驅盡威力而無就也其餘歘起妖妄曾何足數賊子逆臣所以爲亂皆由不識天道不悟人謀牽逐鹿之邪說謂飛鳧而爲鼎若使四凶爭八元之誠三監同九臣之志韓信彭越深明帝子之符孫述隗囂妙識真人之出尉迥同謳歌之類王謙比獄訟之民福祿蟬聯胡可窮也而違天逆物獲罪人神嗚呼此前事之大戒矣誅夷烹醢歷代其尤僭逆凶邪時煩獄吏其可不戒慎哉蓋積惡既成心自絕於善道物類相感理必至於誅戮天奪其魄鬼惡其盈故也大帝聰明羣臣正直耳目監於率土賞罰參於國朝輔助一人覆育兆庶豈有食人之祿受人之榮包藏禍心而不殲盡者也必當執法未處其罪司命已除其籍自古明哲慮遠防微執一心持一德立功坐樹上書削稾位尊而心逾下祿厚而志彌約寵盛思之以懼道高守之以恭克念於此則姦回不至事乃畏天豈惟變禮謙光滿覆義在知幾吉凶由人妖不自作衆星拱極在天成象夙沙則主雖愚蔽民盡知歸有苗則始爲跋扈終而大服

漢南諸國見一面以從殷河西將軍率五郡以歸漢故能招信順之助保太山之安彼陳國者盜竊江外民少一郡地減半州遇受命之主逢太平之日自可獻土銜璧乞同溥天乃復養喪家之殄遵顛覆之軌趑趄吳越仍爲匪民雖時屬大道偃兵舞鏚然國家當混一之運金陵是殄滅之期有命不恆斷可知矣防風之戮元龜匪遙孫皓之侯守株難得迷而未覺諒可愍焉斯故未辯昊天之心不聞君子之論也德林自隋有天下每贊平陳之計八年車駕幸同州德林以疾不從勅書追之書後御筆注云伐陳事意宜自隨也時高熲因使入京上語熲曰德林若患未堪行宜自至宅取其方略高祖以之付晉王廣後從駕還在途中高祖以馬鞭南指云待平陳訖會以七寶莊嚴公使自山東無及之者及陳平授柱國郡公實封八百戶賞物三千段晉王廣已宣勅訖有人說高熲曰天子畫策晉王及諸將戮力之所致也今乃歸功於李德林諸將必當憤惋且後世觀公有若虛行熲入言之高祖乃止初大象末高祖以逆人王謙宅賜之文書已出至地官府忽復改賜崔謙上語德林曰夫人欲得將與其舅於

公無形迹不須爭之可自選一好宅若不稱意當爲營造幷覔莊店作替德林乃奏取逆人高阿那肱衞國縣市店八十塸爲王謙宅替九年車駕幸晉陽店人上表訴稱地是民物高氏強奪於內造舍上命有司料還價直遇追蘇威自長安至奏云高阿那肱是亂世宰相以諂媚得幸枉取民地造店賃之德林誣罔妄奏自入李圓通馮世基等又進云此店收利如食千戶請計日追贓上因責德林德林請勘逆人文簿及本換宅之意上不聽乃悉追店給所住者自是益嫌之十年虞慶則等於關東諸道巡省使還幷奏云五百家鄉正專理辭訟不便於民黨與愛憎公行貨賄上仍令廢之德林復奏云此事臣本以爲不可然置來始爾復卽停廢政令不一朝成暮毀深非帝王設法之義臣望陛下若於律令輒欲改張卽以軍法從事不然者紛紜未已高祖遂發怒大詬云爾欲將我作王莽邪初德林稱父爲太尉諮議以取贈官李元操與陳茂等陰奏之曰德林之父終於校書妄稱諮議上甚銜之至是復廷議忤意因數之曰公爲內史典朕機密比不可豫計議者以公不弘耳寧自知乎朕方以孝治天下恐

斯道廢闕故立五教以弘之公言孝由天性何須立教然則孔子不當說孝經也又謬冒取店妄加父官朕實忿之而未能發今當以一州相遺耳因出爲湖州刺史德林拜謝曰臣不敢復望內史令請預散參待陛下登封告成一觀盛禮然後收拙丘園死且不恨上不許轉懷州刺史在州逢亢旱課民掘井溉田空致勞擾竟無補益爲考司所貶歲餘卒官時年六十一贈大將軍廉州刺史謚曰文及將葬勑令羽林百人幷鼓吹一部以給喪事贈物三百段粟千石祭以太牢德林美容儀善談吐齊天統中兼中書侍郎於賓館受國書陳使江總目送之曰此即河朔之英靈也器量沉深時人未能測唯任城王湝趙彥深魏收陸卬大相欽重延譽之言無所不及德林少孤未有字魏收謂之曰識度天才必至公輔吾輒以此字卿從官以後即典機密性重慎嘗云古人不言溫樹何足稱也少以才學見知及位望稍高頗傷自任爭名之徒更相譖毀所以運屬興王功參佐命十餘年間竟不徙級所撰文集勒成八十卷遭亂亡失見五十卷行於世勑撰齊史未成有子曰百藥博涉多才詞藻清贍釋巾太子通事

舍人後遷太子舍人尚書禮部員外郎襲爵安平縣公桂州司馬煬帝恐其初不附己以爲步兵校尉大業末轉建安郡丞

史臣曰德林幼有操尚學富才優譽重鄴中聲飛關右王基締構叶贊謀猷羽檄交馳絲綸間發文誥之美時無與二君臣體合自致青雲不患莫己知豈徒言也

隋書卷四十二

隋書卷四十二考證

李德林傳龕黎見於商典○書經西伯戡黎作戡按戡與龕通楊子重黎篇劉龕南陽

防風之戮元龜匪遙○宋本防作房按魯語禹致羣神於會稽之山防風氏後至防音房

待平陳訖會以七寶莊嚴公○監本莊作裝按蕭子良文菩薩至意堅强所期者大不以爲苦故得自然宮殿七寶房舍早得成佛唐書藝文志大莊嚴論文疏三十卷王僧孺懺悔禮佛文百福莊嚴萬祉周集又後漢書劉寬傳伺當朝會裝嚴已訖臣映斗按七寶莊嚴自是借用佛經語從莊爲得若劉寬傳直謂裝束嚴辦耳

隋書卷四十二考證

隋書卷四十三

唐　特　進　臣　魏　徵　上

列傳第八

河閒王弘子慶

河閒王弘字辟惡高祖從祖弟也祖愛敬早卒父元孫少孤隨母郭氏養於舅族及武元皇帝與周太祖建義關中元孫時在鄴下懼爲齊人所誅因假外家姓爲郭氏元孫死齊爲周所弃弘始入關與高祖相得高祖哀之爲買田宅弘性明悟有文武幹略數從征伐累遷開府儀同三司高祖爲丞相常置左右委以心腹高祖詣周趙元宅將及於難弘時立於戶外以衞高祖尋加上開府賜爵永康縣公及上受禪拜大將軍進爵郡公尋贈其父爲柱國尚書令河閒郡公其年立弘爲河閒王拜右衞大將軍歲餘進授柱國時突厥屢爲邊患以行軍元帥率衆數萬出靈州道與虜相遇戰大破之斬數千級賜物二千段出拜寧州總管進位上柱國弘在州治尚清淨甚有恩惠後數載徵還京師未幾拜

蒲州刺史得以便宜從事時河東多盜賊民不得安弘奏爲盜者百餘人投之
邊裔州境帖然號爲良吏每晉王廣入朝弘輒領揚州總管及晉王歸藩弘復
還蒲州在官十餘年風教大洽煬帝嗣位徵還拜太子太保歲餘薨大業六年
追封郇王子慶嗣
慶傾曲善候時變帝時猜忌骨肉滕王綸等皆被廢放唯慶獲全累遷滎陽郡
太守頗有治績及李密據洛口倉滎陽諸縣多應密慶勒兵拒守密頻遣攻之
不能克歲餘城中糧盡兵勢日蹙密因遺慶書曰自昏狂嗣位多歷歲年剝削
生民塗炭天下璿室瑤臺之麗未極驕奢糟丘酒池之荒非爲婬亂今者共舉
義旗勦翦兇虐八方同德萬里俱來莫不期入關以亡秦爭渡河而滅紂東窮
海岱南洎江淮凡厥遺人承風慕義唯滎陽一郡王獨守迷夫微子紂之元兄
族實爲重項伯籍之季父戚乃非疎然猶去朝歌而入周背西楚而歸漢豈不
眷戀宗祊留連骨肉但識寶鼎之將移知神器之先改而王之先代家住山東
本姓郭氏乃非楊族止爲宿與隋朝先有勳舊遂得預霑盤石名在葭莩妻敬

之與漢高殊非血胤呂布之於董卓良異天親芝焚蕙歎事不同此又王之昏
主心若豺狼讐忿同胞有逾沈閼惟勇及諒咸罄甸師況乃族類爲非何能自
保爲王計者莫若舉城從義開門送款安若太山高枕而臥長守富貴足爲美
談乃至子孫必有餘慶今王世充屢被摧蹙自救無聊偷存晷漏詎能支久段
達韋津東都自固何暇圖人世充朝亡達便夕滅又江都荒湎流宕忘歸內外
崩離人神怨憤上江米船皆被抄截士卒饑餒半菽不充事切析骸義均煮弩
舉烽火於驪山諸侯莫至浮膠船於漢水還日未期王獨守孤城絕援千里餱
糧之計僅有月餘敝卒之多纔盈數百有何恃賴欲相拒抗求枯魚於市肆卽
事非虛因歸鴈以運糧竟知何日然城中豪傑王之腹心思殺長吏將爲內啓
正恐禍生匕首釁發蕭牆空以七尺之軀懸賞千金之購可爲寒心可爲酸鼻
者也幸能三思自求多福于時江都敗問亦至慶得書遂降于密改姓爲郭氏
密爲王世充所破復歸東都更爲楊氏越王侗不之責也及侗稱制拜宗正卿
世充將簒慶首爲勸進世充既僭僞號降爵郇國公慶復爲郭氏世充以兄女

妻之署滎州刺史及世充將敗慶欲將其妻同歸長安其妻謂之曰國家以妾奉箕箒於公者欲以申厚意結公心耳今叔父窮迫家國阽危而公不顧婚姻孤負付囑爲全身之計非妾所能責公也妾若至長安則公家一婢耳何用妾爲願得送還東都君之惠也慶不許其妻遂沐浴靚粧仰藥而死慶歸大唐爲宜州刺史郇國公復姓楊氏其嫡母元太妃老兩目失明王世充以慶叛已而斬之

楊處綱

楊處綱高祖族父也生長北邊少習騎射在周嘗以軍功拜上儀同高祖受禪贈其父鍾葵爲柱國尚書令義城縣公以處綱襲焉授開府督武候事尋爲太子宗衞率轉左監門郎將後數載起授右領軍將軍處綱雖無才藝而性質直在官彊濟亦爲當時所稱尋拜蒲州刺史吏民悅之進位大將軍後遷秦州總管卒官謚曰恭弟處樂官至雒州刺史漢王諒之反也朝廷以爲有二心廢錮不齒

楊子崇

楊子崇高祖族弟也父益生贈荆州刺史子崇少好學涉獵書記有風儀愛賢好士開皇初拜儀同以車騎將軍恆典宿衞後爲司門侍郎煬帝嗣位累遷候衞將軍坐事免未幾復令檢校將軍事從帝幸汾陽宮子崇知突厥必爲寇患屢請早還京師帝不納尋有鴈門之圍及賊退帝怒之曰子崇怯懦妄有陳請驚動我衆心不可居爪牙之寄出爲離石郡太守治有能名自是突厥屢寇邊塞胡賊劉六兒復擁衆劫掠郡境子崇上表請兵鎭遏帝復大怒下書令子崇巡行長城子崇出百餘里四面路絕不得進而歸時百姓饑饉相聚爲盜子崇前後捕斬數千人歲餘朔方梁師都馬邑劉武周等各稱兵作亂郡中諸胡復相嘯聚子崇患之言欲朝集遂與心腹數百人自孟門關將還京師輜重半濟遇河西諸縣各殺長吏叛歸師都道路隔絕子崇退歸離石所將左右旣聞太原有兵起不復入城遂各叛去子崇悉收叛者父兄斬之後數日義兵夜至城下城中豪傑復出應之城陷子崇爲讎家所殺

觀德王雄 弟達

觀德王雄初名惠高祖族子也父納仕周歷八州刺史儻城縣公賜姓叱呂引氏雄美姿儀有器度雍容閑雅進止可觀周武帝時爲太子司旅下大夫帝幸雲陽宮衞王直作亂以其徒襲肅章門雄逆拒破之進位上儀同封武陽縣公邑千戶累遷右司衞上大夫大象中進爵邘國公邑五千戶高祖爲丞相雍州牧畢王賢謀作難雄時爲別駕知其謀以告高祖賢伏誅以功授柱國雍州牧仍領相府虞候周宣帝葬備諸王有變令雄率六千騎送至陵所進位上柱國高祖受禪除左衞將軍兼宗正卿俄遷右衞大將軍參預朝政進封廣平王食邑五千戶以邘公別封一子雄請封弟士貴朝廷許之或奏高熲朋黨者上詰雄於朝雄對曰臣忝衞宮闈朝夕左右若有朋附豈容不知至尊欽明睿哲萬機親覽熲用心平允奉法而行此乃愛憎之理惟陛下察之高祖深然其言雄時貴寵冠絕一時與高熲虞慶則蘇威稱爲四貴雄寬容下士朝野傾矚高祖惡其得衆陰忌之不欲其典兵馬乃下冊書拜雄爲司空曰維開皇九年八月

朔壬戌皇帝若曰於戲惟爾上柱國左衞大將軍宗正卿廣平王風度寬弘位望隆顯爰司禁旅緜歷十載入當心腹外任爪牙驅馳軒陛勤勞著績念舊庸勳禮秩加等公輔之寄民具爾瞻宜竭迺誠副玆名實是用命爾爲司空往欽哉光應寵命得不愼歟外示優崇實奪其權也雄無職務乃閉門不通賓客尋改封清漳王仁壽初高祖曰清漳之名未允聲望命職方進地圖上指安德郡以示羣臣曰此號足爲名德相稱於是改封安德王大業初授太子太傅及元德太子薨檢校鄭州刺史事歲餘授懷州刺史尋拜京兆尹帝親征吐谷渾詔雄總管澆河道諸軍及還改封觀王上表讓曰臣早逢興運預班末屬有命有時藉風雲之會無才無德濫公卿之首蒙先皇不次之賞荷陛下非分之恩久忝台槐常慮盈滿豈可仍叨匪服重竊鴻名臣實面牆敢緣往例臣誠昧寵交懼身責昔劉賈封王豈備三階之任曹洪上將寧超五等之爵況臣袞章踰於帝子京尹亞於皇枝錫土作藩鈕金開國於臣何以自處存物謂其乖分是以露款執愚祈恩固守伏願陛下曲留慈照特鑒丹誠頻觸宸嚴伏增流汗優詔

不許遼東之役檢校左翊衞大將軍出遼東道次瀘河鎮遘疾而薨時年七十一帝爲之廢朝鴻臚監護喪事有司考行請謚曰懿帝曰王道高雅俗德冠生人乃賜謚曰德贈司徒襄國武安渤海清河上黨河間濟北高密濟陰長平等十郡太守子恭仁位至吏部侍郎恭仁弟綝性和厚頗有文學歷義州刺史淮南太守及父薨起爲司隸大夫遼東之役帝令綝於臨海頓別有所督楊玄感之反也玄感弟玄縱自帝所逃赴其兄路逢綝綝避人偶語久之旣別而復相就者數矣司隸刺史劉休文奏之時綝兄吏部侍郎恭仁將兵於外帝以是寢之未發其事綝憂懼發病而卒綝弟績仕至散騎侍郎

雄弟達字士達少聰敏有學行仕周官至儀同內史下大夫遂寧縣男高祖受禪拜給事黃門侍郎進爵爲子時吐谷渾寇邊詔上柱國元楷爲元帥達爲司馬軍還兼吏部侍郎加開府歲餘轉內史侍郎出爲鄯鄭趙三州刺史俱有能名平陳之後四海大同上差品天下牧宰達爲第一賜雜綵五百段加以金帶擢拜工部尚書加位上開府達爲人弘厚有局度楊素每言曰有君子之貌兼

君子之心者唯楊達耳獻皇后及高祖山陵制度達並參豫焉煬帝嗣位轉納
言仍領營東都副監帝甚信重之遼東之役領右武衛將軍進位左光祿大夫
卒於師時年六十二帝歎惜者久之贈吏部尚書始安侯諡曰恭贈物三百五
十段
史臣曰高祖始遷周鼎衆心未附利建同姓維城宗社是以河間觀德咸啓山
河屬乃葭莩地非寵逼故高位厚秩與時終始楊慶二三其德志在苟生變本
宗如反掌棄慈母如遺跡及身而絶宜其然矣觀王位登台袞慶流後嗣保茲
寵祿實仁厚之所致乎

隋書卷四十三

隋書卷四十四

唐　特　進　臣　魏　徵　上

列傳第九

滕穆王瓚 嗣王綸

滕穆王瓚字恆生一名慧高祖母弟也周世以太祖軍功封竟陵郡公尚武帝妹順陽公主自右中侍上士遷御伯中大夫保定四年改爲納言授儀同瓚貴公子又尚公主美姿儀好書愛士甚有令名於當世時人號曰楊三郎武帝甚親愛之平齊之役諸王咸從留瓚居守帝謂之曰六府事殷一以相付朕將遂事東方無西顧之憂矣其見親信如此宣帝即位遷吏部中大夫加上儀同未幾帝崩高祖入禁中將總朝政令廢太子勇召之欲有計議瓚素與高祖不協聞召不從曰作隋國公恐不能保何乃更爲族滅事邪高祖作相遷大將軍尋拜大宗伯典脩禮律進位上柱國邵國公瓚見高祖執政羣情未一恐爲家禍陰有圖高祖之計高祖每優容之及受禪立爲滕王後拜雍州牧上數與同坐

呼爲阿三後坐事去牧以王就第瓚妃宇文氏先時與獨孤皇后不平及此鬱
鬱不得志陰有呪詛上命瓚出之瓚不忍離絶固請上不得已從之宇文氏竟
除屬籍瓚由是忤旨恩禮更薄開皇十一年從幸栗園暴薨時年四十二人皆
言其遇鴆以繁子綸嗣
綸字斌籀性弘厚美姿容頗解鍾律高祖受禪封邵國公邑八千戸明年拜邵
州刺史晉王廣納妃於梁詔綸致禮焉甚爲梁人所敬綸以穆王之故當高祖
之世每不自安煬帝卽位尤被猜忌綸憂懼不知所爲呼術者王琛而問之琛
答曰王相祿不凡乃因曰滕卽騰也此字足爲善應有沙門惠恩崛多等頗解
占候綸每與交通常令此三人爲度星法有人告綸怨望呪詛帝命黃門侍郎
王弘窮治之弘見帝方怒遂希旨奏綸厭蠱惡逆坐當死帝令公卿議其事司
徒楊素等曰綸希冀國災以爲身幸原其性惡之由積自家世惟皇運之始四
海同心在於孔懷彌須叶力其先乃離阻大謀棄同卽異父悖於前子逆於後
非直覬覦朝廷便是圖危社稷爲惡有狀其罪莫大刑茲無赦抑有舊章請依

前律帝以公族不忍除名爲民徙始安諸弟散徙邊郡大業七年親征遼東綸欲上表請從軍自効爲郡司所遏未幾復徙朱崖及天下大亂爲賊林仕弘所逼攜妻子竄于儋耳後歸大唐爲懷化縣公綸弟坦字文籒初封竟陵郡公坐綸徙長沙坦弟猛字武籒徙衡山猛弟溫字明籒初徙零陵溫好學解屬文旣而作零陵賦以自寄其辭哀思帝見而怒之轉徙南海溫弟詵字弘籒前亦徙零陵帝以其脩謹襲封滕王以奉穆王嗣大業末薨於江都

道悼王靜

道悼王靜字賢籒滕穆王瓚之子也出繼叔父嵩高在周代以太祖軍功賜爵興城公早卒高祖踐位追封道王諡曰宣以靜襲焉卒無子國除

衞昭王爽 嗣王集

衞昭王爽字師仁小字明達高祖異母弟也周世在襁褓中以太祖軍功封同安郡公六歲而太祖崩爲獻皇后之所鞠養由是高祖於諸弟中特寵愛之十七爲內史上士高祖執政拜大將軍秦州總管未之官轉授蒲州刺史進位柱

國及受禪立爲衞王尋遷雍州牧領左右將軍俄遷右領軍大將軍權領幷州總管歲餘進位上柱國轉涼州總管爽美風儀有器局治甚有聲其年以爽爲行軍元帥步騎七萬以備胡出平涼無虜而還明年大舉北伐又爲元帥河間王弘豆盧勣竇榮定高熲虞慶則等分道而進俱受爽節度爽親率李元節等四將出朔州遇沙鉢略可汗於白道接戰大破之虜獲千餘人驅馬牛羊鉅萬沙鉢略可汗中重創而遁高祖大悅賜爽眞食梁安縣千戶六年復爲元帥步騎十五萬出合川突厥遁逃而返明年徵爲納言高祖甚重之未幾爽寢疾上使巫者薛榮宗視之云衆鬼爲厲爽令左右驅逐之居數日有鬼物來擊榮宗榮宗走下階而斃其夜爽薨時年二十五贈太尉冀州刺史子集嗣

集字文會初封遂安王尋襲封衞王煬帝時諸侯王恩禮漸薄猜防日甚集憂懼不知所爲乃呼術者俞普明章醮以祈福助有人告集呪詛憲司希旨鍛成其獄奏集惡逆坐當死天子下公卿議其事楊素等曰集密懷左道厭蠱君親公然呪詛無慙幽顯情滅人理事悖先朝是君父之罪人非臣子之所赦請論

如律時滕王綸坐與相連帝不忍加誅乃下詔曰綸集以附萼之華猶子之重
靡之好爵匪由德進正應與國升降休戚是同乃包藏妖禍誕縱邪僻在三之
義愛敬俱淪急難之情孔懷頓滅公卿議既如此覽以潸然雖復王法無私恩
從義斷但法隱公族禮有親親致之極辟情所不忍於是除名爲民遠徙邊郡
遇天下大亂不知所終

蔡王智積

蔡王智積高祖弟整之子也整周明帝時以太祖軍功賜爵陳留郡公尋授開
府車騎大將軍從武帝平齊至幷州力戰而死及高祖作相贈柱國大司徒冀
定瀛相懷衞趙貝八州刺史高祖受禪追封蔡王諡曰景以智積襲焉又封其
弟智明爲高陽郡公智才爲開封縣公尋拜智積爲開府儀同三司授同州刺
史儀衞資送甚盛頃之以脩謹聞高祖善之在州未嘗嬉戲遊獵聽政之暇端
坐讀書門無私謁有侍讀公孫尙儀山東儒士府佐楊君英蕭德言並有文學
時延於座所設唯餅果酒纔三酌家有女妓唯年節嘉慶奏於太妃之前其簡

靜如此昔高祖龍潛時景王與高祖不睦其太妃尉氏又與獨孤皇后不相諧以是智積常懷危懼每自貶損高祖知其若是亦哀憐之人或勸智積治產業者智積曰昔平原露朽財帛苦其多也吾幸無可露何更營乎有五男止教讀論語孝經而已亦不令交通賓客或問其故智積答曰卿非知我者其意恐兒子有才能以致禍也開皇二十年徵還京第無他職任闔門自守非朝覲不出煬帝即位滕王綸衞王集並以讒構得罪高陽公智明亦以交遊奪爵智積逾懼大業七年授弘農太守委政寮佐清淨自居及楊玄感作亂自東都引軍而西智積謂官屬曰玄感聞大軍將至欲西圖關中若成其計則根本固矣當以計縻之使不得進不出一旬自可擒耳及玄感軍至城下智積登陴詈辱之玄感怒甚留攻之城門爲賊所燒智積乃更益火賊不得入數日宇文述等援軍至合擊破之十二年從駕江都寢疾帝時踈薄骨肉智積每不自安及遇患不呼醫臨終謂所親曰吾今日始知得保首領沒於地矣時人哀之有子道玄

史臣曰周建懿親漢開盤石內以敦睦九族外以輯寧億兆深根固本崇奬王

室安則有以同其樂衰則有以恤其危所由來久矣魏晉以下多失厥中不遵王度各徇所私抑之則勢齊於匹夫抗之則權侔於萬乘矯枉過正非一時也得失詳乎前史不復究而論焉高祖昆弟之恩素非篤睦閨房之隙又不相容至于二世承基其弊愈甚是以滕穆暴薨人皆竊議蔡王將沒自以爲幸唯衞王養於獻后故任遇特隆而諸子遷流莫知死所悲夫其錫以茅土稱爲盤石行無甲兵之衞居與氓隸爲伍外內無虞顚危不暇時逢多難將何望焉

隋書卷四十四

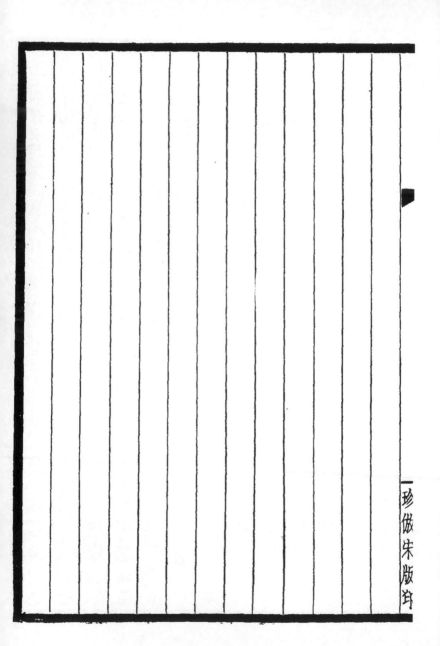

隋書卷四十四考證

滕穆王瓚子綸字斌籀○北史籀作籒　臣映斗按本傳綸弟坦字文籀猛字武籀溫字明籀洗字弘籀則綸字斌籀當非譌也

隋書卷四十四考證

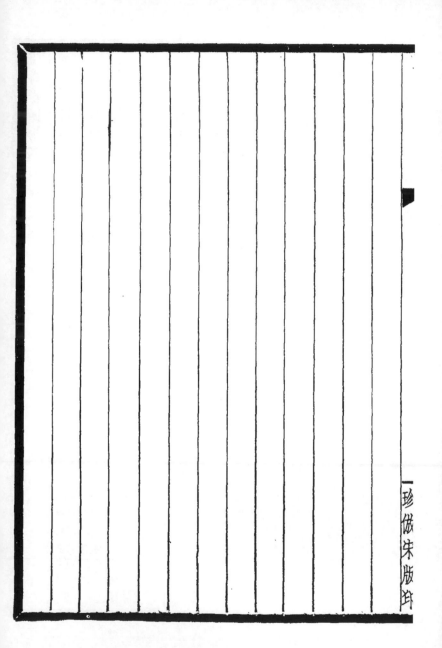

隋書卷四十五

唐　特　進　臣　魏　徵　上

列傳第十

文四子

高祖五男皆文獻皇后之所生也長曰房陵王勇次煬帝次秦孝王俊次越王秀次庶人諒

房陵王勇字睍地伐高祖長子也周世以太祖軍功封博平侯及高祖輔政立爲世子拜大將軍左司衞封長寧郡公出爲雒州總管東京小冢宰總統舊齊之地後徵還京師進位上柱國大司馬領內史御正諸禁衞皆屬焉高祖受禪立爲皇太子軍國政事及尚書奏死罪已下皆令勇參決之上以山東民多流冗遣使按檢又欲徙民北實邊塞勇上書諫曰竊以導俗當漸非可頓革戀土懷舊民之本情波迸流離蓋不獲已有齊之末主闇時昏周平東夏繼以威虐民不堪命致有逃亡非厭家鄉願爲羈旅加以去年三方逆亂賴陛下仁聖區

宇肅清鋒刃雖屏瘡痍未復若假以數歲沐浴皇風逃竄之徒自然歸本雖北夷猖獗嘗犯邊烽今城鎮峻峙所在嚴固何待遷配以致勞擾臣以庸虛謬當儲貳寸誠管見輒以塵聞上覽而嘉之遂寢其事是後時政不便多所損益上每納之上嘗從容謂羣臣曰前世皇王溺於嬖幸廢立之所由生朕傍無姬侍五子同母可謂真兄弟也豈若前代多諸內寵孽子忿諍為亡國之道邪勇頗好學解屬詞賦性寬仁和厚率意任情無矯飾之行引明克讓姚察陸開明等為之賓友勇嘗文飾蜀鎧上見而不悅恐致奢侈之漸因而誡之曰我聞天道無親唯德是與歷觀前代帝王未有奢華而得長久者汝當儲后若不上稱天心下合人意何以承宗廟之重居兆民之上吾昔日衣服各留一物時復看之以自警戒今以刀子賜汝宜識我心其後經冬至百官朝勇勇張樂受賀高祖知之問朝臣曰近聞至節內外百官相率朝東宮是何禮也太常少卿辛亶對曰於東宮是賀不得言朝高祖曰改節稱賀正可三數十人逐情各去何因有司徵召一時普集太子法服設樂以待之東宮如此殊乖禮制於是下詔曰禮

有等差君臣不雜爰自近代聖教漸虧俯仰逐情因循成俗皇太子雖居上嗣義兼臣子而諸方岳牧正冬朝賀任土作貢別上東宮事非典則宜悉停斷自此恩寵始衰漸生疑阻時高祖令選宗衞侍官以入上臺宿衞高熲奏稱若盡取強者恐東宮宿衞太劣高祖作色曰我有時行動宿衞須得雄毅太子毓德東宮左右何須強武此極敝法甚非我意如我商量恆於交番之日分向東宮上下團伍不別豈非好事我熟見前代公不須仍踵舊風蓋疑高熲男尚勇女形於此言以防之也勇多內寵昭訓雲氏尤稱嬖幸禮匹於嫡勇妃元氏無寵嘗遇心疾二日而薨獻皇后意有他故甚責望勇自是雲昭訓專擅內政后彌不平頗遣人伺察求勇罪過晉王知之彌自矯飾姬妾但備員數唯共蕭妃居處皇后由是薄勇愈稱晉王德行其後晉王來朝車馬侍從皆爲儉素敬接朝臣禮極卑屈聲名籍甚冠於諸王臨還揚州入內辭皇后因進言曰臣鎮守有限方違顏色臣子之戀實結于心一辭階闥無由侍奉拜見之期杳然未日因哽咽流涕伏不能興皇后亦曰汝在方鎮我又年老今日之別有切常離又泫

然泣下相對歔欷王曰臣性識愚下常守平生昆弟之意不知何罪失愛東宮恆蓄威怒欲加屠陷每恐讒譖生於投杼鴆毒遇於杯勺是用勤憂積念懼履危亡皇后忿然曰晛地伐漸不可耐我爲伊索得元家女望隆基業竟不聞作夫妻專寵阿雲使有如許豚犬前新婦本無病痛忽爾暴亡遣人投藥致此夭逝事已如是我亦不能窮治何因復於汝處發如此意我在尚爾我死後當魚肉汝乎每思東宮竟無正嫡至尊千秋萬歲之後遣汝等兄弟向阿雲兒前再拜問訊此是幾許大苦痛邪晉王又拜嗚咽不能止皇后亦悲不自勝此別之後知皇后意移始構奪宗之計因引張衡定策遣褒公宇文述深交楊約令喻旨於越國公素具言皇后此語素瞿然曰但不知皇后如何必如所言吾又何爲者後數日素入侍宴微稱晉王孝悌恭儉有類至尊用此揣皇后意皇后泣曰公言是也我兒大孝順每聞至尊及我遣內使到必迎於境首言及違離未嘗不泣又其新婦亦大可憐我使婢去常與之同寢共食豈若晛地伐共阿雲相對而坐終日酣宴昵近小人疑阻骨肉我所以益憐阿麼者常恐暗地殺之

素既知意因盛言太子不才皇后遂遺素金始有廢立之意勇頗知其謀憂懼計無所出聞新豐人王輔賢能占候召而問之輔賢曰白虹貫東宮門太白襲月皇太子廢退之象也以銅鐵五兵造諸厭勝又於後園之內作庶人村屋宇卑陋太子時於中寢息布衣草褥冀以當之高祖知其不安在仁壽宮使楊素觀勇素至東宮偃息未入勇束帶待之故久不進以激怒勇勇銜之形於言色素還言勇怨望恐有他變願深防察高祖聞素譖毀甚疑之皇后又遣人伺覘東宮纖介事皆聞奏因加媒蘖構成其罪高祖惑於邪議遂疎忌勇乃於玄武門達至德門量置候人以伺動靜皆隨事奏聞又東宮宿衞之人侍官已上名籍悉令屬諸衞府有健兒者咸屏去之晉王又令段達私於東宮幸臣姬威遺以財貨令取太子消息密告楊素於是內外諠謗過失日聞段達脅姬威曰東宮罪過主上皆知之矣已奉密詔定當廢立君能告之則大富貴威遂許諾九月壬子車駕至自仁壽宮翌日御大興殿謂侍臣曰我新還京師應開懷歡樂不知何意翻邑然愁苦吏部尚書牛弘對曰由臣等不稱職故至尊憂勞高祖

既數聞讒譖疑朝臣皆具委故有斯問冀聞太子之愆弘爲此對大乖本旨高祖因作色謂東宮官屬曰仁壽宮去此不遠而令我每還京師嚴備仗衛如入敵國我爲患利不脫衣臥昨夜欲得近廁故在後房恐有警急還移就前殿豈非爾輩欲壞我國家邪於是執唐令則等數人付所司訊鞫令楊素陳東宮事狀以告近臣素顯言之曰臣奉勅向京令皇太子檢校劉居士餘黨太子奉詔乃作色奮厲骨肉飛騰語臣云居士黨盡伏法遣我何處窮討爾作右僕射委寄不輕自檢校之何關我事又云若大事不遂我先被誅今作天子竟乃令我不如諸弟一事以上不得自由因長歎迴視云我大覺身妨高祖曰此兒不堪承嗣久矣皇后恆勸我廢之我以布素時生復是長子望其漸改隱忍至今勇昔從南兗州來語衞王云阿孃不與我一好婦女亦是可恨因指皇后侍兒曰是皆我物此言幾許異事其婦初亡即以斗帳安餘老嫗新婦初亡我深疑使馬嗣明藥殺我曾責之便懟曰會殺元孝矩此欲害我而遷怒耳初長寧誕育朕與皇后共抱養之自懷彼此連遣來索且雲定興女在外私合而生想此由

來何必是其體胤昔晉太子取屠家女其兒卽好屠割今儻非類便亂宗社又劉金驎諂佞人也呼定興作親家翁定興愚人受其此語我前解金驎者爲其此事勇嘗引曹妙達共定興女同讌妙達在外說云我今得勸妃酒直以其諸子偏庶畏人不服故逆縱之欲收天下之望耳我雖德慙堯舜終不以萬姓付不肖子也我恆畏其加害如防大敵今欲廢之以安天下左衞大將軍五原公元旻諫曰廢立大事天子無二言詔旨若行後悔無及讒言罔極惟陛下察之旻辭直爭强聲色俱厲上不答是時姬威又抗表告太子非法高祖謂威曰太子事跡宜皆盡言威對曰皇太子由來共臣語唯意在驕奢欲得從樊川以至于散關總規爲苑兼云昔漢武帝將起上林苑東方朔諫之賜朔黃金百斤幾許可笑我實無金輒賜此等若有諫者正當斬之不過殺百許人自然永息前蘇孝慈解左衞率皇太子奮髯揚肘曰大丈夫會當有一日終不忘之決當快意又宮內所須尚書多執法不與便怒曰僕射以下吾會戮一二人使知慢我之禍又於苑內築一小城春夏秋冬作役不輟營起亭殿朝造夕改每云至尊

嗔我多側庶高緯陳叔寶豈是孼子乎嘗令師姥卜吉凶語臣曰至尊忌在十八年此期促矣高祖泫然曰誰非父母生乃至於此我有舊使婦女令看東宮奏我云勿令廣平王至皇太子處東宮憎婦亦廣平教之元贊亦知其陰惡勸我於左藏之東加置兩隊初平陳後宮人好者悉配春坊如聞不知厭足於外更有求訪朕近覽齊書見高歡縱其兒子不勝忿憤安可效尤邪於是勇及諸子皆被禁錮部分收其黨與楊素舞文巧詆鍛鍊以成其獄勇由是遂敗居數日有司承素意奏言左衞元旻身備宿衞常曲事於勇情存附託在仁壽宮裴弘將勇書於朝堂與旻題封云勿令人見高祖曰朕在仁壽宮有纖小事東宮必知疾於驛馬怪之甚久豈非此徒耶遣武士執旻及弘付法治其罪先是勇嘗從仁壽宮參起居還途中見一枯槐根榦蟠錯大且五六圍顧左右曰此堪作何器用或對曰古槐尤堪取火于時衞士皆佩火燧勇因令匠者造數千枚欲以分賜左右至是獲於庫又藥藏局貯艾數斛亦搜得之大將爲怪以問姬威威曰太子此意別有所在比令長寧王已下詣仁壽宮還每嘗急行一宿便

至恆飼馬千匹云徑往捉城門自然餓死素以威言詰勇勇不服曰竊聞公家馬數萬匹勇忝備位太子有馬千匹乃是反乎素又發洩東宮服翫似加琱飾者悉陳之於庭以示文武羣官爲太子之罪高祖遣將諸物示勇以誚詰之皇后又責之罪高祖使使責問勇勇不服太史令袁充進曰臣觀天文皇太子當廢上曰玄象久見矣羣臣無敢言者於是使人召勇勇見使者驚曰得無殺我耶高祖戎服陳兵御武德殿集百官立於東面諸親立於西面引勇及諸子列於殿庭命薛道衡宣廢勇之詔曰太子之位實爲國本苟非其人不可虛立自古儲副或有不才長惡不悛仍令守器皆由情溺寵愛失於至理致使宗社傾亡蒼生塗地由此言之天下安危繫乎上嗣大業傳世豈不重哉皇太子勇地則居長情所鍾愛初登大位卽建春宮冀德業日新隆茲負荷而性識庸闇仁孝無聞昵近小人委任姦佞前後愆釁難以具紀但百姓者天之百姓朕恭天命屬當安育雖欲愛子實畏上靈豈敢以不肖之子而亂天下勇及其男女爲王公主者並可廢爲庶人顧惟兆庶事不獲已興言及此良深愧歎令薛道衡

謂勇曰爾之罪惡人神所棄欲求不廢其可得耶勇再拜而言曰臣合尸之都市爲將來鑒誡幸蒙哀憐得全性命言畢泣下流襟既而舞蹈而去左右莫不憫默又下詔曰自古以來朝危國亂皆邪臣佞媚凶黨扇惑致使禍及宗社毒流兆庶若不標明典憲何以肅清天下左衛大將軍五原郡公元旻任掌兵衛委以心膂陪侍左右恩寵隆渥乃包藏姦伏離間君親崇長厲階最爲魁首太子左庶子唐令則策名儲貳位長宮寮諂曲取容音技自進躬執樂器親教內人贊成驕侈導引非法太子家令鄒文騰專行左道偏被親昵心腹委付鉅細關知占問國家希覬災禍左衛率司馬夏侯福內事諂諛外作威勢淩侮上下褻濁宮闈典膳監元淹謬陳愛憎開示怨隙妄起訕謗潛行離阻進引妖巫營事厭禱前吏部侍郎蕭子寶往居省閣舊非宮臣稟性浮躁用懷輕險進畫姦謀要射榮利經營閒構開造禍端前主璽下士何竦假託玄象妄說妖怪志圖禍亂心在速發兼制奇器異服皆竦規摹增長驕奢糜費百姓凡此七人爲害乃甚並處斬妻妾子孫皆悉沒官車騎將軍閻毗東郡公崔君綽游騎尉沈福

珍倣宋版印

寶瀛州民章仇太翼等四人所爲之事皆是悖惡論其狀迹罪合極刑但朕情存好生未能盡戮可並特免死各決杖一百身及妻子資財田宅悉可沒官副將作大匠高龍乂豫追番丁輒配東宮使役營造亭舍進入春坊率更令晉文建通直散騎侍郎判司農少卿事元衡料度之外私自出給虛破丁功擅割園地並處盡於是集羣官于廣陽門外宣詔以戮之廣平王雄答詔曰至尊爲百姓割骨肉之恩廢黜無德實爲大慶天下幸甚乃移勇於內史省立晉王廣爲皇太子仍以勇付之復因於東宮賜楊素物三千段元胄楊約並千段楊難敵五百段皆鞫勇之功賞也時文林郎楊孝政上書諫曰皇太子爲小人所誤宜加訓誨不宜廢黜上怒撻其胷尋而貝州長史裴肅表稱庶人罪黜已久當克己自新請封一小國高祖知勇之黜也不允天下之情乃徵肅入朝具陳廢立之意時勇自以廢非其罪頻請見上面申冤屈而皇太子遏之不得聞奏勇於是升樹大叫聲聞於上冀得引見素因奏言勇情志昏亂爲癲鬼所著不可復收上以爲然卒不得見素誣陷經營構成其罪類皆如此高祖寢疾於仁壽宮

徵皇太子入侍醫藥而姦亂宮闈事聞於高祖高祖抵牀曰枉廢我兒因遣追勇未及發使高祖暴崩祕不發喪遽收柳述元巖繫於大理獄僞爲高祖勅書賜庶人死追封房陵王不爲立嗣勇有十男雲昭訓生長寧王儼平原王裕安城王筠高良娣生安平王嶷襄城王恪王良媛生高陽王該建安王韶成姬生潁川王煚後宮生孝實孝範

長寧王儼勇長子也誕乳之初以報高祖高祖曰此卽皇太孫何乃生不得地雲定興奏曰天生龍種所以因雲而出時人以爲敏對六歲封長寧郡王勇敗亦坐廢黜上表乞宿衞辭情哀切高祖覽而憫焉楊素進曰伏願聖心同於螫手不宜復留意煬帝踐極儼常從行卒於道實鴆之也諸弟分徙嶺外仍勅在所皆殺焉

秦孝王俊字阿祇高祖第三子也開皇元年立爲秦王二年春拜上柱國河南道行臺尚書令雒州刺史時年十二加右武衞大將軍領關東兵三年還秦州總管隴右諸州盡隸焉俊仁恕慈愛崇敬佛道請爲沙門上不許六年遷山南

道行臺尚書令伐陳之役以爲山南道行軍元帥督三十總管水陸十餘萬屯漢口爲上流節度陳將周羅睺荀法上等以勁兵數萬屯鸚鵡洲總管崔弘度請擊之俊慮殺傷不許羅睺亦相率而降於是遣使奉章詣闕垂泣謂使者曰謬當推轂愧無尺寸之功以此多慚耳上聞而善之授揚州總管四十四州諸軍事鎮廣陵歲餘轉幷州總管二十四州諸軍事初頗有令問高祖聞而大悅下書獎勵焉其後俊漸奢侈違犯制度出錢求息民吏苦之上遣使按其事與相連坐者百餘人俊猶不悛於是盛治宮室窮極侈麗俊有巧思每親運斤斧工巧之器飾以珠玉爲妃作七寶冪籬又爲水殿香塗粉壁玉砌金階梁柱楣棟之間周以明鏡間以寶珠極榮飾之美每與賓客妓女絃歌於其上俊頗好內妃崔氏性妬甚不平之遂於瓜中進毒俊由是遇疾徵還京師上以其奢縱免官以王就第左武衞將軍劉昇諫曰秦王非有他過但費官物營廨舍而已臣謂可容上曰法不可違昇固諫上忿然作色昇乃止其後楊素復進諫曰秦王之過不應至此願陛下詳之上曰我是五兒之父若如公意何不別制天子

兒律以周公之爲人尚誅管蔡我誠不及周公遠矣安能虧法乎卒不許俊疾篤未能起遣使奉表陳謝上謂其使曰我戮力關塞創茲大業作訓垂範庶臣下守之而不失汝爲吾子而欲敗之不知何以責汝俊慚怖疾甚大都督皇甫統上表請復王官不許歲餘以疾篤復拜上柱國二十年六月薨於秦邸上哭之數聲而已俊所爲侈麗之物悉命焚之勑送終之具務從儉約以爲後法也王府僚佐請立碑上曰欲求名一卷史書足矣何用碑爲若子孫不能保家徒與人作鎮石耳妃崔氏以毒王之故下詔廢絕賜死於其家子浩崔氏所生也庶子曰湛羣臣議曰春秋之義母以子貴子以母貴貴既如此罪則可知故漢時栗姬有罪其子便廢郭后被廢其子斯黜大既然矣小亦宜同今秦王二子母皆罪廢不合承嗣於是以秦國官爲喪主俊長女永豐公主年十二遭父憂哀慕盡禮免喪遂絕魚肉每至忌日輒流涕不食有開府王延者性忠厚領親信兵十餘年俊甚禮之及俊有疾延恆在閤下衣不解帶俊薨勺飲不入口者數日羸頓骨立上聞而憫之賜以御藥授驃騎將軍典宿衛俊葬之日延號慟

而絶上嗟異之令通事舍人弔祭焉詔葬延於俊墓側煬帝卽位立浩爲秦王以奉孝王嗣封湛爲濟北侯後以浩爲河陽都尉楊玄感作逆之際左翼衞大將軍宇文述勒兵討之至河陽修啓於浩浩復詣述營兵相往復有司劾浩以諸侯交通內臣竟坐廢免宇文化及殺逆之始立浩爲帝化及敗於黎陽北走魏縣自僭僞號因而害之湛驍果有膽烈大業初爲滎陽太守坐浩免亦爲化及所害

庶人秀高祖第四子也開皇元年立爲越王未幾徙封於蜀拜柱國益州刺史總管二十四州諸軍事二年進位上柱國西南道行臺尚書令本官如故歲餘而罷十二年又爲內史令右領軍大將軍尋復出鎮於蜀秀有膽氣容貌瓌偉美鬚髯多武藝甚爲朝臣所憚上每謂獻皇后曰秀必以惡終我在當無慮至兄弟必反兵部侍郎元衡使於蜀秀深結於衡以左右爲請既還京師請益左右上不許大將軍劉噲之討西爨也高祖令上開府楊武通將兵繼進秀使嬖人萬智光爲武通行軍司馬上以秀任非其人譴責之因謂羣臣曰壞我法者

必在子孫乎譬如猛獸物不能害反爲毛間蟲所損食耳於是遂分秀所統秀漸奢侈違犯制度車馬被服擬於天子及太子勇以讒毀廢晉王廣爲皇太子秀意甚不平皇太子恐秀終爲後變陰令楊素求其罪而譖之仁壽二年徵還京師上見不與語明日使使切讓之秀謝曰忝荷國恩出臨藩岳不能奉法罪當萬死皇太子及諸王流涕庭謝上曰頃者秦王糜費財物我以父道訓之今秀蠹害生民當以君道繩之於是付執法者開府慶整諫曰庶人勇既廢秦王已薨陛下兒子無多何至如是然蜀王性甚耿介今被重責恐不自全上大怒欲斷其舌因謂羣臣曰當斬秀於市以謝百姓乃令楊素蘇威牛弘柳述趙綽等推治之太子陰作偶人書上及漢王姓字縛手釘心令人埋之華山下令楊素發之又作檄文曰逆臣賊子專弄威柄陛下唯守虛器一無所知陳甲兵之盛云指期問罪置秀集中因以聞奏上曰天下寧有是耶於是廢爲庶人幽內侍省不得與妻子相見令給獠婢二人驅使與相連坐者百餘人秀既幽逼憤懣不知所爲乃上表曰臣以多幸聯慶皇枝蒙天慈鞠養九歲榮貴唯知富樂

未嘗憂懼輕恣愚心陷茲刑網負深山岳甘心九泉不謂天恩尙假餘漏至如今者方知愚心不可縱國法不可犯撫膺念咎自新莫及猶望分身竭命少答慈造但以靈祇不祐福祿消盡夫婦抱思不相勝致只恐長辭明世永歸泉壤伏願慈恩賜垂矜愍殘息未盡之閒希與瓜子相見請賜一穴令骸骨有所瓜子卽其愛子也上因下詔數其罪曰汝地居臣子情兼家國庸蜀要重委以鎭之汝乃干紀亂常懷惡樂禍睥睨二宮佇望災釁容納不逞結構異端我有不和汝便覘候望我不起便有異心皇太子汝兄也次當建立汝假託妖言乃云不終其位妄稱鬼怪又道不得入宮自言骨相非人臣德業堪承重器妄道清城出聖欲以己當之詐稱益州龍見託言吉兆重述木易之姓更治成都之宮妄說禾乃之名以當八千之運橫生京師妖異以證父兄之災妄造蜀地徵祥以符己身之籙汝豈不欲得國家惡也天下亂也輒造白玉之珽又爲白羽之箭文物服飾豈似有君鳩集左道符書厭鎭漢王於汝親則弟也乃畫其形像書其姓名縛手釘心枷鏁杻械仍云請西岳華山慈父聖母神兵九億萬騎收

楊諒魂神閉在華山下勿令散蕩我之於汝親則父也復云請西岳華山慈父聖母賜爲開化楊堅夫妻迴心歡喜又畫我形像縛首撮頭仍云請西岳神兵收楊堅魂神如此形狀我今不知楊諒楊堅是汝何親也包藏凶慝圖謀不軌逆臣之迹也希父之災以爲身幸賊子之心也懷非分之望肆毒心於兄悖弟之行也嫉妬於弟無惡不爲無孔懷之情也違犯制度壞亂之極也多殺不辜豺狼之暴也剝削民庶酷虐之甚也唯求財貨市井之業也專事妖邪頑嚚之性也弗克負荷不材之器也凡此十者滅天理逆人倫汝皆爲之不祥之甚也欲免禍患長守富貴其可得乎後復聽與其子同處煬帝卽位禁錮如初宇文化及之弒逆也欲立秀爲帝羣議不許於是害之幷其諸子

庶人諒字德章一名傑開皇元年立爲漢王十二年爲雍州牧加上柱國右衛大將軍歲餘轉左衛大將軍十七年出爲幷州總管上幸溫湯而送之自山以東至于滄海南拒黃河五十二州盡隸焉特許以便宜不拘律令十八年起遼東之役以諒爲行軍元帥率衆至遼水遇疾疫不利而還十九年突厥犯塞以

諒爲行軍元帥竟不臨戎高祖甚寵愛之諒自以所居天下精兵處以太子讒廢居常怏怏陰有異圖遂諷高祖云突厥方強太原卽爲重鎮宜修武備高祖從之於是大發工役繕治器械貯納於并州招傭亡命左右私人殆將數萬王頍者梁將王僧辯之子也少倜儻有奇略爲諒咨議參軍蕭摩訶者陳氏舊將二人俱不得志每鬱鬱思亂並爲諒所親善及蜀王以罪廢諒愈不自安會高祖崩徵之不赴遂發兵反總管司馬皇甫誕切諫諒怒收繫之王頍說諒曰王所部將吏家屬盡在關西若用此等卽宜長驅深入直據京都所謂疾雷不及掩耳若但欲割據舊齊之地宜任東人諒不能專定乃兼用二策唱言曰楊素反將誅之聞喜人總管府兵曹裴文安說諒曰井陘以西是王掌握之內山東士馬亦爲我有宜悉發之分遣羸兵屯守要路仍令隨方略地率其精銳直入蒲津文安請爲前鋒王以大軍繼後風行電擊頓於霸上咸陽以東可指麾而定京師震擾兵不暇集上下相疑羣情離駭我卽陳兵號令誰敢不從旬日之間事可定矣諒大悅於是遣所署大將軍余公理出大谷以趣河陽大將軍綦

良出滏口以趣黎陽大將軍劉建出井陘以略燕趙柱國喬鍾葵出鴈門署文安爲柱國紇單貴王聃大將軍茹茹天保侯莫陳惠直指京師未至蒲津百餘里諒忽改圖令紇單貴斷河橋守蒲州而召文安文安至曰兵機詭速本欲出其不意王既不行文安又退使彼計成大事去矣諒不對以王聃爲蒲州刺史裴文安爲晉州薛粹爲絳州梁菩薩爲潞州韋道正爲韓州張伯英爲澤州煬帝遣楊素率騎五千襲王聃紇單貴於蒲州破之於是率步騎四萬趣太原諒使趙子開守高壁楊素擊走之諒大懼拒素於蒿澤屬天大雨諒欲旋師王頍諫曰楊素懸軍士馬疲弊王以銳卒親戎擊之其勢必舉今見敵而還示人以怯阻戰士之心益西軍之氣願王必勿還也諒不從退守清原素進擊之諒勒兵與官軍大戰死者萬八千人諒退保幷州楊素進兵圍之諒窮蹙降於素百寮奏諒罪當死帝曰朕終鮮兄弟情不忍言欲屈法恕諒一死於是除名爲民絕其屬籍竟以幽死子顥因而禁錮宇文化及弑逆之際遇害

史臣曰高祖之子五人莫有終其天命異哉房陵資於骨肉之親篤以君臣之

義經綸締構契闊夷險撫軍監國凡二十年雖三善未稱而視膳無闕恩寵既變讒言間之顧復之慈頓隔於人理父子之道遂滅於天性隋室將亡之效衆庶皆知之矣慎子有言曰一兔走街百人逐之積兔於市過者不顧豈其無欲哉分定故也房陵分定久矣高祖一朝易之開逆亂之源長覬覦之望又維城肇建崇其威重恃寵而驕厚自封殖進之既踰制退之不以道俊以憂卒實此之由俄屬天步方艱讒人已勝尺布斗粟莫肯相容秀窺岷蜀之阻諒起晉陽之甲成茲亂常之釁蓋亦有以動之也棠棣之詩徒賦有鼻之封無期或幽囚於囹圄或顛殞於鴆毒本根既絕枝葉畢剪十有餘年宗社淪陷自古廢嫡立庶覆族傾宗者多矣考其亂亡之禍未若有隋之酷詩曰殷鑒不遠在夏后之世後之有國有家者可不深戒哉

隋書卷四十五

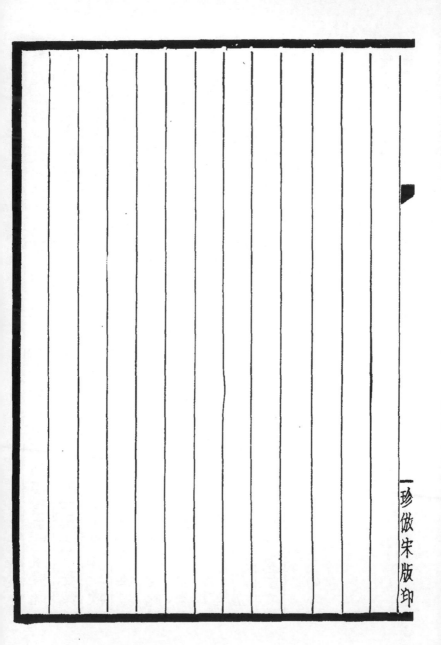

隋書卷四十五考證

房陵王勇傳孽子忿諍○按正韻諍亦音爭訟也後漢劉聖公傳衆理諍訟晉

書王沈釋時論闒茸勇敢於饕諍注叶平聲

因加媒蘖○監本蘖作蘖按史記司馬遷報任安書隨而媒孽其短師古注孽

如麴蘖之蘖

隋書卷四十五考證

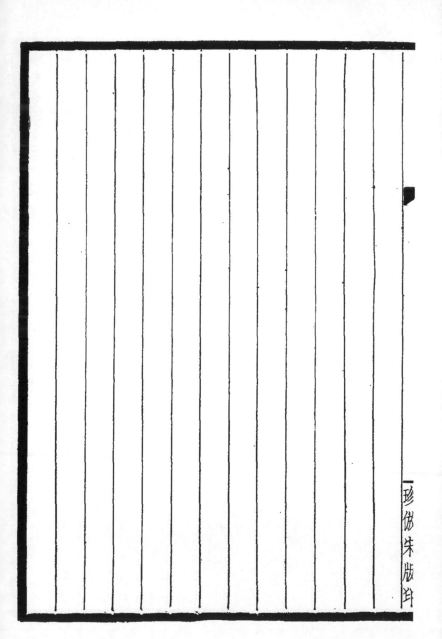

隋書卷四十六

唐　特　進　臣　魏　徵　上

列傳第十一

趙煚

趙煚字賢通天水西人也祖超宗魏河東太守父仲懿尚書左丞煚少孤養母至孝年十四有人伐其父墓中樹者煚對之號慟因執送官見魏右僕射周惠達長揖不拜自述孤苦涕泗交集惠達爲之隕涕歎息者久之及長深沉有器局略涉書史周太祖引爲相府參軍事尋從破洛陽及太祖班師煚請留撫納亡叛太祖從之煚於是帥所領與齊人前後五戰斬郡守鎮將縣令五人虜獲甚衆以功封平定縣男邑三百戶累轉中書侍郎閔帝受禪遷陝州刺史蠻酋向天王聚衆作亂以兵攻信陵秭歸煚勒所部五百人出其不意襲擊破之二郡獲全時周人於江南岸置安蜀城以禦陳屬霖雨數旬城頹者百餘步蠻酋鄭南鄉叛引陳將吳明徹欲掩安蜀議者皆勸煚益脩守禦煚曰不然吾自有

以安之乃遣使說誘江外生蠻向武陽令乘虛掩襲所居獲其南鄉父母妻子南鄉聞之其黨各散陳兵遂退明年吳明徹屢爲寇患熲勒兵禦之前後十六戰每挫其鋒獲陳裨將覃冏王足子吳朗等三人斬首百六十級以功授開府儀同三司還荊州總管長史入爲民部中大夫武帝出兵鞏洛欲收齊河南之地熲諫曰河南洛陽四面受敵縱得之不可以守請從河北直指太原傾其巢穴可一舉以定帝不納師竟無功尋從上柱國于翼率衆數萬自三鵶道以伐陳克陳十九城而還以讒毀功不見錄除益州總管長史未幾入爲天官司會累遷御正上大夫熲與宗伯斛斯徵素不協徵後出爲齊州刺史坐事下獄自知罪重遂踰獄而走帝大怒購之甚急熲上密奏曰徵自以負罪深重懼死遁逃若不北竄匈奴則南投吳越徵雖愚陋久歷清顯奔彼敵國無益聖朝今者炎旱爲災可因茲大赦帝從之徵賴而獲免熲卒不言高祖爲丞相加上開府復拜天官都司會俄遷大宗伯及踐阼熲授璽紱進位大將軍賜爵金城郡公邑二千五百戶拜相州刺史朝廷以熲曉習故事徵拜尚書右僕射視事未幾

以忤旨尋出爲陜州刺史俄轉冀州刺史甚有威德嘗有疾百姓奔馳爭爲祈禱其得民情如此冀州俗薄市井多姦詐煚爲銅斗鐵尺置之於肆百姓便之上聞而嘉焉頒告天下以爲常法嘗有人盜煚田中蒿者爲吏所執煚曰此乃刺史不能宣風化彼何罪也慰諭而遣之令人載蒿一車以賜盜者盜者愧恧過於重刑其以德化民皆此類也上幸洛陽煚來朝上勞之曰冀州大藩民用殷實卿之爲政深副朕懷開皇九年卒時年六十八子義臣嗣官至太子洗馬後同楊諒

趙芬

趙芬字士茂天水西人也父演周秦州刺史芬少有辯智頗涉經史周太祖引爲相府鎧曹參軍歷記室累遷熊州刺史撫納降附得二千戶加開府儀同三司大冢宰宇文護召爲中外府掾俄遷吏部下大夫芬性彊濟所居之職皆有聲績武帝親總萬機拜內史下大夫轉少御正芬明習故事每朝廷有所疑議衆不能決者芬輒爲評斷莫不稱善後爲司會申國公李穆之討齊也引爲行

軍長史封淮安縣男邑五百戶復出爲淅州刺史轉東京小宗伯鎮洛陽高祖爲丞相尉迥與司馬消難陰謀往來芬察知之密白高祖由是深見親委還東京左僕射進爵郡公開皇初罷東京官拜尙書左僕射與鄖國公王誼修律令俄兼內史令上甚信任之未幾以老病出拜蒲州刺史加金紫光祿大夫仍領關東運漕賜錢百萬粟五千石而遣之後數年上表乞骸骨徵還京師賜以二馬軺車几杖被褥歸于家皇太子又致巾帔後數年卒上遣使致祭鴻臚監護喪事子元恪嗣官至揚州總管司馬左遷候衞長史少子元楷與元恪皆明幹世事元楷大業中爲歷陽郡丞與廬江郡丞徐仲宗俱竭百姓之產以貢于帝仲宗遷南郡丞元楷超拜江都郡丞兼領江都宮使

楊尙希

楊尙希弘農人也祖眞魏天水太守父承賓商直淅三州刺史尙希齠齔而孤年十一辭母請受業長安涿郡盧辯見而異之令入太學專精不倦同輩皆共推伏周太祖嘗親臨釋奠尙希時年十八令講孝經詞旨可觀太祖奇之賜姓

普六茹氏擢爲國子博士累轉舍人仕明武世歷太學博士太子宮尹計部中大夫賜爵高都縣侯東京司憲中大夫宣帝時令尚希撫慰山東河北至相州而帝崩與相州總管尉迥發喪於館尚希出謂左右曰蜀公哭不哀而視不安將有他計吾不去將及於難遂夜中從捷徑而遁遲明迥方覺令數十騎自驛路追之不及遂歸京師高祖以尚希宗室之望又背迥而至待之甚厚及迥屯兵武陟遣尚希督宗室兵三千人鎮潼關尋授司會中大夫高祖受禪拜度支尚書進爵爲公歲餘出爲河南道行臺兵部尚書加銀青光祿大夫尚希時見天下州郡過多上表曰自秦幷天下罷侯置守漢魏及晉邦邑屢改竊見當今郡縣倍多於古或地無百里數縣並置或戶不滿千二郡分領具寮以衆資費日多吏卒又倍租調歲減清幹良才百分無二動須數萬如何可覓所謂民少官多十羊九牧琴有更張之義瑟無膠柱之理今存要去閑併小爲大國家則不虧粟帛選舉則易得賢才敢陳管見伏聽裁處帝覽而嘉之於是遂罷天下諸郡尋拜瀛州刺史未之官奉詔巡省淮南還除兵部尚書俄轉禮部尚書授

上儀同尙希性弘厚兼以學業自通甚有雅望爲朝廷所重上時每旦臨朝日側不倦尙希諫曰周文王以憂勤損壽武王以安樂延年願陛下舉大綱責成宰輔繁碎之務非人主所宜親也上懽然曰公愛我者尙希素有足疾上謂之曰蒲州出美酒足堪養病屈公臥治之於是出拜蒲州刺史仍領本州宗團驃騎尙希在州甚有惠政復引瀵水立隄防開稻田數千頃民賴其利開皇十年卒官時年五十七謚曰平子旻嗣後改封丹水縣公官至安定縣丞

長孫平

長孫平字處均河南洛陽人也父儉周柱國平美容儀有器幹頗覽書記仕周釋褐衞王侍讀時武帝逼於宇文護謀與衞王誅之王前後常使平往來通意於帝及護伏誅拜開府樂部大夫宣帝卽位置東宮官屬以平爲小司寇與小宗伯趙芬分掌六府高祖龍潛時與平情好款洽及爲丞相恩禮彌厚尉迥王謙司馬消難並稱兵內侮高祖深以淮南爲意時賀若弼鎭壽陽恐其懷二心遣平馳驛往代之弼果不從平麾壯士執弼送于京師開皇三年徵拜度支尙

書平見天下州縣多罹水旱百姓不給奏令民間每秋家出粟麥一石已下貧
富差等儲之閭巷以備凶年名曰義倉因上書曰臣聞國以民爲本民以食爲
命勸農重穀先王令軌古者三年耕而餘一年之積九年作而有三年之儲雖
水旱爲災而民無菜色皆由勸導有方蓄積先備者也去年亢陽關右饑餒陛
下運山東之粟置常平之官開發倉廩普加賑賜大德鴻恩可謂至矣然經國
之道義資遠算請勒諸州刺史縣令以勸農積穀爲務上深嘉納自是州里豐
衍民多賴焉後數載轉工部尚書名爲稱職時有人告大都督邴紹非毀朝廷
爲憒憒者上怒將斬之平進諫曰川澤納汙所以成其深山岳藏疾所以就其
大臣不勝至願願陛下弘山海之量茂寬裕之德鄙諺曰不癡不聾未堪作大
家翁此言雖小可以喻大邴紹之言不應聞奏陛下又復誅之臣恐百代之後
有虧聖德上於是赦紹因勅羣臣誹謗之罪勿復以聞其後突厥達頭可汗與
都藍可汗相攻各遣使請援上使平持節宣諭令其和解賜縑三百匹良馬一
匹而遣之平至突厥所爲陳利害遂各解兵可汗贈平馬二百匹及還平進所

得馬上盡以賜之未幾遇譴以尚書檢校汴州事歲餘除汴州刺史其後歷許貝二州俱有善政鄴都俗薄舊號難治前後刺史多不稱職朝廷以平所在善稱轉相州刺史甚有能名在州數年會正月十五日百姓大戲畫衣裳爲鼈甲之象上怒而免之俄而念平鎮淮南時事進位大將軍拜太常卿判吏部尚書事仁壽中卒謚曰康子師孝性輕狡好利數犯法上以其不克負荷遣使弔平國官師孝後爲渤海郡主簿屬大業之季政教陵遲師孝恣行貪濁一郡苦之後爲王世充所害

元暉

元暉字叔平河南洛陽人也祖琛魏恆朔二州刺史父翌尚書左僕射暉鬚眉如畫進止可觀頗好學涉獵書記少得美名於京下周太祖見而禮之命與諸子遊處每同席共硯情契甚厚弱冠召補相府中兵參軍尋遷武伯下大夫于時突厥屢爲寇患朝廷將結和親令暉齎綿綵十萬使于突厥暉說以利害申國厚禮可汗大悅遣其名王隨獻方物俄拜儀同三司賓部下大夫保定初大

冢宰宇文護引爲長史會齊人來結盟好以暉多才辯與千乘公崔睦俱使于
齊還振威中大夫武帝之娉突厥后也令暉致禮焉加開府轉司憲大夫及平
關東使暉安集河北封義寧子邑四百戶高祖總百揆加上開府進爵爲公開
皇初拜都官尚書兼領太僕奏請決杜陽水溉三時原既舄鹵之地數千頃民
賴其利明年轉左武候將軍太僕卿如故尋轉兵部尚書監漕渠之役未幾坐
事免頃之拜魏州刺史頗有惠政在任數年以疾去職歲餘卒于京師時年六
十上嗟悼久之勑鴻臚監護喪事諡曰元子肅嗣官至光祿少卿肅弟仁器性
明敏官至日南郡丞

韋師

韋師字公穎京兆杜陵人也父瑱周驃騎大將軍師少沉謹有至性初就學始
讀孝經捨書而歎曰名教之極其在茲乎少丁父母憂居喪盡禮州里稱其孝
行及長略涉經史尤工騎射周大冢宰宇文護引爲中外府記室轉賓曹參軍
師雅知諸蕃風俗及山川險易其有夷狄朝貢師必接對論其國俗如視諸掌

夷人驚服無敢隱情齊王憲爲雍州牧引爲主簿本官如故及武帝親總萬機轉少府大夫及平高氏詔師安撫山東徙爲賓部大夫高祖受禪拜吏部侍郎賜爵井陘侯邑五百戶數年遷河北道行臺兵部尚書詔爲山東河南十八州安撫大使奏事稱旨賜錢三百萬兼領晉王廣司馬其族人世康爲吏部尚書與師素懷勝負于時晉王爲雍州牧盛存望第以司空楊雄尚書左僕射高熲並爲州都督引師爲主簿而世康弟世約爲法曹從事世康恚恨不能食又恥世約在師之下召世約數之曰汝何故爲從事遂杖之後從上幸醴泉宮上召師與左僕射高熲上柱國韓擒等於臥內賜宴令各敘舊事以爲笑樂平陳之役以本官領元帥掾陳國府藏悉委於師秋毫無所犯稱爲清白後上爲長寧王儼納其女爲妃除汴州刺史甚有治名卒官謚曰定子德政嗣大業中仕至給事郎

楊异

楊异字文殊弘農華陰人也祖鈞魏司空父儉侍中异美風儀沉深有器局髫

齔就學日誦千言見者奇之九歲丁父憂哀毀過禮殆將滅性及免喪之後絕慶弔閉戶讀書數年之間博涉書記周閔帝時爲寧都太守甚有能名賜爵昌樂縣子後數以軍功進爲侯高祖作相行濟州事及踐阼拜宗正少卿加上開府蜀王秀之鎭益州也朝廷盛選綱紀以昇方直拜益州總管長史賜錢二十萬縑三百匹馬五十匹而遣之尋遷西南道行臺兵部尚書數載復爲宗正少卿未幾擢拜刑部尚書歲餘出除吳州總管甚有能名時晉王廣鎭揚州詔令昇每歲一與王相見評論得失規諷疑闕數載卒官時年六十二子虔遜

蘇孝慈兄子沙羅

蘇孝慈扶風人也父武周周兗州刺史孝慈少沉謹有器幹美容儀周初爲中侍上士後拜都督聘于齊以奉使稱旨遷大都督其年又聘于齊還授宣納上士後從武帝伐齊以功進位開府賜爵文安縣公邑千五百戶尋改封臨水縣公增邑千二百戶累遷工部上大夫高祖受禪進爵安平郡公拜太府卿于時王業初基百度伊始徵天下工匠纖微之巧無不畢集孝慈總其事世以爲能

俄遷大司農歲餘拜兵部尚書待遇踰密時皇太子勇頗知時政上欲重宮官之望多令大臣領其職於是拜孝慈爲太子右衞率尚書如故明年上於陝州置常平倉轉輸京下以渭水多沙流乍深乍淺漕運者苦之於是決渭水爲渠以屬河令孝慈督其役渠成上善之又領太子右庶子轉授左衞率仍判工部民部二尚書稱爲幹理數載進位大將軍轉工部尚書率如故先是以百寮供費不足臺省府寺咸置廨錢收息取給孝慈以爲官民爭利非興化之道上表請罷之請公卿以下給職田各有差上並嘉納焉開皇十八年將廢太子憚其在東宮出爲淅州刺史太子以孝慈去甚不平形於言色其見重如此仁壽初還洪州總管俱有惠政其後桂林山越相聚爲亂詔孝慈爲行軍總管擊平之其年卒官有子會昌孝慈兄子沙羅字子粹父順周眉州刺史沙羅仕周釋褐都督後從韋孝寬破尉迥以功授開府儀同三司封通秦縣公開皇初蜀王秀鎮益州沙羅以本官從拜資州刺史八年冉尨羌作亂攻汶山金川二鎮沙羅率兵擊破之授邛州刺史後數載檢校利州總管事從史萬歲擊西爨累戰有

功進位大將軍賜物千段尋檢校益州總管長史會越巂人王奉舉兵作亂沙羅從段文振討平之賜奴婢百口會蜀王秀廢吏案奏沙羅云王奉爲奴所殺秀迺詐稱左右斬之又調熟獠令出奴婢沙羅隱而不奏由是除名卒於家有子康

李雄

李雄字毗盧趙郡高邑人也祖榼魏太中大夫父徽伯齊陝州刺史陷于周雄因隨軍入長安雄少慷慨有大志家世並以學業自通雄獨習騎射其兄子旦讓之曰棄文尚武非士大夫之素業雄答曰竊覽自古誠臣貴仕文武不備而能濟其功業者鮮矣雄雖不敏頗觀前志但不守章句耳既文且武兄何病焉子旦無以應之周太祖時釋褐輔國將軍從達奚武平漢中定興州又討汾州叛胡錄前後功拜驃騎大將軍儀同三司閔帝受禪進爵爲公遷小賓部其後復從達奚武與齊人戰於芒山諸軍大敗雄所領獨全武帝時從陳王純迎后於突厥進爵奚伯拜硤州刺史數歲徵爲本府中大夫尋出爲涼州總管長史

從滕王逌破吐谷渾於青海以功加上儀同宣帝嗣位從軍總管韋孝寬略定淮南雄以輕騎數百至硤口說下十餘城拜豪州刺史高祖總百揆徵爲司會中大夫以淮南之功加位上開府及受禪拜鴻臚卿進爵高都郡公食邑二千戶後數年晉王廣出鎮并州以雄爲河北行臺兵部尚書上謂雄曰吾兒既少更事未多以卿兼文武才今推誠相委吾無北顧之憂矣雄頓首而言曰陛下不以臣之不肖寄臣以重任臣雖愚固心非木石謹當竭誠效命以答鴻恩歔欷流涕上慰諭而遣之雄當官正直侃然有不可犯之色王甚敬憚吏民稱焉歲餘卒官子公挺嗣

張煚　劉仁恩　郭均　馮世基　厙狄嶔

張煚字士鴻河閒鄚人也父羨少好學多所通涉仕魏爲蕩難將軍從武帝入關累遷銀青光祿大夫周太祖引爲從事中郎賜姓叱羅氏歷司職大夫雍州治中雍州刺史儀同三司賜爵虞鄉縣公復入爲司成中大夫典國史周代公卿類多武將唯羨以素業自通甚爲當時所重後以年老致仕于家及高祖受

禪欽其德望以書徵之曰朕初臨四海思存政術舊齒名賢實懷勸佇儀同昔
在周室德業有聞雖云致仕猶克壯年即宜入朝用副虛想及謁見敕令勿拜
扶升殿上降榻執手與之同坐宴語久之賜以几杖會遷都龍首羨上表勸以
儉約上優詔答之俄而卒時年八十四贈滄州刺史謚曰定撰老子莊子義名
曰道言五十二篇煚好學有父風在魏釋褐奉朝請遷員外侍郎周太祖引爲
外兵曹閔帝受禪加前將軍明武世歷膳部大夫冢宰司錄賜爵北平縣子邑
四百戶宣帝時加儀同進爵爲伯高祖爲丞相煚深自推結高祖以其有幹用
甚親遇之及受禪拜尚書右丞進爵爲侯俄遷太府少卿領營新都監丞丁父
憂去職柴毀骨立未期起令視事固讓不許授儀同三司襲爵虞鄉縣公增邑
通前千五百戶尋遷太府卿拜民部尚書晉王廣爲揚州總管授煚司馬加銀
青光祿大夫煚性和厚有識度甚有當時之譽後拜冀州刺史晉王廣頻表請
之復爲晉王長史檢校蔣州事及晉王爲皇太子復爲冀州刺史進位上開府
吏民悅服稱爲良二千石仁壽四年卒官時年七十四子慧寶官至絳郡丞開

皇時有劉仁恩者不知何許人也倜儻有文武幹用初爲毛州刺史治績號天下第一擢拜刑部尚書又以行軍總管從楊素伐陳與素破陳將呂仲肅於荊門仁恩之計居多授上大將軍甚有當時之譽馮翊郭均上黨馮世基並明悟有幹略相繼爲兵部尚書代人厙狄嶔性弘厚有局度官至民部尚書此四人俱顯名於當世然事行闕落史莫能詳

史臣曰二趙明習故事當世所推及居端右無聞殊績固知人之才器各有分限大小異宜不可踰量長孫平諫赦誹謗之罪可謂仁人之言高祖悅而從之其利亦已博矣元暉以明敏顯達韋師以清白成名楊尚希楊异宗室之英譽望隆重蘇孝慈李雄張煚內外所履咸稱貞幹並任開皇之初蓋當時之選也

隋書卷四十六

隋書卷四十六考證

趙芬傳復出爲淅州刺史○閣本淅譌浙按本書地理志豫部有淅陽郡注西魏置淅州大業初置淅陽郡外無浙州之名

長孫平傳遣使弔平國官○按北史無國官二字

韋師傳于時晉王爲雍州牧盛存第望以司空楊雄尚書左僕射高熲並爲州都督○監本存作有宋本作存　臣映斗按盛存第望謂晉王存注于門第望族若作盛有第望則是謂晉王盛有第望謬矣又楊譌揚按楊雄即高祖從子觀德王雄也

隋書卷四十六考證

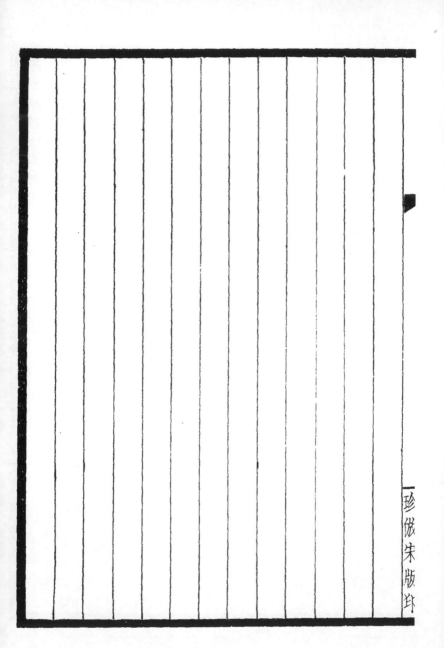

唐　特　進　臣　魏　徵　上

列傳第十二

韋世康　弟洸　藝　沖　從父弟壽

韋世康京兆杜陵人也世爲關右著姓祖旭魏南幽州刺史父夐隱居不仕魏周二代十徵不出號爲逍遙公世康幼而沉敏有器度年十歲州辟主簿在魏弱冠爲直寢封漢安縣公尙周文帝女襄樂公主授儀同三司後仕周自典祠下大夫歷沔硤二州刺史從武帝平齊授司州總管長史于時東夏初定百姓未安世康綏撫之士民胥悅歲餘入爲民部中大夫進位上開府轉司會中大夫尉迥之作亂也高祖憂之謂世康曰汾絳舊是周齊分界因此亂階恐生搖動今以委公善爲吾守因授絳州刺史以雅望鎭之闔境清肅世康性恬素好古不以得喪干懷在州嘗慨然有止足之志與弟子書曰吾生因緒餘夙霑纓弁驅馳不已四紀於茲亟登袞命頻涖方岳志除三惑心慎四知以不貪而爲

寶處膏脂而莫潤如斯之事頗爲時悉今耄雖未及壯年已謝霜早梧楸風先蒲柳眼闇更劇不見細書足疾彌增非可趨走祿豈須多防滿則退年不待暮有疾便辭況孃春秋已高溫清宜奉晨昏有闕罪在我躬今世穆世文並從戎役吾與世沖復嬰遠任陟岵瞻望此情彌切桓山之悲倍深常戀意欲上聞乞遵養禮未訪汝等故遣此及與言遠慕感咽難勝諸弟報以事恐難遂於是乃止在任數年有惠政奏課連最擢爲禮部尚書世康寡嗜欲不慕貴勢未嘗以位望矜物聞人之善若己有之亦不顯人過咎以求名譽尋進爵上庸郡公加邑至二千五百戶其年轉吏部尚書餘官如故四年丁母憂去職未朞起令視事世康固請乞終私制上不許世康之在吏部選用平允請托不行開皇七年將事江南議重方鎮拜襄州刺史坐事免未幾授安州總管尋遷爲信州總管十三年入朝復拜吏部尚書前後十餘年間多所進拔朝廷稱爲廉平嘗因休暇謂子弟曰吾聞功遂身退古人常道今年將耳順志在懸車汝輩以爲云何子福嗣答曰大人澡身浴德名立官成盈滿之誡先哲所重欲追蹤二疏伏奉

尊命後因侍宴世康再拜陳讓曰臣無尺寸之功位亞台鉉今犬馬齒載不益明時恐先朝露無以塞責願乞骸骨退避賢能上曰朕夙夜庶幾求賢若渴冀與公共治天下以致太平今之所請深乖本望縱令筋骨衰謝猶屈公臥治一隅於是出拜荊州總管時天下唯置四大總管并揚益三州並親王臨統唯荊州委於世康時論以爲美世康爲政簡靜百姓愛悅合境無訟十七年卒于州時年六十七上聞而痛惜之贈賻甚厚贈大將軍謚曰文世康性孝友初以諸弟位並隆貴獨季弟世約宦途不達共推父時田宅盡以與之世多其義長子福子官至司隸別駕次子福嗣仕至內史舍人後以罪黜楊玄感之作亂也以兵逼東都福嗣從衞玄戰於城北軍敗爲玄感所擒令作文檄辭甚不遜尋背玄感還東都帝銜之不已車裂於高陽少子福獎通事舍人在東都與玄感戰沒

洸字世穆性剛毅有器幹少便弓馬仕周釋褐主寢上士數從征代累遷開府賜爵衞國縣公邑千二百戶高祖爲丞相從季父孝寬擊尉迥於相州以功拜

柱國進封襄陽郡公邑二千戶時突厥寇邊皇太子屯咸陽令洸統兵出原州道與虜相遇擊破之尋拜江陵總管未幾以母疾徵還俄拜安州總管伐陳之役領行軍總管及陳平拜江州總管率步騎二萬略定九江陳豫章太守徐璒據郡持兩端洸遣開府呂昂長史馮世基以兵相繼而進既至城下璒僞降其夜率所部二千人襲擊昂昂與世基合擊大破之擒璒於陣高梁女子洗氏率衆迎洸遂進圖嶺南上遺洸書曰公鴻勳大業名高望重率將戎旅撫慰彼方風行電掃咸行稽服若使干戈不用兆庶獲安方副朕懷是公之力至廣州說陳渝州都督王猛下之嶺表皆定上聞而大悅許以便宜從事洸所綏集二十四州拜廣州總管歲餘番禺夷王仲宣聚衆爲亂以兵圍洸洸勒兵拒之中流矢而卒贈上柱國賜綿絹萬段謚曰敬子協嗣協字欽仁好學有雅量起家著作佐郎後轉祕書郎開皇中其父在廣州有功上令協齎詔書勞問未至而父卒上以其父身死王事拜協柱國後歷定息秦三州刺史皆有能名卒官

藝字世文少受業國子周武帝時數以軍功致位上儀同賜爵脩武縣侯邑八

百戶授左旅下大夫出爲魏郡太守及高祖爲丞相尉迥陰圖不軌朝廷微知之遣藝季父孝寬馳往代迥孝寬將至鄴因詐病止傳舍從迥求藥以察其變迥遣藝迎孝寬孝寬問迥所爲藝黨於迥不以實答孝寬怒將斬之藝懼乃言迥反狀孝寬於是將藝西遁每至亭驛輒盡驅傳馬而去復謂驛司曰蜀公將至宜速具酒食迥尋遣騎追孝寬追人至驛輒逢盛饌又無馬遂遲留不進孝寬與藝由是得免高祖以孝寬故弗問藝之罪加授上開府卽從孝寬擊迥及破尉惇平相州皆有力焉以功進位上大將軍改封武威縣公邑千戶以脩武縣侯別封一子高祖受禪進封魏興郡公歲餘拜齊州刺史爲政清簡士庶懷惠在職數年還營州總管藝容貌瓌偉每夷狄參謁必整儀衞盛服以見之獨坐滿一榻番人畏懼莫敢仰視而大治產業與北夷貿易家資鉅萬頗爲清論所譏開皇十五年卒官時年五十八諡曰懷

沖字世沖少以名家子在周釋褐衞公府禮曹參軍後從大將軍元定渡江伐陳爲陳人所虜周武帝以幣贖而還之帝復令沖以馬千匹使於陳以贖開府

賀拔華等五十人及元定之柩而還沖有辭辯奉使稱旨累遷少御伯下大夫
加上儀同于時稽胡屢爲寇亂沖自請安集之因拜汾州刺史高祖踐阼徵爲
兼散騎常侍進位開府賜爵安固縣侯歲餘發南汾州胡千餘人北築長城在
塗皆亡上呼沖問計沖曰夷狄之性易爲反覆皆由牧宰不稱之所致也臣請
以理綏靜可不勞兵而定上然之因命沖綏懷叛者月餘皆至並赴長城上下
書勞勉之尋拜石州刺史甚得諸胡歡心以母憂去職俄而起爲南寧州總管
持節撫慰復遣柱國王長述以兵繼進沖上表固讓詔曰西南夷裔屢有生梗
每相殘賊朕甚愍之已命戎徒清撫邊服以開府器幹堪濟識略英遠軍旅事
重故以相任知在艱疚日月未多金革奪情蓋有通式宜自抑割卽膺往旨沖
既至南寧渠帥爨震及西爨首領皆詣府參謁上大悅下詔褒揚之其兄子伯
仁隨沖在府掠人之妻士卒縱暴邊人失望上聞而大怒令蜀王秀治其事益
州長史元巖性方正案沖無所寬貸沖竟坐免其弟太子洗馬世約譖巖於皇
太子上謂太子曰古人有沽酒酸而不售者爲噬犬耳今何用世約乎適累汝

也世約遂除名後數載令沖檢校括州事時東陽賊帥陶子定吳州賊帥羅慧方並聚衆爲亂攻圍婺州永康烏程諸縣沖率兵擊破之改封義豐縣侯檢校泉州事尋拜營州總管沖容貌都雅寬厚得衆心懷撫靺鞨契丹皆能致其死力奚霫畏懼朝貢相續高麗嘗入寇沖率兵擊走之仁壽中高祖爲豫章王暕納沖女爲妃徵拜民部尚書未幾卒時年六十六少子挺最知名

壽字世齡父孝寬周上柱國鄖國公壽在周以貴公子早有令譽爲右侍上士遷千牛備身趙王爲雍州牧引爲主簿尋遷少御伯武帝親征高氏拜京兆尹委以後事以父軍功賜爵永安縣侯邑八百戶高祖爲丞相以其父平尉迥拜壽儀同三司進封滑國公邑五千戶俄以父喪去職高祖受禪起令視事尋還恆毛二州刺史頗有治名開皇十年以疾徵還卒于家時年四十二謚曰定仁壽中高祖爲晉王廣納其女爲妃以其子保巒嗣壽弟霽位至太常少卿安邑縣伯津位至內史侍郎判民部尚書事世康從父弟操字元節剛簡有風槩仕周致位上開府光州刺史高祖爲丞相以平尉迥功進位柱國封平桑郡公歷

青荊二州總管卒官謚曰靜

柳機 子述 機弟旦 肅 從弟雄亮 從子謇之 族弟昂 昂子調

柳機字匡時河東解人也父慶魏尚書左僕射機偉儀容有器局頗涉經史年十九周武帝時爲魯公引爲記室及帝嗣位自宣納上士累遷少納言太子宮尹封平齊縣公從帝平齊拜開府轉司宗中大夫宣帝時遷御正上大夫機見帝失德屢諫不聽恐禍及己託於鄭譯陰求出外於是拜華州刺史及高祖作相徵還京師時周代舊臣皆勸禪讓機獨義形於色無所陳請俄拜衛州刺史及踐阼進爵建安郡公邑二千四百戶徵爲納言機性寬簡有雅望然當近侍無所損益又好飲酒不親細務在職數年復出爲華州刺史奉詔每月朝見尋轉冀州刺史後徵入朝以其子述尚蘭陵公主禮遇益隆初機在周與族人文成公昂俱歷顯要及此機昂並爲外職楊素時爲納言方用事因上賜宴素戲機曰二柳俱摧孤楊獨聳坐皆歡笑機竟無言未幾還州前後作牧俱稱寬惠後數年以疾徵還京師卒於家時年五十六贈大將軍青州刺史謚曰簡子述

嗣

柳述字業隆性明敏有幹略頗涉文藝少以父蔭爲太子親衞後以尚主之故拜開府儀同三司內史侍郎上於諸壻中特所寵敬歲餘判兵部尚書事丁父艱去職未幾起攝給事黃門侍郎事襲爵建安郡公仁壽中判吏部尚書事述雖職務修理爲當時所稱然不達大體暴於馭下又怙寵驕豪無所降屈楊素時稱貴倖朝臣莫不讋憚述每陵侮之數於上前面折素短判事有不合素意素或令述改之輒謂將命者曰語僕射道尚書不肯素由是銜之俄而楊素亦被疏忌不知省務述任寄踰重拜兵部尚書參掌機密述自以無功可紀過叨匪服抗表陳讓上許之令攝兵部尚書上於仁壽宮寢疾述與楊素黃門侍郎元巖等侍疾宮中時皇太子無禮於陳貴人上知而大怒因令述召房陵王述與元巖出外作勑書楊素聞之與皇太子協謀便矯詔執述巖二人持以屬吏及煬帝嗣位述竟坐除名與公主離絕徙述于龍川郡公主請與述同徙帝不聽事見列女傳述在龍川數年復徙寧越遇瘴癘而死時年三十九

旦字匡德工騎射頗涉書籍起家周左侍上士累遷兵部下大夫頃之益州總
管王謙起逆拜爲行軍長史從梁睿討平之以功授儀同三司開皇元年加授
開府封新城縣男遷授掌設驃騎歷羅淅會三州刺史並有能名大業初拜龍
川太守民居山洞好相攻擊旦爲開設學校大變其風帝聞而善之下詔褒美
四年徵爲太常少卿攝判黃門侍郎事卒官年六十一子燮官至河內掾
肅字匡仁少聰敏閑於占對起家周齊王文學武帝見而異之召拜宣納上士
高祖作相引爲賓曹參軍開皇初授太子洗馬陳使謝泉來聘以才學見稱詔
肅宴接時論稱其華辯轉太子內舍人遷太子僕太子廢坐除名爲民大業中
帝與段達語及庶人罪惡之狀達云柳肅在宮大見疎斥帝問其故答曰學士
劉臻嘗進章仇大翼於宮中爲巫蠱事肅知而諫曰殿下帝之冢子位當儲貳
誠在不孝無患見疑劉臻書生鼓摇脣舌適足以相詿誤願殿下勿納之庶人
不懌他日謂臻曰汝何故漏洩使柳肅知之令面折我自是後言皆不用帝曰
肅横除名非其罪也召守禮部侍郎轉工部侍郎大見親任每行幸遼東常委

之於涿郡留守十一年卒時年六十二
雄亮字信誠父檜仕周華陽太守遇黄衆寶作亂攻陷華陽檜爲賊所害雄亮
時年十四哀毁過禮陰有復讐之志武帝時衆寶率其所部歸於長安帝待之
甚厚雄亮手斬衆寶于城中請罪闕下帝特原之尋治梁州總管記室遷湖城
令累遷內史中大夫賜爵汝陽縣子司馬消難作亂江北高祖令雄亮聘于陳
以結鄰好及還會高祖受禪拜尚書考功侍郎尋遷給事黄門侍郎尚書省凡
有奏事雄亮多所駁正深爲公卿所憚俄以本官檢校太子左庶子進爵爲伯
秦王俊之鎮隴右也出爲秦州總管府司馬領山南道行臺左丞卒官時年五
十一有子贊
謇之字公正父蔡年周順州刺史謇之身長七尺五寸儀容甚偉風神爽亮進
止可觀爲兒童時周齊王憲嘗遇謇之於塗異而與語大奇之因奏入國子以
明經擢第拜宗師中士尋轉守廟下士武帝嘗有事大廟謇之讀祝文音韻清
雅觀者屬目帝善之擢爲宣納上士及高祖作相引爲田曹參軍仍諮典籤事

開皇初拜通事舍人尋遷內史舍人歷兵部司勳二曹侍郎朝廷以謩之有雅望善談謔又飲酒至石不亂由是每梁陳使至輒令謩之接對後遷光祿少卿出入十餘年每參掌敷奏會吐谷渾來降朝廷以宗女光化公主妻之以謩之兼散騎常侍送公主於西域俄而突厥啓明可汗求結和親復令謩之送義成公主於突厥謩之前後奉使得二國所贈馬千餘匹雜物稱是皆散之宗族家無餘財仁壽中出爲肅州刺史尋轉息州刺史俱有惠政後二歲以母憂去職煬帝踐阼復拜光祿少卿大業初啓民可汗自以內附遂畜牧於定襄馬邑間帝使謩之諭令出塞及還奏事稱旨拜黃門侍郎時元德太子初薨朝野注望皆以齊王當立帝方重王府之選大業三年車駕還京師拜爲齊王長史帝法服臨軒備儀衞令齊王立於西朝堂之前北面遣吏部尚書牛弘內史令楊約左衞大將軍宇文述等從殿廷引謩之詣齊王所西面立牛弘宣勑謂齊王曰我昔階緣恩寵啓封晉陽出藩之初時年十二先帝立我於西朝堂乃令高熲虞慶則元旻等從內送王子相於我于時誡我曰以汝幼沖未更世事今令子

相作輔於汝事無大小皆可委之無得昵近小人疎遠子相若從我言者有益於社稷成立汝名行如不用此言唯國及身敗無日矣吾受勑之後奉以周旋不敢失墜微子相之力吾無今日矣若與謇之從事一如子相也又勑謇之曰今以卿作輔於齊善思匡救之理副朕所望若齊王德業脩備富貴自當鍾卿一門若有不善罪亦相及時齊王正擅寵左右放縱喬令則之徒深見昵狎謇之雖知其罪失不能匡正及王得罪謇之竟坐除名帝幸遼東召謇之檢校燕郡事及帝班師至燕郡坐供頓不給配戍嶺南卒於洭口時年六十子威明

昂字千里父敏有高名好禮篤學治家如官仕周歷職清顯開皇初爲太子太保昂有氣識幹局過人周武帝時爲大內史賜爵文城郡公致位開府當塗用事百寮皆出其下宣帝嗣位稍被疎遠然不離本職及高祖爲丞相深自結納高祖大悅之以爲大宗伯昂受拜之日遂得偏風不能視事高祖受禪昂疾愈加上開府拜潞州刺史昂見天下無事可以勸學行禮因上表曰臣聞帝王受命建學制禮故能移既往之風成惟新之俗自魏道將謝分割九區關右山東

久爲戰國各逞權詐俱殉干戈賦役繁重刑政嚴急蓋救焚拯溺無暇從容非朝野之願以至於此晚世因循遂成希慕俗化澆弊流宕忘反自非天然上哲挺生於時則儒雅之道經禮之制衣冠民庶莫肯用心世事所以未清軌物由茲而壞伏惟陛下稟靈上帝受命昊天合三陽之期膺千祀之運往者周室頹毀區宇沸騰聖策風行神謀電發端坐廊廟蕩滌萬方俯順幽明君臨四海擇萬古之典無善不爲改百王之弊無惡不盡至若因情緣義爲其節文故以三百三千事高前代然下土黎獻尚未盡行臣謬蒙獎策從政藩部人庶軌儀實見多闕儒風以墜禮教猶微是知百姓之心未能頓變仰惟深思遠慮情念下居漸被以儉使至於道臣恐業淹事緩動延年世若行禮勸學道教相催必當靡然向風不遠而就家知禮節人識義方比屋可封輒謂非遠上覽而善之因下詔曰建國重道莫先於學尊主庇民莫先於禮自魏氏不競周齊抗衡分四海之民鬬二邦之力遞爲強弱多歷年所務權詐而薄儒雅重干戈而輕俎豆民不見德唯爭是聞朝野以機巧爲師文吏用深刻爲法風澆俗弊化之然也

雖復建立庠序兼啓黌塾業非時貴道亦不行其間服膺儒術蓋有之矣彼衆我寡未能移俗然其維持名教奬飾彝倫微相弘益賴斯而已王者承天休咎隨化有禮則祥瑞必降無禮則妖孽興起人稟五常性靈不一有禮則陰陽合德無禮則禽獸其心治國立身非禮不可朕受命於天財成萬物去華夷之亂求風化之宜戒奢崇儉率先百辟輕徭薄賦冀以寬弘而積習生常未能懲革閭閻士庶吉凶之禮動悉乖方不依制度執憲之職似塞耳而無聞涖民之官猶蔽目而不察宣揚朝化其若是乎古人之學且耕且養今者民丁非役之日農畝時候之餘若敦以學業勸以經禮自可家慕大道人希至德豈止知禮節識廉恥父慈子孝兄恭弟順者乎始自京師爰及州郡宜祇朕意勸學行禮自是天下州縣皆置博士習禮焉昂在州甚有惠政數年卒官子調起家祕書郎尋轉侍御史左僕射楊素嘗於朝堂見調因獨言曰柳條通體弱獨搖不須風調斂板正色曰調信無取者公不當以爲侍御史調信有可取不應發此言公當具瞻之秋樞機何可輕發素甚奇之煬帝嗣位累遷尙書左司郎時王綱不

振朝士多贓貨唯調清素守常爲時所美然於幹用非其所長

史臣曰韋氏自居京兆代有人物世康昆季餘慶所鍾或入處禮闈或出總方岳朱輪接軫旟旆成陰在周暨隋勳庸並茂盛矣建安風韻閑雅望重當時述恃寵驕人終致傾敗旦屢有惠政肅每存誠讜雄亮名節自立忠正見稱謇之神情閑爽頗爲疎放文城歷仕二朝咸見推重獻書高祖遂與學校言能弘道其利博哉

隋書卷四十七

隋書卷四十七考證

柳機○注增昂子謂從本傳

隋書卷四十七考證

隋書卷四十八

唐 特 進 臣 魏 徵 上

列傳第十三

楊素 弟約 從父文思 文紀

楊素字處道弘農華陰人也祖暄魏輔國將軍諫議大夫父敷周汾州刺史沒於齊素少落拓有大志不拘小節世人多未之知唯從叔祖魏尚書僕射寬深異之每謂子孫曰處道當逸羣絕倫非常之器非汝曹所逮也後與安定牛弘同志好學研精不倦多所通涉善屬文工草隸頗留意於風角美鬚髯有英傑之表周大冢宰宇文護引爲中外記室後轉禮曹加大都督武帝親總萬機素以其父守節陷齊未蒙朝命上表申理帝不許至於再三帝大怒命左右斬之素乃大言曰臣事無道天子死其分也帝壯其言由是贈敷爲大將軍謚曰忠壯拜素爲車騎大將軍儀同三司漸見禮遇帝命素爲詔書下筆立成詞義兼美帝嘉之顧謂素曰善自勉之勿憂不富貴素應聲荅曰臣但恐富貴來逼臣

臣無心圖富貴及平齊之役素請率父麾下先驅帝從之賜以竹策曰朕方欲大相驅策故用此物賜卿從齊王憲與齊人戰於河陰以功封清河縣子邑五百戶其年授司城大夫明年復從憲拔晉州憲屯兵雞棲原齊王以大軍至憲懼而宵遁爲齊兵所躡衆多敗散素與驍將十餘人盡力苦戰憲僅而獲免其後每戰有功及齊平加上開府改封成安縣公邑千五百戶賜以粟帛奴婢雜畜從王軌破陳將吳明徹於呂梁治東楚州事封弟慎爲義安侯陳將樊毅築城於泗口素擊走之夷毅所築宣帝卽位襲父爵臨貞縣公以弟約爲安成公尋從韋孝寬徇淮南素別下盱眙鍾離及高祖爲丞相素深自結納高祖甚器之以素爲汴州刺史行至洛陽會尉迥作亂滎州刺史宇文冑據武牢以應迥素不得進高祖拜素大將軍發河內兵擊冑破之遷徐州總管進位柱國封清河郡公邑二千戶以弟岳爲臨貞公高祖受禪加上柱國開皇四年拜御史大夫其妻鄭氏性悍素忿之曰我若作天子卿定不堪爲皇后鄭氏奏之由是坐免上方圖江表先是素數進取陳之計未幾拜信州總管賜錢百萬錦千段馬

二百匹而遣之素居永安造大艦名曰五牙上起樓五層高百餘尺左右前後置六拍竿並高五十尺容戰士八百人旗幟加於上次曰黃龍置兵百人自餘平乘舴艋等各有差及大舉伐陳以素爲行軍元帥引舟師趣三硤軍至流頭灘陳將戚欣以青龍百餘艘屯兵數千人守狼尾灘以遏軍路其地險峭諸將患之素曰勝負大計在此一舉若晝日下船彼則見我灘流迅激制不由人則吾失其便乃以夜掩之素親率黃龍數千艘銜枚而下遣開府王長襲引步卒從南岸擊欣別柵令大將軍劉仁恩率甲騎趣白沙北岸遲明而至擊之欣敗走悉虜其衆勞而遣之秋毫不犯陳人大悅素率水軍東下舟艫被江旌甲曜日素坐平乘大船容貌雄偉陳人望之懼曰清河公即江神也陳南康內史呂仲肅屯岐亭正據江峽於北岸鑿岩綴鐵鎖三條橫截上流以遏戰船素與仁恩登陸俱發先攻其柵仲肅軍夜潰素徐去其鎖仲肅復據荊門之延洲素遣巴蜑卒千人乘五牙四艘以柏檣碎賊十餘艦遂大破之俘甲士二千餘人仲肅僅以身免陳主遣其信州刺史顧覺鎮安蜀城荊州刺史陳紀鎮公安皆懼

而退走巴陵以東無敢守者湘州刺史岳陽王陳叔慎遣使請降素下至漢口與秦孝王會及還拜荊州總管進爵郢國公邑三千戶真食長壽縣千戶以其子玄感爲儀同玄獎爲清河郡公賜物萬段粟萬石加以金寶又賜陳主妹及女妓十四人素言於上曰里名勝母曾子不入逆人王誼前封於郢臣不願與之同於是改封越國公尋拜納言歲餘轉內史令俄而江南人李稜等聚衆爲亂大者數萬小者數千共相影響殺害長吏以素爲行軍總管帥衆討之賊朱莫問自稱南徐州刺史以盛兵據京口素率舟師入自揚子津進擊破之晉陵顧世興自稱太守與其都督鮑遷等復來拒戰素逆擊破之執遷虜三千餘人進擊無錫賊帥葉略又平之吳郡沈玄懀沈傑等以兵圍蘇州刺史皇甫績頻戰不利素率衆援之玄懀勢迫走投南沙賊帥陸孟孫素擊孟孫於松江大破之生擒孟孫玄懀黟歙賊帥沈雪沈能據柵自固又攻拔之浙江賊帥高智慧自號東揚州刺史船艦千艘屯據要害兵甚勁素擊之自旦至申苦戰而破智慧逃入海素躡之從餘姚泛海趣永嘉智慧來拒戰素擊走之擒獲數千人賊

帥汪文進自稱天子據東陽署其徒蔡道人爲司空守樂安進討悉平之又破永嘉賊帥沈孝徹於是步道向天台指臨海郡逐捕遺逸寇前後百餘戰智慧遁守閩越上以素久勞於外詔令馳傳入朝加子玄感官爲上開府賜綵物三千段素以餘賊未殄恐爲後患又自請行乃下詔曰朕憂勞百姓日旰忘食一物失所情深納隍江外狂狡妄構妖逆雖經殄除民未安堵猶有賊首凶魁逃亡山洞恐其聚結重擾蒼生內史令上柱國越國公素識達古今經謀長遠比曾推轂舊著威名宜任以大兵總爲元帥宣布朝風振揚威武擒剪叛亡慰勞黎庶軍民事務一以委之素復乘傳至會稽先是泉州人王國慶南安豪族也殺刺史劉弘據州爲亂諸亡賊皆歸之自以海路艱阻非北人所習不設備伍素泛海掩至國慶遑遽棄州而走餘黨散入海島或守溪洞素分遣諸將水陸追捕乃密令人謂國慶曰爾之罪狀計不容誅唯有斬送智慧可以塞責國慶於是執送智慧斬於泉州自餘支黨悉來降附江南大定上遣左領軍將軍獨孤陀至浚儀迎勞比到京師問者日至拜素子玄獎爲儀同賜黃金四十斤加

銀瓶實以金錢縑三千段馬二百匹羊二千口公田百頃宅一區代蘇威爲尚
書右僕射與高熲專掌朝政素性疎而辯高下在心朝臣之內頗推高熲敬牛
弘厚接薛道衡視蘇威蔑如也自餘朝貴多被陵轢其才藝風調優於高熲至
於推誠體國處物平當有宰相識度不如熲遠矣尋令素監營仁壽宮素遂夷
山堙谷督役嚴急作者多死宮側時聞鬼哭之聲及宮成上令高熲前視奏稱
頗傷綺麗大損人丁高祖不悅素憂懼計無所出卽於北門啓獨孤皇后曰帝
王法有離宮別館今天下太平造此一宮何足損費后以此理諭上上意乃解
於是賜錢百萬緡絹三千段十八年突厥達頭可汗犯塞以素爲靈州道行軍
總管出塞討之賜物二千段黃金百斤先是諸將與虜戰每慮胡騎奔突皆以
戎車步騎相參舉鹿角爲方陣騎在其內素謂人曰此乃自固之道非取勝之
方也於是悉除舊法令諸軍爲騎陣達頭聞之大喜曰此天賜我也因下馬仰
天而拜率精騎十餘萬而至素奮擊大破之達頭被重創而遁殺傷不可勝計
羣虜號哭而去優詔褒揚賜縑二萬匹及萬釘寶帶加子玄感位大將軍玄奬

玄縱積善並上儀同素多權略乘機赴敵應變無方然大抵馭戎嚴整有犯軍令者立斬之無所寬貸每將臨寇輒求人過失而斬之多者百餘人少不下十數流血盈前言笑自若及其對陣先令一二百人赴敵陷陣則已如不能陷陣而還者無問多少悉斬之又令三二百人復進還如向法將士股慄有必死之心由是戰無不勝稱爲名將素時貴倖言無不從其從素征伐者微功必錄至於他將雖有大功多爲文吏所譴却故素雖嚴忍士亦以此願從焉二十年晉王廣爲靈朔道行軍元帥素爲長史王卑躬以交素及爲太子素之謀也仁壽初代高熲爲尚書左僕射賜良馬百匹牝馬二百匹奴婢百口其年以素爲行軍元帥出雲州擊突厥連破之突厥退走率騎追躡至夜而及之將復戰恐賊越逸令其騎稍後於是親將兩騎并降突厥二人與虜並行不之覺也候其頓舍未定趣後騎掩擊大破之自是突厥遠遁磧南無復虜庭以功進子玄感位爲柱國玄縱爲淮南郡公賞物二萬段及獻皇后崩山陵制度多出於素上善之下詔曰君爲元首臣則股肱共治萬姓義同一體上柱國尚書左僕射仁壽

宮大監越國公素志度恢弘機鑒明遠懷佐時之略包經國之才王業初基霸圖肇建策名委質受脤出師擒翦凶魁克平虢鄭頻承廟算揚旍江表每稟戎律長驅塞陰南指而吳越肅清北臨而獯獫摧服自居端揆參贊機衡當朝正色直言無隱論文則詞藻縱橫語武則權奇間出既文且武唯朕所命任使之處夙夜無怠獻皇后奄離六宮遠日云及塋兆安厝委素經營然葬事依禮唯卜泉石至如吉凶不由於此素義存奉上情深體國欲使幽明俱泰寶祚無窮以爲陰陽之書聖人所作禍福之理特須審慎乃徧歷川原親自占擇纖介不善即更尋求志圖元吉孜孜不已心力備盡人靈協贊遂得神皐福壤營建山陵論素此心事極誠孝豈與夫平戎定寇比其功業非唯廊廟之器實是社稷之臣若不加褒賞何以申茲勸勵可別封一子義康郡公邑萬戶子子孫孫承襲不絕餘如故幷賜田三十頃絹萬段米萬石金鉢一實以金銀鉢一實以珠幷綾錦五百段時素貴寵日隆其弟約從父文思弟文紀及族父异並尚書列卿諸子無汗馬之勞位至柱國刺史家僮數千後庭妓妾曳綺羅者以千數第

宅華侈制擬宮禁有鮑亨者善屬文殷胄者工草隸並江南士人因高智慧沒爲家奴親戚故吏布列清顯素之貴盛近古未聞煬帝初爲太子忌蜀王秀與素謀之構成其罪後竟廢黜朝臣有違忤者雖至誠體國如賀若弼史萬歲李綱柳彧等素皆陰中之若有附會及親戚雖無才用必加進擢朝廷靡然莫不畏附唯兵部尙書柳述以帝壻之重數於上前面折素大理卿梁毗抗表上言素作威作福上漸疏忌之後因出勑曰僕射國之宰輔不可躬親細務但三五日一度向省評論大事外示優崇實奪之權也終仁壽之末不復通判省事上賜王公以下射素箭爲第一上手以外國所獻金精盤價直鉅萬以賜之四年從幸仁壽宮宴賜重疊及上不豫素與兵部尙書柳述黃門侍郎元巖等入閤侍疾時皇太子入居大寶殿慮上有不諱須預防擬乃手自爲書封出開素素錄出事狀以報太子宮人誤送上所上覽而大恚所寵陳貴人又言太子無禮上遂發怒欲召庶人勇太子謀之於素素矯詔追東宮兵士帖上臺宿衞門禁出入並取宇文述郭衍節度又令張衡侍疾上以此日崩由是頗有異論漢王

諒反遣茹茹天保來據蒲州燒斷河橋又遣王聃子率數萬人幷力拒守素將
輕騎五千襲之濳於渭口宵濟遲明擊之天保敗走聃子懼而以城降有詔徵
還初素將行也計日破賊皆如所量帝於是以素爲幷州道行軍總管河北安
撫大使率衆數萬討諒時晉絳呂三州並爲諒城守素各以二千石縻之而去
諒遣趙子開擁衆十餘萬策絕徑路屯據高壁布陳五十里素令諸將以兵臨
之自引奇兵濳入霍山緣崖谷而進直指其營一戰破之殺傷數萬諒所署介
州刺史梁脩羅屯介休聞素至懼棄城而走進至清原去幷州三十里諒率其
將王世宗趙子開蕭摩訶等衆且十萬來拒戰又擊破之擒蕭摩訶諒退保幷
州素進兵圍之諒窮蹙而降餘黨悉平帝遣素弟脩武公約齎手詔勞素曰我
有隋之御天下也于今二十有四年雖復外夷侵叛而內難不作脩文偃武四
海晏然朕以不天銜恤在疚號天叩地無所逮及朕本以藩王謬膺儲兩復以
庸虛纂承洪業天下者先皇之天下也所以戰戰兢兢弗敢失墜況復神器之
重生民之大哉賊諒包藏禍心自幼而長羊質獸心假託名譽不奉國諱先圖

叛逆違君父之命成莫大之罪詿惑良善委任奸回稱兵內侮毒流百姓私假署置擅相謀戮小加大少凌長民怨神怒衆叛親離爲惡不同同歸于亂朕寡兄弟猶未忍及言是故開關門而待寇戢干戈而不發朕聞之天生蒸民爲之置君仰惟先旨每以子民爲念朕豈得枕伏苫廬顛而不救也大義滅親春秋高義周旦以誅二叔漢啓乃戮七藩義在茲乎事不獲已是以授公戎律問罪太原且逆子賊臣何代不有豈意今者近出家國所歎荼毒甫爾便及此事由朕不能和兄弟不能安蒼生德澤未弘兵戈先動賊亂者止一人塗炭者乃衆庶非唯寅畏天威亦乃孤負付囑薄德厚恥愧乎天下公乃先朝功臣勳庸克茂至如皇基草創百物惟始便匹馬歸朝誠識兼至汴部鄭州風卷秋籜荊南塞北若火燎原早建殊勳夙著誠節及獻替朝端具瞻惟允爰弼朕躬以濟時難昔周勃霍光何以加也賊乃竊據蒲州關梁斷絕公以少擊衆指期平殄高壁據嶮抗拒官軍公以深謀出其不意霧廓雲除冰消瓦解長驅北邁直趨巢窟晉陽之南蟻徒數萬諒不量力欲猶舉斧公以棱威外討發憤於內忘身殉

義親當矢石兵刃蹔交魚潰鳥散僵屍蔽野積甲若山諒遂守窮城以拒鈇鉞公董率驍勇四面攻圍使其欲戰不敢求走無路智力俱盡面縛軍門斬將搴旗伐叛柔服元惡既除東夏清晏嘉庸茂績於是乎在昔武安平趙淮陰定齊豈若公遠而不勞速而克捷者也朕殷憂諒闇不得親御六軍未能問道於上庠遂使劬勞於行陣言念于此無忘寢食公乃建累世之元勳執一心之確志古人有言曰疾風知勁草世亂有誠臣公得之矣方乃銘之常鼎豈止書勳竹帛哉功績克諧哽歎無已稍冷公如宜軍旅務殷殊當勞慮故遣公弟指宣往懷迷塞不次素上表陳謝曰臣自惟虛薄志不及遠州郡之職敢憚劬勞卿相之榮無階覬望然時逢昌運王業惟始雖涓流赴海誠心屢竭輕塵集岳功力蓋微徒以南陽里閭豐沛子弟高位重爵榮顯一時遂復入處朝端出總戎律受文武之任預帷幄之謀豈臣才能實由恩澤欲報之德義極昊天伏惟陛下照重離之明養繼天之德收臣於疎遠照臣以光暉南服降枉道之書春官奉肅成之旨然草木無識尚榮枯候時況臣有心實自効無路晝夜迴徨寢食慙

惕常懼朝露奄至虛負聖慈賊諒包藏禍心有自來矣因幸國哀便肆凶逆與兵晉代搖蕩山東陛下拔臣於凡流授臣以戎律蒙心膂之寄稟平亂之規蕭王赤心人皆以死漢皇大度天下爭歸妖寇廓清豈臣之力曲蒙使臣弟約齎詔書問勞高旨峻筆有若天臨洪恩大澤便同海運悲欣慙懼五情振越雖百殞微軀無以一報其月還京師因從駕幸洛陽以素領營東京大監以平諒之功拜其子萬石仁行姪玄挺皆儀同三司賚物五萬段綺羅千匹諒之妓妾二十人大業元年還尙書令賜東京甲第一區物二千段尋拜太子太師餘官如故前後賞錫不可勝計明年拜司徒改封楚公眞食二千五百戶其年卒官諡曰景武贈光祿大夫太尉公弘農河東絳郡臨汾文城河內汲郡長平上黨西河東郡太守給轀車班劍四十人前後部羽葆鼓吹粟麥五千石物五千段鴻臚監護喪事帝又下詔曰夫銘功彝器紀德豐碑所以垂名迹於不朽樹風聲於沒世故楚景武公素茂績元勳劬勞王室竭盡誠節叶贊朕躬故以道邁三傑功參十亂未臻遐壽遽戢清徽春秋遞代方緜歲祀式播彫篆用圖勳德可

立碑宰隧以彰盛美素嘗以五言詩七百字贈番州刺史薛道衡詞氣宏拔風韻秀上亦爲一時盛作未幾而卒道衡歎曰人之將死其言也善豈若是乎有集十卷素雖有建立之策及平楊諒功然特爲帝所猜忌外示殊禮內情甚薄太史言隋分野有大喪因改封於楚楚與隋同分欲以此厭當之素寢疾之日帝每令名醫診候賜以上藥然密問醫人恆恐不死素又自知名位已極不肯服藥亦不將慎每語弟約曰我豈須臾活耶素貪冒財貨營求產業東西二京居宅侈麗朝毀夕復營繕無已爰及諸方都會處邸店水磑并利田宅以千百數時議以此鄙之子玄感嗣別有傳諸子皆坐玄感誅死

約字惠伯素異母弟也在童兒時嘗登樹墮地爲查所傷由是竟爲宦者性好沉靜內多譎詐好學強記素友愛之凡有所爲必先籌於約而後行之在周末以素軍功賜爵安成縣公拜上儀同三司高祖受禪授長秋卿久之爲邵州刺史入爲宗正少卿轉大理少卿時皇太子無寵而晉王廣規欲奪宗以素幸於上而雅信約於是用張衡計遣宇文述大以金寶賂遺於約因通王意說之曰

夫守正履道固人臣之常致反經合義亦達者之令圖自古賢人君子莫不與時消息以避禍患公之兄弟功名蓋世當塗用事有年歲矣朝臣爲足下家所屈辱者可勝數哉又儲宮以所欲不行每切齒於執政公雖自結於人主而欲危公者固亦多矣主上一旦棄羣臣公亦何以取庇今皇太子失愛於皇后主上素有廢黜之心此公所知也今若請立晉王在賢兄之口耳誠能因此時建大功王必鎮銘於骨髓斯則去累卵之危成太山之安也約然之因以白素素本凶險聞之大喜乃撫掌而對曰吾之智思殊不及此賴汝起予約知其計行復謂素曰今皇后之言上無不用宜因機會早自結託則匪唯長保榮祿傳祚子孫又晉王傾身禮士聲名日盛躬履節儉有主上之風以約料之必能安天下兄若遲疑一旦有變令太子用事恐禍至無日矣素遂行其策太子果廢及晉王入東宮引約爲左庶子改封修武縣公進位大將軍及素被高祖所疎出約爲伊州刺史入朝仁壽宮遇高祖崩遺約入朝易留守者縊殺庶人勇然後陳兵集衆發高祖凶問煬帝聞之曰令兄之弟果堪大任即位數日拜內史令

約有學術兼達時務帝甚任之後數載加位右光祿大夫後帝在東都令約詣京師享廟行至華陰見其兄墓遂枉道拜哭爲憲司所劾坐是免官未幾拜淅陽太守其兄子玄感時爲禮部尚書與約恩義甚篤既愴分離形於顏色帝謂之曰公比憂瘁得非爲叔邪玄感再拜流涕曰誠如聖旨帝亦思約廢立功由是徵入朝未幾卒以素子玄挺後之

文思字温才素從叔也父寬魏左僕射周小冢宰文思在周年十一拜車騎大將軍儀同三司散騎常侍尋以父功封新豐縣子邑五百戶天和初治武都太守十姓獠反文思討平之復治翼州事党項羌叛文思率州兵討平之進擊資中武康隆山生獠及東山獠並破之後從陳王攻齊河陰城又從武帝攻拔晉州以勳進授上儀同三司改封永寧縣公增邑至千戶壽陽劉叔仁作亂從清河公宇文神舉討之戰於塼井在陣生擒叔仁又別從王誼破賊於鯉魚柵其後累以軍功遷果毅右旅下大夫高祖爲丞相從韋孝寬拒尉迥於武陟迥遣其將李儁圍懷州與行軍總管宇文述擊走之破尉惇平鄴城皆有功進授上

大將軍改封洛川縣公尋拜隆州刺史開皇元年進爵正平郡公加邑二千戶後爲魏州刺史甚有惠政及去職吏民思之爲立碑頌德轉冀州刺史煬帝嗣位徵爲民部尚書轉納言改授右光祿大夫從幸江都宮以足疾不堪趨奏復授民部尚書加位左光祿大夫卒官時年七十謚曰定初文思當襲父爵自以非嫡遂讓封於弟文紀當世多之

文紀字溫範少剛正有器局在周襲爵華山郡公邑二千七百戶自右侍上士累遷車騎大將軍儀同三司安州總管長史將兵迎陳降將李瑗於齊安與陳將周法尙軍遇擊走之以功進授開府入爲虞部下大夫高祖爲丞相改封汾陰縣公從梁睿討王謙以功進授上大將軍前後增邑三千戶拜資州刺史入爲宗正少卿坐事除名後數載復其爵位拜熊州刺史改封上明郡公除宗正卿兼給事黃門侍郎判禮部尚書事仁壽二年遷荊州總管歲餘卒官時年五十八謚曰恭

史臣曰楊素少而輕俠俶儻不羈兼文武之資包英奇之略志懷遠大以功名

自許高祖龍飛將淸六合許以腹心之寄每當推轂之重掃妖氛於牛斗江海無波摧驍騎於龍庭匈奴遠遁考其夷凶靜亂功臣莫居其右覽其奇策高文足爲一時之傑然專以智詐自立不由仁義之道阿諛時主高下其心營搆離宮陷君於奢侈謀廢冢嫡致國於傾危終使宗廟丘墟市朝霜露究其禍敗之源寔乃素之由也幸而得死子爲亂階墳土未乾闔門葅戮丘隴發掘宗族誅夷則知積惡餘殃信非徒語多行無禮必自及其斯之謂歟約外示温柔內懷狡筭爲虵畫足終傾國本俾無遺育宜哉

隋書卷四十八

隋書卷四十八考證

楊素傳左右前後置六拍竿○北史拍竿作檣竿

素遣巴蜑卒千人乘五牙四艘以柏檣碎賊十餘艦○北史柏檣作檣竿

文思傳文思字温才○北史作文恩字温仁

隋書卷四十八考證

隋書卷四十九

唐　特　進　臣　魏　徵　上

列傳第十四

牛弘

牛弘字里仁安定鶉觚人也本姓尞氏祖熾郡中正父允魏侍中工部尚書臨涇公賜姓爲牛氏弘初在襁褓有相者見之謂其父曰此兒當貴善愛養之及長鬚貌甚偉性寬裕好學博聞在周起家中外府記室內史上士俄轉納言上士專掌文翰甚有美稱加威烈將軍員外散騎侍郎修起居注其後襲封臨涇公宣政元年轉內史下大夫進位使持節大將軍儀同三司開皇初遷授散騎常侍秘書監弘以典籍遺逸上表請開獻書之路曰經籍所與由來尚矣爻畫肇於庖羲文字生於蒼頡聖人所以弘宣教導博通古今揚於王庭肆於時夏故堯稱至聖猶考古道而言舜其大智尚觀古人之象周官外史掌三皇五帝之書及四方之志武王問黃帝顓頊之道太公曰在丹書是知握符御曆有國

有家者曷嘗不以詩書而爲教因禮樂而成功也昔周德既衰舊經紊棄孔子以大聖之才開素王之業憲章祖述制禮刊詩正五始而修春秋闡十翼而弘易道治國立身作範垂法及秦皇馭寓吞滅諸侯任用威力事不師古始下焚書之令行偶語之刑先王墳籍掃地皆盡本既先亡從而顛覆臣以圖讖言之經典盛衰信有徵數此則書之一厄也漢興改秦之弊敦尚儒術建藏書之筴置校書之官屋壁山巖往往間出外有太常太史之藏內有延閣秘書之府至孝成之世亡逸尚多遣謁者陳農求遺書於天下詔劉向父子讐校篇籍漢之典文於斯爲盛及王莽之末長安兵起宮室圖書並從焚燼此則書之二厄也光武嗣興尤重經誥未及下車先求文雅於是鴻生鉅儒繼踵而集懷經負帙不遠斯至肅宗親臨講肄和帝數幸書林其蘭臺石室鴻都東觀秘牒填委更倍於前及孝獻移都吏民擾亂圖書縑帛皆取爲帷囊所收而西裁七十餘乘屬西京大亂一時燔蕩此則書之三厄也魏文代漢更集經典皆藏在秘書內外三閣遣秘書郎鄭默刪定舊文時之論者美其朱紫有別晉氏承之文籍尤

廣晉秘書監荀勗定魏內經更著新簿雖古文舊簡猶云有缺新章後錄鳩集已多足得恢弘正道訓範當世屬劉石憑陵京華覆滅朝章闕典從而失墜此則書之四厄也永嘉之後寇竊競興因河據洛跨秦帶趙論其建國立家雖傳名號憲章禮樂寂滅無聞劉裕平姚收其圖籍五經子史纔四千卷皆赤軸青紙文字古拙僭僞之盛莫過三秦以此而論足可明矣故知衣冠軌物圖畫記注播遷之餘皆歸江左晉宋之際學藝爲多齊梁之間經史彌盛宋秘書丞王儉依劉氏七略撰爲七志梁人阮孝緒亦爲七錄總其書數三萬餘卷及侯景渡江破滅梁室秘省經籍雖從兵火其文德殿內書史宛然猶存蕭繹據有江陵遣將破平侯景收文德之書及公私典籍重本七萬餘卷悉送荊州故江表圖書因斯盡萃於繹矣及周師入郢繹悉焚之於外城所收十纔一二此則書之五厄也後魏爰自幽方遷宅伊洛日不暇給經籍闕如周氏創基關右戎車未息保定之始書止八千後加收集方盈萬卷高氏據有山東初亦採訪驗其本目殘缺猶多及東夏初平獲其經史四部重雜三萬餘卷所益舊書五千而

已今御書單本合一萬五千餘卷部帙之間仍有殘缺比梁之舊目止有其半至於陰陽河洛之篇醫方圖譜之說彌復爲少臣以經書自仲尼已後迄于當今年踰千載數遭五厄興集之期屬膺聖世伏惟陛下受天明命君臨區宇功無與二德冠往初自華夏分離彝倫攸斁其間雖霸王遞起而世難未夷欲崇儒業時或未可今土宇邁於三王民黎盛於兩漢有人有時正在今日方當大弘文教納俗升平而天下圖書尙有遺逸非所以仰協聖情流訓無窮者也臣史籍是司寢興懷懼昔陸賈奏漢祖云天下不可馬上治之故知經邦立政在於典謨矣爲國之本莫此攸先今秘藏見書亦足披覽但一時載籍須令大備不可王府所無私家乃有然士民殷雜求訪難知縱有知者多懷悋惜必須勒之以天威引之以微利若猥發明詔兼開購賞則異典必臻觀閣所積重道之風超於前世不亦善乎伏願天鑒少垂照察上納之於是下詔獻書一卷賚縑一匹一二年間篇籍稍備進爵奇章郡公邑千五百戶三年拜禮部尙書奉勅修撰五禮勒成百卷行于當世弘請依古制修立明堂上議曰竊謂明堂者所

以通神靈感天地出教化崇有德孝經曰宗祀文王於明堂以配上帝祭義云祀于明堂教諸侯孝也黃帝曰合宮堯曰五府舜曰總章布政興治由來尚矣周官考工記云夏后氏世室堂修二七廣四修一鄭玄注云修四十步其廣益以四分修之一則堂廣十七步半也殷人重屋堂修七尋四阿重屋鄭云其修七尋廣九尋也周人明堂度九尺之筵南面七筵五室凡室二筵鄭云此三者或舉宗廟或舉王寢或舉明堂互言之明其同制也馬融王肅干寶所注與鄭亦異今不具出漢司徒馬宮議云夏后氏世室室顯於堂故命以室殷人重屋屋顯於堂故命以屋周人明堂堂大於夏室故命以堂夏后氏益其堂之廣百四十四尺周人明堂以爲兩序閒大夏后氏七十二尺若據鄭玄之說則夏室大於周堂如依馬宮之言則周堂大於夏室後王轉文周大爲是但宮之所言未詳其義此皆去聖久遠禮文殘缺先儒解說家異人殊鄭注玉藻亦云宗廟路寢與明堂同制王制曰寢不踰廟明大小是同今依鄭玄注每室及堂止有一丈八尺四壁之外四尺有餘若以宗廟論之祫享之時周人旅酬六尸并后

禝為七先公昭穆二尸先王昭穆二尸合十一尸三十六王及君北面行事於二丈之堂愚不及此若以正寢論之便須朝宴據燕禮諸侯宴則賓及卿大夫脫屨升坐是知天子宴則三公九卿並須升堂燕義又云席小卿次上卿言皆侍席止於二筵之間豈得行禮者以明堂論之總享之時五帝各於其室設青帝之位須於太室之內少北西面太昊從食坐於其西近南北面祖宗配享者又於青帝之南稍退西面丈八之室神位有三加以簠簋籩豆牛羊之俎四海九州美物咸設復須席工升歌出罇反坫揖讓升降亦以隘矣據茲而說近是不然案劉向別錄及馬宮蔡邕等所見當時有古文明堂禮王居明堂禮明堂圖明堂大圖明堂陰陽太山通義魏文侯孝經傳等並說古明堂之事其書皆亡莫得而正今明堂月令者鄭玄云是呂不韋著春秋十二紀之首章禮家鈔合為記蔡邕王肅云周公所作周書內有月令第五十三即此也各有證明文多不載束晳以為夏時之書劉瓛云不韋鳩集儒者尋于聖王月令之事而記之不韋安能獨為此記今案不得全稱周書亦未可即為秦典其內雜有虞夏

殷周之法皆聖王仁恕之政也蔡邕具爲章句又論之曰明堂者所以宗祀其祖以配上帝也夏后氏曰世室殷人曰重屋周人曰明堂東曰青陽南曰明堂西曰總章北曰玄堂內曰太室聖人南面而聽向明而治人君之位莫不正焉故雖有五名而主以明堂也制度之數各有所依堂方一百四十四尺巛之策也屋圓楣徑二百一十六尺乾之策也太廟明堂方六丈通天屋徑九丈陰陽九六之變且圓蓋方覆九六之道也八闥以象卦九室以象州十二宮以應日辰三十六戶七十二牖以四戶八牖乘九宮之數也戶皆外設而不閉示天下以不藏也通天屋高八十一尺黃鍾九九之實也二十八柱布四方四方七宿之象也堂高三尺以應三統四向五色各象其行水闊二十四丈象二十四氣於外以象四海王者之大禮也觀其模範天地則象陰陽必據古文義不虛出今若直取考工不參月令青陽總章之號不得而稱九月享帝之禮不得而用漢代二京所建與此說悉同建安之後海內大亂京邑焚燒憲章泯絕魏氏三方未平無聞興造晉則侍中裴頠議曰尊祖配天其義明著而廟宇之制理據

未分宜可直爲一殿以崇嚴父之祀其餘雜碎一皆除之宋齊已還咸率茲禮
此乃世之通儒時無思術前王盛事於是不行後魏代都所造出自李沖三三
相重合爲九室簷不覆基房間通街穿鑿處多迄無可取及遷宅洛陽更加營
構五九紛競遂至不成宗配之事於焉靡託今皇猷遐闡化覃海外方建大禮
垂之無窮弘等不以庸虛謬當議限今檢明堂必須五室者何尙書帝命驗曰
帝者承天立五府赤曰文祖黃曰神升白曰顯紀黑曰玄矩蒼曰靈府鄭玄注
曰五府與周之明堂同矣且三代相沿多有損益至於五室確然不變夫室以
祭天天實有五若立九室四無所用布政視朔自依其辰鄭司農云十二月分
在青陽等左右之位不云居室鄭玄亦言每月於其時之堂而聽政焉禮圖畫
个皆在堂偏是以須爲五室明堂必須上圓下方者何孝經援神契曰明堂者
上圓下方八窗四達布政之宮禮記盛德篇曰明堂四戶八牖上圓下方五經
異義稱講學大夫淳于登亦云上圓下方鄭玄同之是以須爲圓方明堂必須
重屋者何案考工記夏言九階四旁兩夾窗門堂三之二室三之一殷周不言

者明一同夏制殷言四阿重屋周承其後不言屋制亦盡同可知也其殷人重屋之下本無五室之文鄭注云五室者亦據夏以知之明周不云重屋因殷則有灼然可見禮記明堂位曰太廟天子明堂言魯爲周公之故得用天子禮樂魯之太廟與周之明堂同又曰複廟重檐刮楹達嚮天子之廟飾鄭注複廟重屋也據廟既重屋明堂亦不疑矣春秋文公十三年太室屋壞五行志曰前堂曰太廟中央曰太室屋其上重者也服虔亦云太室太廟太室之上屋也周書作洛篇曰乃立太廟宗宮路寢明堂咸有四阿反坫重亢重廊孔晁注曰重亢累棟重廊累屋也依黃圖所載漢之宗廟皆爲重屋此去古猶近遺法尚在是以須爲重屋明堂必須爲辟雍者何禮記盛德篇云明堂者明諸侯尊卑也外水曰辟雍明堂陰陽錄曰明堂之制周圜行水左旋以象天內有太室以象紫宮此明堂有水之明文也然馬宮王肅以爲明堂辟雍太學同處蔡邕盧植亦以爲明堂靈臺辟雍太學同實異名邕云明堂者取其宗祀之清貌則謂之清廟取其正室則曰太室取其堂則曰明堂取其四門之學則曰太學取其周水

圜如璧則曰璧廱其室一也其言別者五經通義曰靈臺以望氣明堂以布政辟廱以養老教學三者不同袁準鄭玄亦以爲別歷代所疑豈能輒定今據郊祀志云欲治明堂未曉其制濟南人公玉帶上黃帝時明堂圖一殿無壁蓋之以茅水圜宮垣天子從之以此而言其來則久漢中元二年起明堂辟廱靈臺於洛陽並別處然明堂亦有璧水李尤明堂銘云流水洋洋是也以此須有辟廱夫帝王作事必師古昔今造明堂須以禮經爲本形制依於周法度數取於月令遺闕之處參以餘書庶使該詳沿革之理其五室九階上圓下方四阿重屋四旁兩門依考工記孝經說堂方一百四十四尺屋圓楣徑二百一十六尺太室方六丈通天屋徑九丈八闥二十八柱堂高三尺四向五色依周書月令論殿垣方在內水周如外水內徑三百步依太山盛德記覲禮經仰觀俯察皆有則象足以盡誠上帝祗配祖宗弘風布教作範於後矣弘等學不稽古輒申所見可否之宜伏聽裁擇上以時事草創未遑制作竟寢不行六年除太常卿九年詔改定雅樂又作樂府歌詞撰定圓丘五帝凱樂幷議樂事弘上議云謹

案禮五聲六律十二管還相爲宮周禮奏黃鍾歌大呂奏太簇歌應鍾皆是旋相爲宮之義蔡邕明堂月令章句曰孟春月則太簇爲宮姑洗爲商蕤賓爲角南呂爲徵應鍾爲羽大呂爲變宮夷則爲變徵他月倣此故先王之作律呂也所以辯天地四方陰陽之聲揚子雲曰聲生於律律生於辰故律呂配五行通八風歷十二辰行十二月循環轉運義無停止譬如立春木王火相立夏火王土相季夏餘分土王金相立秋金王水相立冬水王木相還相爲宮者謂當其王月名之爲宮今若十一月不以黃鍾爲宮十二月不以太簇爲宮便是春木不王夏土不相豈不陰陽失度天地不通哉劉歆鍾律書云春宮秋律百卉必彫秋宮春律萬物必榮夏宮冬律雨雹必降冬宮夏律雷必發聲以斯而論誠爲不易且律十二今直爲黃鍾一均唯用七律以外五律竟復何施恐失聖人制作本意故須依禮作還相爲宮之法上曰不須作旋相爲宮且作黃鍾一均也弘又論六十律不可行謹案續漢書律曆志元帝遣韋玄成問京房於樂府房對受學故小黃令焦延壽六十律相生之法以上生下皆三生二以下生上

皆三生四陽下生陰陰上生陽終於中呂而十二律畢矣中呂上生執始執始下生去滅上下相生終於南事六十律畢矣十二律之變至於六十猶八卦之變至於六十四也冬至之聲以黃鍾爲宮太簇爲商姑洗爲角林鍾爲徵南呂爲羽應鍾爲變宮蕤賓爲變徵此聲氣之元五音之正也故各統一日其餘以次運行當日者各自爲宮而商徵以類從焉房又曰竹聲不可以度調故作準以定數準之狀如瑟長一丈而十三絃隱間九尺以應黃鍾之律九寸中央一絃下畫分寸以爲六十律清濁之節執始之類皆房自造房云受法於焦延壽未知延壽所承也至元和年待詔候鍾殷彤上言官無曉六十律以準調音者故待詔嚴嵩具以準法教其子宣願召宣補學官主調樂器大史丞弘試宣十二律其二中其四不中其六不知何律宣遂罷自此律家莫能爲準施絃嘉平年東觀召典律者太子舍人張光問準意光等不知歸閱舊藏乃得其器形制如房書猶不能定其絃緩急故史官能辨清濁者遂絕其可以相傳者唯大權常數及候氣而已據此而論京房之法漢世已不能行沈約宋志曰詳案古典

及今音家六十律無施於樂禮云十二管還相爲宮不言六十封禪書云大帝
使素女鼓五十絃瑟而悲破爲二十五絃假令六十律爲樂得成亦所不用取
大樂必易大禮必簡之意也又議曰案周官云大司樂掌成均之法鄭衆注云
均調也樂師主調其音三禮義宗稱周官奏黃鍾者用黃鍾爲調歌大呂者用
大呂爲調奏者謂堂下四懸歌者謂堂上所歌但一祭之間皆用二調是知據
宮稱調其義一也明六律六呂迭相爲宮各自爲調今見行之樂用黃鍾之宮
乃以林鍾爲調與古典有違晉內書監荀勗依典記以五聲十二律還相爲宮
之法制十二笛黃鍾之笛正聲應黃鍾下徵應林鍾以姑洗爲清角大呂之笛
正聲應大呂下徵應夷則以外諸均例皆如是然今所用林鍾是勗下徵之調
不取其正先用其上於理未通故須改之上甚善其議詔弘與姚察許善心何
妥虞世基等正定新樂事在音律志是後議置明堂詔弘條上故事議其得失
事在禮志上甚敬重之時楊素恃才矜貴輕侮朝臣唯見弘未嘗不改容自肅
素將擊突厥詣太常與弘言別弘送素至中門而止素謂弘曰大將出征故來

敘別何相送之近也弘遂揖而退素笑曰奇章公可謂其智可及其愚不可及也亦不以屑懷尋授大將軍拜吏部尚書時高祖又令弘與楊素蘇威薛道衡許善心虞世基崔子發等幷詔諸儒論新禮降殺輕重弘所立議衆咸推服之仁壽二年獻皇后崩王公已下不能定其儀注楊素謂弘曰公舊學時賢所仰今日之事決在於公弘了不辭讓斯須之閒儀注悉備皆有故實素歎曰衣冠禮樂盡在此矣非吾所及也弘以三年之喪祥禫具有降殺期服十一月而練者無所象法以聞於高祖高祖納焉下詔除朞練之禮自弘始也弘在吏部其選舉先德行而後文才務在審慎雖致停緩所有進用並多稱職吏部侍郎高孝基鑒賞機晤清慎絕倫然爽俊有餘迹似輕薄時宰多以此疑之唯弘深識其真推心委任隋之選舉於斯爲最時論彌服弘識度之遠煬帝之在東宮也數有詩書遺弘弘亦有答及嗣位之後嘗賜弘詩曰晉家山吏部魏世盧尚書莫言先哲異奇才並佐余學行敦時俗道素乃沖虛納言雲閣上禮儀皇運初彝倫欣有敘垂拱事端居其同被賜詩者至於文詞贊揚無如弘美大業二年

進位上大將軍三年改爲右光祿大夫從拜恆岳壇場珪幣墠時牲牢並弘所定還下太行煬帝嘗引入內帳對皇后賜以同席飲食其禮遇親重如此弘謂其諸子曰吾受非常之遇荷恩深重汝等子孫宜以誠敬自立以答恩遇之隆也六年從幸江都其年十一月卒於江都郡時年六十六帝傷惜之賵贈甚厚歸葬安定贈開府儀同三司光祿大夫文安侯謚曰憲弘榮寵當世而車服卑儉事上盡禮待下以仁訥於言而敏於行上嘗令其宣勑弘至階下不能言退還拜謝云並忘之上曰傳語小辯故非宰臣任也愈稱其質直大業之世委遇彌隆性寬厚篤志於學雖職務繁雜書不釋手隋室舊臣始終信任悔吝不及唯弘一人而已有弟曰弼好酒而酗嘗因醉射殺弘駕車牛弘來還宅其妻迎謂之曰叔射殺牛矣弘聞之亦無所怪問直答云作脯坐定其妻又曰叔忽射殺牛大是異事弘曰已知之矣顏色自若讀書不輟其寬和如此有文集十三卷行於世長子方大亦有學業官至內史舍人次子方裕性凶險無人心從幸江都與裴虔通等同謀弒逆事見司馬德戡傳

史臣曰牛弘篤好墳籍學優而仕有淡雅之風懷曠遠之度採百王之損益成一代之典章漢之叔孫不能尚也綢繆省闥三十餘年夷險不渝始終無際雖開物成務非其所長然澂之不清混之不濁可謂大雅君子矣子實不才崇基不構干紀犯義以墜家風惜哉

隋書卷四十九

隋書卷四十九考證

牛弘傳本姓尞氏○北史尞作遼

據燕禮諸侯宴則賓及卿大夫脫屨升坐○監本屨作屐儀禮燕禮賓反入及卿大夫皆說屨升就席禮記鄉飲酒義降說屨升坐今改屨

五九紛競遂至不成○監本九譌鬼　臣映斗按魏書禮志初世宗永平延昌中欲建明堂而議者或云五室或云九室頻屬年飢遂寢至是復議之詔從五室及元議執政遂改營九室值世亂不成宗廟之禮迄無所設是五九紛競也

從拜恆嶽壇場珪幣墠時牲牢並弘所定還下太行帝嘗引入內帳對皇后賜以同席飲食○舊本太行作太常　臣映斗按作太行則文勢屬下作太常則文勢連上存參

隋書卷四十九考證

唐　特　進　臣　魏　徵　上

列傳第十五

宇文慶

宇文慶字神慶河南洛陽人也祖金殿魏征南大將軍仕歷五州刺史安吉侯父顯和夏州刺史慶沉深有器局少以聰敏見知周初受業東觀頗涉經史既而謂人曰書足記姓名而已安能久事筆硯爲腐儒之業于時文州民夷相聚爲亂慶應募從征賊據保巖谷徑路懸絕慶束馬而進襲破之以功授都督衞王直之鎮山南也引爲左右慶善射有膽氣好格猛獸直甚壯之稍遷車騎大將軍儀同三司柱國府掾及誅宇文護慶有謀焉進授驃騎大將軍加開府後從武帝攻河陰先登攀堞與賊短兵接戰良久中石迺墜絕而後蘇帝勞之曰卿之餘勇可以賈人也復從武帝拔晉州其後齊師大至慶與宇文憲輕騎而覘卒與賊相遇爲賊所窘憲挺身而遁慶退據汾橋衆賊爭進慶引弓射之所

中人馬必倒賊乃稍却及破高緯拔高壁克幷州下信都禽高湝功並居最周武帝詔曰慶勳庸早著英望華遠出內之績簡在朕心戎車自西俱總行陣東夏蕩定實有茂功高位縟禮宜崇榮冊於是進位大將軍封汝南郡公邑千六百戶尋以行軍總管擊延安反胡平之拜延州總管俄轉寧州總管高祖爲丞相復以行軍總管南征江表師次白帝徵還以勞進位上大將軍高祖與慶有舊甚見親待令督丞相軍事委以心腹尋加柱國開皇初拜左武衛將軍進位上柱國數年出除涼州總管歲餘徵還不任以職初上潛龍時嘗從容與慶言及天下事上謂慶曰天元實無積德視其相貌壽亦不長加以法令繁苛耽恣聲色以吾觀之殆將不久又復諸侯微弱各令就國曾無深根固本之計羽翮既剪何能及遠哉尉迥貴戚早著聲望國家有釁必爲亂階然智量庸淺子弟輕佻貪而少惠終致亡滅司馬消難反覆之虜亦非池內之物變成俄頃但輕薄無謀未能爲害不過自竄江南耳庸蜀險隘易生艱阻王謙愚惷素無籌略但恐爲人所誤不足爲虞未幾上言皆驗及此慶恐上遺忘不復收用欲見舊

蒙恩顧具錄前言爲表而奏之曰臣聞智侔造化二儀無以隱其靈明同日月萬象不能藏其狀先天弗違實聖人之體道未萌見兆諒達節之神機伏惟陛下特挺生知徇齊誕御懷五岳其猶輕吞八荒而不梗蘊妙見於胷襟運奇謨於掌握臣以微賤早逢天睠不以庸下親蒙推赤所奉成規纖毫弗舛尋惟聖慮妙出蓍龜驗一人之慶有徵實天子之言無戲臣親聞親見實榮實喜上省表大悅下詔曰朕之與公本來親密懷抱委曲無所不盡話言歲久尚能記憶今覽表奏方悟昔談何謂此言遂成實錄古人之先知禍福明可信也朕言之驗自是偶然公乃不忘彌表誠節深感至意嘉尚無已自是上每加優禮卒于家子靜禮初爲太子千牛備身尋尚高祖女廣平公主授儀同安德縣公邑千五百戶後爲熊州刺史先慶卒子協歷武賁郎將右翊衞將軍宇文化及之亂遇害協弟晶字婆羅門大業之世少養宮中後爲千牛左右煬帝甚親昵之每有遊宴晶必侍從至於出入臥內伺察六宮往來不限門禁其恩倖如此時人號曰宇文三郎晶與宮人淫亂至於妃嬪公主亦有醜聲蕭后言於帝晶聞而

懼數日不敢見其兄協因奏曰皛今已壯不可在宮掖帝曰皛安在協曰在朝堂帝不之罪因召入待之如初宇文化及弒逆之際皛時在玄覽門覺變將入奏爲門司所遏不得時進會日暝宮門閉退還所守俄而難作皛與五十人赴之爲亂兵所害

李禮成

李禮成字孝諧隴西狄道人也涼王暠之六世孫祖延實魏司徒父彧侍中禮成年七歲與姑之子蘭陵太守滎陽鄭顥隨魏武帝入關顥母每謂所親曰此兒平生未嘗迴顧當爲重器耳及長沉深有行檢不妄通賓客魏大統中釋褐著作郎遷太子洗馬員外散騎常侍周受禪拜平東將軍散騎常侍于時貴公子皆競習弓馬被服多爲軍容禮成雖善騎射而從容儒服不失素望後以軍功拜車騎大將軍儀同三司賜爵脩陽縣侯拜遷州刺史時朝廷有所徵發禮成度以蠻夷不可擾擾必爲亂上表固諫周武帝從之伐齊之役從帝圍晉陽禮成以兵擊南門齊將席毗羅率精甲數千拒帝禮成力戰擊退之加開府進

封冠軍縣公拜北徐州刺史未幾徵爲民部中大夫禮成妻竇氏早沒知高祖
有非常之表遂聘高祖妹爲繼室情契甚歡及高祖爲丞相進位上大將軍遷
司武上大夫委以心膂及受禪拜陝州刺史進封絳郡公賞賜優洽尋徵爲左
衞將軍遷右武衞大將軍歲餘出拜襄州總管稱有惠政後數載復爲左衞大
將軍時突厥屢爲寇患緣邊要害多委重臣由是拜寧州刺史歲餘以疾徵還
京師終於家其子世師官至度支侍郎

元孝矩 弟褒

元孝矩河南洛陽人也祖脩義父子均並爲魏尚書僕射孝矩西魏時襲爵始
平縣公拜南豐州刺史時見周太祖專政將危元氏孝矩每慨然有興復社稷
之志陰謂昆季曰昔漢氏有諸呂之變朱虛東牟卒安劉氏今宇文之心路人
所見顚而不扶焉用宗子盍將圖之爲兄則所遏孝矩乃止其後周太子爲兄
子晉公護娶孝矩妹爲妻情好甚密及閔帝受禪護總百揆孝矩之寵益隆及
護誅坐徙蜀數載徵還京師拜益州總管司馬轉司憲大夫高祖重其門地娶

其女爲房陵王妃及高祖爲丞相拜少冢宰進位柱國賜爵洵陽郡公時房陵王鎭洛陽及上受禪立爲皇太子令孝矩代鎭既而立其女爲皇太子妃親禮彌厚俄拜壽州總管賜孝矩璽書曰楊越氛祲侵軼邊鄙爭桑興役不識大猷以公志存遠略今故鎭邊服懷柔以禮稱朕意焉時陳將任蠻奴等屢寇江北復以孝矩領行軍總管屯兵於江上後數載自以年老筋力漸衰不堪軍旅上表乞骸骨轉涇州刺史高祖下書曰知執謙撝請歸初服恭膺寶命實賴元功方欲委裘寄以分陝何容便請高蹈獨爲君子者乎若以邊境務煩即宜徙節涇郡養德臥治也在州歲餘卒官年五十九謚曰簡子無竭嗣孝矩兄子文都見誠節傳孝矩次弟雅字孝方有文武幹用開皇中歷左領左右將軍集沁二州刺史封順陽郡公季弟褒最知名

褒字孝整便弓馬少有成人之量年十歲而孤爲諸兄所鞠養性友悌善事諸兄諸兄議欲別居褒泣諫不得家素富多金寶褒無所受脫身而出爲州里所稱及長寬仁大度涉獵書史仕周官至開府北平縣公趙州刺史及高祖爲丞

相從韋孝寬擊尉迥以功超拜柱國進封河間郡公邑二千戶開皇二年拜安州總管歲餘徙原州總管有商人爲賊所劫其人疑同宿者而執之褒察其色寃而辭正遂捨之商人詣闕訟褒受金縱賊上遣使窮治之使者簿責褒曰何故利金而捨盜也褒便即引咎初無異詞使者與褒俱詣京師遂坐免官其盜尋發於他所上謂褒曰公朝廷舊人位望隆重受金捨盜非善事何至自誣也對曰臣受委一州不能息盜賊臣之罪一也州民爲人所謗不付法司懸即放免臣之罪二也牽率愚誠無顧形迹不恃文書約束至令爲物所疑臣之罪三也臣有三罪何所逃責臣又不言受賂使者復將有所窮究然則縲紲橫及良善重臣之罪是以自誣上歎異之稱爲長者十四年以行軍總管屯兵備邊遼東之役復以行軍總管從漢王至柳城而還仁壽初嘉州夷獠爲寇褒率步騎二萬擊平之煬帝即位拜齊州刺史尋改爲齊郡太守吏民安之及與遼東之役郡官督事者前後相屬有西曹掾當行詐疾褒詰之掾理屈褒杖之掾遂大言曰我將詣行在所欲有所告褒大怒因杖百餘數日而死坐是免官卒於家

時年七十三

郭榮

郭榮字長榮自云太原人也父徽魏大統末爲同州司馬時武元皇帝爲刺史由是與高祖有舊徽後官至洵州刺史安城縣公及高祖受禪拜太僕卿數年卒官榮容貌魁岸外疎內密與其交者多愛之周大冢宰宇文護引爲親信護察榮謹厚擢爲中外府水曹參軍時齊寇屢侵護令榮於汾州觀賊形執時汾州與姚襄鎮相去懸遠榮以爲二城孤迥勢不相救請於州鎮之間更築一城以相控攝護從之俄而齊將段孝先攻陷姚襄汾州二城唯榮所立者獨能自守護作浮橋出兵度河與孝先戰孝先於上流縱大筏以擊浮橋護令榮督便水者引取其筏以功授大都督護又以稽胡數爲寇亂使榮綏集之榮於上郡延安築周昌弘信廣安招遠咸寧等五城以遏其要路稽胡由是不能爲寇武帝親總萬機拜宣納中士後從帝平齊以戰功賜馬二十匹縑絹六百段封平陽縣男遷司水大夫榮少與高祖親狎情契極歡嘗與高祖夜坐月下因從容

謂榮曰吾仰觀玄象俯察人事周歷已盡我其代之榮深自結納宣帝崩高祖總百揆召榮撫其背而笑曰吾言驗未即拜相府樂曹參軍俄以本官復領蕃部大夫高祖受禪引爲內史舍人以龍潛之舊進爵蒲城郡公加位上儀同累遷通州刺史仁壽初西南夷獠多叛詔榮領八州諸軍事行軍總管率兵討之歲餘悉平賜奴婢三百餘口煬帝即位入爲武候驃騎將軍以嚴正聞後數歲黔安首領田羅駒阻清江作亂夷陵諸郡民夷多應者詔榮擊平之遷左候衞將軍從帝西征吐谷渾拜銀青光祿大夫遼東之役以功進位左光祿大夫明年帝復事遼東榮以爲中國疲敝萬乘不宜屢動乃言於帝曰戎狄失禮臣下之事臣聞千鈞之弩不爲鼷鼠發機豈有親辱大駕以臨小寇帝不納復從軍攻遼東城榮親蒙矢石晝夜不釋甲冑百餘日帝每令人窺諸將所爲知榮如是帝大悅每勞勉之九年帝至東都謂榮曰公年德漸高不宜久涉行陣當與公一郡任所選也榮不願違離頓首陳讓辭情哀苦有感帝心於是拜爲右候衞大將軍後數日帝謂百寮曰誠心純至如郭榮者固無比矣其見信如此楊

玄感之亂帝令馳守太原明年復從帝至柳城遇疾帝令存問動靜中使相望卒於懷遠鎮時年六十八帝爲之廢朝贈兵部尚書諡曰恭贈物千段有子福善

龐晃

龐晃字元顯楡林人也父虬周驃騎大將軍晃少以良家子刺史杜達召補州都督周太祖既有關中署晃大都督領親信兵常置左右晃因徙居關中後遷驃騎將軍襲爵比陽侯衞王直出鎭襄州晃以本官從尋與長湖公元定擊江南孤軍深入遂沒於陣數年衞王直遣晃弟車騎將軍元儁齎絹八百匹贖焉乃得歸朝拜上儀同賜綵二百段復事衞王時高祖出爲隨州刺史路經襄陽衞王令晃詣高祖晃知高祖非常人深自結納及高祖去官歸京師晃迎見高祖於襄邑高祖甚歡晃因白高祖曰公相貌非常名在圖籙九五之日幸願不忘高祖笑曰何妄言也頃之有一雄雉鳴於庭高祖命晃射之曰中則有賞然富貴之日持以爲驗晃既射而中高祖撫掌大笑曰此是天意公能感之而中

也因以二婢賜之情契甚密武帝時晃爲常山太守高祖爲定州總管屢相往來俄而高祖轉亳州總管將行意甚不悅晃因白高祖曰燕代精兵之處今若動衆天下不足圖也高祖握晃手曰時未可也晃亦轉爲車騎將軍及高祖爲揚州總管奏晃同行既而高祖爲丞相進晃位開府命督左右甚見親待及踐阼謂晃曰射雉之符今日驗不晃再拜曰陛下應天順民君臨寓內猶憶曩日之言不勝慶躍上笑曰公之此言何得忘也尋加上開府拜右衞將軍進爵爲公邑千五百戶河間王弘之擊突厥也晃以行軍總管從至馬邑迂路出賀蘭山擊賊破之斬首千餘級晃性剛悍時廣平王雄當塗用事勢傾朝廷晃每陵侮之嘗於軍中臥見雄不起雄甚銜之復與高熲有隙二人屢譖晃由是宿衞十餘年官不得進出爲懷州刺史數歲遷原州總管仁壽中卒官年七十二高祖爲之廢朝贈物三百段米三百石諡曰敬子長壽頗知名官至驃騎將軍

李安

李安字玄德隴西狄道人也父蔚仕周爲朔燕恆三州刺史襄武縣公安美姿

儀善騎射周天和中釋褐右侍上士襲爵襄武公俄授儀同少師右上士高祖作相引之左右遷職方中大夫復拜安弟惁爲儀同安叔父梁州刺史璋時在京師與周趙王謀害高祖誘惁爲內應惁謂安曰寢之則不忠言之則不義失忠與義何以立身安曰丞相父也其可背乎遂陰白之及趙王等伏誅將加官賞安頓首而言曰兄弟無汗馬之勞過蒙獎擢合門竭節無以酬謝不意叔父無狀爲兇黨之所蠱惑覆宗絕嗣其甘若薺蒙全首領爲幸實多豈可將叔父之命以求官賞於是俯伏流涕悲不自勝高祖爲之改容曰我爲汝特存璋子乃命有司罪止璋身高祖亦爲安隱其事而不言尋授安開府進封趙郡公惁上儀同黃臺縣男高祖即位授安內史侍郎轉尚書左丞黃門侍郎平陳之役以爲楊素司馬仍領行軍總管率蜀兵順流東下時陳人屯白沙安謂諸將曰水戰非北人所長今陳人依險泊艦必輕我而無備以夜襲之賊可破也諸將以爲然安率衆先鋒大破陳師高祖嘉之詔書勞曰陳賊之意自言水戰爲長險隘之間彌謂官軍所憚開府親將所部夜動舟師摧破賊徒生擒虜衆益官

軍之氣破賊人之膽副朕所委聞以欣然進位上大將軍除郢州刺史數日轉鄧州刺史安請爲內職高祖重違其意除左領左右將軍俄遷右領軍大將軍復拜悊開府儀同三司備身將軍兄弟俱典禁衛恩信甚重八年突厥犯塞以安爲行軍總管從楊素擊之安別出長川會虜度河與戰破之仁壽元年出安爲寧州刺史悊爲衞州刺史安子瓊悊子瑋始自襁褓乳養宮中至是年八九歲始命歸家其見親顧如是高祖嘗言及作相時事因愍安兄弟滅親奉國乃下詔曰先王立教以義斷恩割親愛之情盡事君之道用能弘獎大節體此至公往者周曆既窮天命將及朕登庸惟始王業初基承此澆季實繁姦宄上大將軍寧州刺史趙郡公李安其叔璋潛結藩枝扇惑猶子包藏不逞禍機將發安與弟開府儀同三司衞州刺史黃臺縣男悊深知逆順披露丹心凶謀既彰罪人斯得朕每念誠節嘉之無已懋庸冊賞宜不踰時但以事涉其親猶有疑惑欲使安等名教之方自處有地朕常爲思審遂致淹年今更詳按聖典求諸往事父子天性誠孝猶不並立況復叔姪恩輕情禮本有差降忘私奉國深得

正理宜錄舊勳重弘賞命於是拜安悊俱爲柱國賜縑各五千疋馬百疋羊千
口復以悊爲備身將軍進封順陽郡公安謂親族曰雖家門獲全而叔父遭禍
今奉此詔悲愧交懷因歔欷悲感不能自勝先患水病於是疾甚而卒時年五
十三諡曰懷子瓊嗣少子孝恭最有名悊後坐事除名配防嶺南道病卒
史臣曰宇文慶等龍潛惟舊疇昔親姻或素盡平生之言或早有腹心之託霑
雲雨之餘潤照日月之末光騁步天衢與時升降高位厚秩貽厥後昆優矣鼂
幼養宮中未聞教義煬帝愛之不以禮其能不及於此乎安悊之於高祖未有
君臣之分陷其骨肉使就誅夷大義滅親所聞異於此矣雖有悲悼何損於釁

隋書卷五十

隋書卷五十考證

李禮成傳官至度支侍郎○監本侍郎作郎中閣本作侍郎　臣映斗按隋志度支尚書統度支戶部侍郎各二人通典云隋氏諱忠不置郎中惟置侍郎爲尚書郎耳

元孝矩弟褒以功超拜柱國○監本超譌復　臣映斗按上文褒官至開府北平縣公趙州刺史未嘗爲柱國宜爲超拜非復拜也從閣本改

隋書卷五十考證

隋書卷五十一

唐　特　進　臣　魏　徵　上

列傳第十六

長孫覽 從子熾　熾弟晟

長孫覽字休因河南雒陽人也祖稚魏太師假黃鉞上黨文宣王父紹遠周小宗伯上黨郡公覽性弘雅有器量略涉書記尤曉鍾律魏大統中起家東宮親信周明帝時爲大都督武帝在藩與覽親善及卽位彌加禮焉超拜車騎大將軍每公卿上奏必令省讀覽有口辯聲氣雄壯凡所宣傳百僚屬目帝每嘉歎之覽初名善帝謂之曰朕以萬機委卿先覽遂賜名焉及誅宇文護以功進封薛國公其後歷小司空從平齊進位柱國封第二子寬管國公宣帝時進位上柱國大司徒俄歷同涇二州刺史高祖爲丞相轉宜州刺史開皇二年將有事於江南徵爲東南道行軍元帥統八總管出壽陽水陸俱進師臨江陳人大駭會陳宣帝卒覽欲以乘釁遂滅之監軍高熲以禮不伐喪而還上常命覽與安

德王雄上柱國元楷李充左僕射高熲右衞大將軍虞慶則吳州總管賀若弼等同宴上曰朕昔在周朝備展誠節但苦猜忌每致寒心爲臣若此竟何情賴朕之於公義則君臣恩猶父子朕當與公共享終吉罪非謀逆一無所問朕亦知公至誠特付太子宜數參見之庶得漸相親愛柱臣素望實屬於公宜識朕意其恩禮如此又爲蜀王秀納覽女爲妃其後以母憂去職歲餘起令復位俄轉涇州刺史所在並有政績卒官子洪嗣仕歷宋順臨三州刺史司農少卿北平太守

熾字仲光上黨文宣王稚之曾孫也祖裕魏太常卿冀州刺史父兕周開府儀同三司熊絳二州刺史平原侯熾性敏慧美姿儀頗涉羣書兼長武藝建德初武帝尚道法尤好玄言求學兼經史善於談論者爲通道館學士熾應其選與英俊並遊通涉彌博建德二年授雍州倉城令尋轉盩厔令頻宰二邑考績連最還嶠郡守入爲御正上士高祖作相擢爲丞相府功曹參軍加大都督封陽平縣子邑二百戶還稍伯下大夫其年王謙反熾從信州總管王長述泝江而

上以熾爲前軍破謙一鎮定楚合等五州擒僞總管荆山公元振以功拜儀同三司及高祖受禪熾率官屬先入清宮卽日授內史舍人上儀同三司尋以本官攝判東宮右庶子出入兩宮甚被委遇加以處事周密高祖每稱美之授左領軍長史持節使於東南道三十六州廢置州郡巡省風俗還授太子僕加諫議大夫攝長安令與大興令梁毗俱爲稱職然毗以嚴正聞熾以寬平顯爲政不同部內各化尋領右常平監遷雍州贊治改封饒良縣子遷鴻臚少卿後數歲轉太常少卿進位開府儀同三司復持節爲河南道二十八州巡省大使於路授吏部侍郎大業元年遷大理卿復爲西南道大使巡省風俗擢拜戸部尚書吐谷渾寇張掖令熾率精騎五千擊走之追至青海而還以功授銀青光祿大夫六年幸江都宮留熾於東都居守仍攝左候衞將軍事其年卒官時年六十二諡曰靜子安世通事謁者

晟字季晟性通敏略涉書記善彈工射趫捷過人時周室尚武貴遊子弟咸以相矜每共馳射時輩皆出其下年十八爲司衞上士初未知名人弗之識也唯

高祖一見深嗟異焉乃攜其手而謂人曰長孫郎武藝逸羣適與其言又多奇略後之名將非此子耶宣帝時突厥攝圖請婚于周以趙王招女妻之然周與攝圖各相誇競妙選驍勇以充使者因遣晟副汝南公宇文神慶送千金公主至其牙前後使人數十輩攝圖多不禮見晟而獨愛焉每共遊獵留之竟歲嘗有二鵰飛而爭肉因以兩箭與晟曰請射取之晟乃彎弓馳往遇鵰相攫遂一發而雙貫焉攝圖喜命諸子弟貴人皆相親友冀昵近之以學彈射其弟處羅侯號突利設尤得衆心而爲攝圖所忌密託心腹陰與晟盟晟與之遊獵因察山川形勢部衆強弱皆盡知之時高祖作相晟以狀白高祖高祖大喜遷奉車都尉至開皇元年攝圖曰我周家親也今隋公自立而不能制復何面目見可賀敦乎因與高寶寧攻陷臨渝鎮約諸面部落謀共南侵高祖新立由是大懼修築長城發兵屯北境命陰壽鎮幽州虞慶則鎮幷州屯兵數萬人以爲之備晟先知攝圖玷厥阿波突利等叔姪兄弟各統強兵俱號可汗分居四面內懷猜忌外示和同難以力征易可離間因上書曰臣聞喪亂之極必致升平是故

上天啓其機聖人成其務伏惟皇帝陛下當百王之末膺千載之期諸夏雖安戎場尙梗興師致討未是其時棄於度外又復侵擾故宜密運籌策漸以攘之計失則百姓不寧計得則萬代之福吉凶所係伏願詳思臣於周末忝充外使匈奴倚伏實所具知玷厥之於攝圖兵強而位下外名相屬內隙已彰鼓動其情必將自戰又處羅侯者攝圖之弟姦多而勢弱曲取於衆心國人愛之因爲攝圖所忌其心殊不自安迹示彌縫實懷疑懼又阿波首鼠介在其間頗畏攝圖受其牽率唯強是與未有定心今宜遠交而近攻離強而合弱通使玷厥說合阿波則攝圖迴兵自防右地又引處羅遣連奚霫則攝圖分衆還備左方首尾猜嫌腹心離阻十數年後承釁討之必可一舉而空其國矣上省表大悅因召與語晟復口陳形勢手畫山川寫其虛實皆如指掌上深嗟異皆納用焉因遣太僕元暉出伊吾道後詣玷厥賜以狼頭纛謬爲欽敬禮數甚優玷厥使來引居攝圖使上反間既行果相猜貳授晟車騎將軍出黃龍道齎幣賜奚霫契丹等遣爲鄉導得至處羅侯所深布心腹誘令內附二年攝圖四十萬騎自蘭

州入至于周盤破達奚長儒軍更欲南入玷厥不從引兵而去時晟又說染干詐告攝圖曰鐵勒等反欲襲其牙攝圖乃懼迴兵出塞後數年突厥大入發八道元帥分出拒之阿波至涼州與竇榮定戰賊帥累北時晟爲偏將使謂之曰攝圖每來戰皆大勝阿波纔入便即致敗此乃突厥之恥豈不內愧於心乎且攝圖之與阿波兵勢本敵今攝圖日勝爲衆所崇阿波不利爲國生辱攝圖必當因以罪歸於阿波成其夙計滅北牙矣願自量度能禦之乎阿波使至晟又謂之曰今達頭與隋連和而攝圖不能制可汗何不依附天子連結達頭相合爲強此萬全之計豈若喪兵負罪歸就攝圖受其戮辱耶阿波納之因留塞上使人隨晟入朝時攝圖與衛王軍遇戰於白道敗走至磧聞阿波懷貳乃掩北牙盡獲其衆而殺其母阿波還無所歸西奔玷厥乞師十餘萬東擊攝圖復得故地收散卒數萬與攝圖相攻阿波頻勝其勢益張攝圖又遣使朝貢公主自請改姓乞爲帝女上許之四年遣晟副虞慶則使于攝圖賜公主姓爲楊氏改封大義公主攝圖奉詔不肯起拜晟進曰突厥與隋俱是大國天子可汗不起

安敢違意但可賀敦爲帝女則可汗是大隋女壻奈何無禮不敬婦公乎攝圖
乃笑謂其達官曰須拜婦公我從之耳於是乃拜詔書使還稱旨授儀同三司
左勳衛車騎將軍七年攝圖死遣晟持節拜其弟處羅侯爲莫何可汗以其子
雍閭爲葉護可汗處羅侯因晟奏曰阿波爲天所滅與五六千騎在山谷閒伏
聽詔旨當取之以獻乃召文武議焉樂安公元楷曰請就彼梟首以懲其惡武
陽公李充曰請生將入朝顯戮以示百姓上謂晟曰於卿何如晟對曰若突厥
背誕須齊之以刑今其昆弟自相夷滅阿波之惡非負國家因其困窮取而爲
戮恐非招遠之道不如兩存之上曰善八年處羅侯死遣晟往弔仍齎陳國所
獻寶器以賜雍閭十三年流人楊欽亡入突厥詐言彭城公劉昶共宇文氏女
謀欲反隋稱遣其來密告公主雍閭信之乃不修職貢又遣晟出使微觀察焉
公主見晟乃言辭不遜又遣所私胡人安遂迦共欽計議扇惑雍閭晟至京師
具以狀奏又遣晟往索欽雍閭欲勿與謬答曰檢校客內無此色人晟乃貨其
達官知欽所在夜掩獲之以示雍閭因發公主私事國人大恥雍閭執遂迦等

並以付晟上大喜加授開府仍遣入藩涖殺大義公主雍閭又表請婚僉議將許之晟又奏曰臣觀雍閭反覆無信特共玷厥有隙所以依倚國家縱與爲婚終當必叛今若得尙公主承藉威靈玷厥染干必又受其徵發強而更反後恐難圖且染干者處羅侯之子也素有誠款于今兩代臣前與相見亦乞通婚不如許之招令南徙兵少力弱易可撫馴使敵雍閭以爲邊捍上曰善又遣慰喻染干許尙公主十七年染干遣五百騎隨晟來逆女以宗女封安義公主以妻之晟說染干率衆南徙居度斤舊鎭雍閭疾之亟來抄略染干伺知動靜輒遣奏聞是以賊來每先有備十九年染干因晟奏雍閭作反具欲打大同城詔發六總管並取漢王節度分道出塞討之雍閭大懼復共達頭同盟合力掩襲染干大戰于長城下染干敗績殺其兄弟子姪而部落亡散染干與晟獨以五騎逼夜南走至旦行百餘里收得數百騎乃相與謀曰今兵敗入朝一降人耳大隋天子豈禮我乎玷厥雖來本無寃隙若往投之必相存濟晟知其懷貳乃密遣從者入伏遠鎭令其舉烽染干見四烽俱發問晟曰城上然烽何也晟紿之

曰城高地迥必遥見賊來我國家法若賊少舉二烽來多舉三烽大逼舉四烽使見賊多而又近耳染干大懼謂其衆曰追兵已逼且可投城既入鎮晟留其達官執室以領其衆自將染干馳驛入朝帝大喜進授左勳衛驃騎將軍持節護突厥晟遣降虜覘候雍閭知其牙內屢有災變夜見赤虹光照數百里天狗霣雨血三日流星墜其營內有聲如雷每夜自驚言隋師且至並遣奏知仍請出討突厥都速等歸染干前後至者男女萬餘口晟安置之由是突厥悅附尋以染干爲意利彌豆啓人可汗賜射於武安殿選善射者十二人分爲兩朋啓人曰臣由長孫大使得見天子今日賜射願入其朋許之給晟箭六侯發皆入鹿啓人之朋竟勝時有鳶羣飛上曰公善彈爲我取之十發俱中並應丸而落是日百官獲賚晟獨居多尋遣領五萬人於朔州築大利城以處染干安義公主死持節送義城公主復以妻之晟又奏染干部落歸者既衆雖在長城之內猶被雍閭抄略往來辛苦不得寧居請徙五原以河爲固於夏勝兩州之間東西至河南北四百里掘爲橫塹令處其內任情放牧免於抄略人必自安上並

從之二十年都藍大亂爲其部下所殺晟因奏請曰今王師臨境戰數有功賊
內攜離其主被殺乘此招誘必並來降請遣染干部下分頭招慰上許之果盡
來附達頭恐怖又大集兵詔晟部領降人爲秦川行軍總管取晉王廣節度出
討達頭與王相抗晟進策曰突厥飲泉易可行毒因取諸藥毒水上流達頭人
畜飲之多死於是大驚曰天雨惡水其亡我乎因夜遁晟追之斬首千餘級俘
百餘口六畜數千頭王大喜引晟入內同宴極歡有突厥達官來降時亦預坐
說言突厥之內大畏長孫總管聞其弓聲謂爲霹靂見其走馬稱爲閃電王笑
曰將軍震怒威行域外遂與雷霆爲比一何壯哉師旋授上開府儀同三司復
遣還大利城安撫新附仁壽元年晟表奏曰臣夜登城樓望見磧北有赤氣長
百餘里皆如雨足下垂被地謹驗兵書此名灑血其下之國必且破亡欲滅匈
奴宜在今日詔楊素爲行軍元帥晟爲受降使者送染干北伐二年軍次北河
值賊帥思力俟斤等領兵拒戰晟與大將軍梁默擊走之轉戰六十餘里賊衆
多降晟又教染干分遣使者往北方鐵勒等部招攜取之三年有鐵勒思結伏

利具渾斜薩阿拔僕骨等十餘部盡背達頭請來降附達頭衆大潰西奔吐谷渾晟送染干安置于磧口事畢入朝遇高祖崩匿喪未發煬帝引晟於大行前委以內衙宿衛知門禁事卽日拜左領軍將軍遇楊諒作逆勑以本官爲相州刺史發山東兵馬與李雄等共經略之晟辭曰有男行布今在逆地忽蒙此任情所不安帝曰公著勤誠朕之所悉今相州之地本是齊都人俗澆浮易可搔擾儻生變動賊勢卽張思所以鎭之非公莫可公體國之深終不可以兒害義故用相委公其勿辭於是遣捉相州諒破追還轉武衞將軍大業三年煬帝幸榆林欲出塞外陳兵耀武經突厥中指于涿郡仍恐染干驚懼先遣晟往喻旨稱述帝意染干聽之因召所部諸國奚霫室韋等種落數十酋長咸萃晟以牙中草穢欲令染干親自除之示諸部落以明威重乃指帳前草曰此根大香染干遽嗅之曰殊不香也晟曰天子行幸所在諸侯躬親灑掃耘除御路以表至敬之心今牙中蕪穢謂是留香草耳染干乃悟曰奴罪過奴之骨肉皆天子賜也得効筋力豈敢有辭特以邊人不知法耳賴將軍恩澤而教導之將軍之惠

奴之幸也遂拔所佩刀親自芟草其貴人及諸部爭放效之乃發榆林北境至于其牙又東達于薊長三千里廣百步舉國就役而開御道帝聞晟策乃益嘉焉後除淮陽太守未赴任復爲右驍衛將軍五年卒時年五十八帝深悼惜之賵贈甚厚後突厥圍鴈門帝歎曰向使長孫晟在不令匈奴至此晟好奇計務功名性至孝居憂毀瘠爲朝士所稱貞觀中追贈司空上柱國齊國公諡曰獻少子無忌嗣其長子行布亦多謀略有父風起家漢王諒庫直甚見親狎後遇諒於幷州起逆率衆南拒官軍乃留行布城守遂與豆盧毓等閉門拒諒城陷遇害次子恒安以兄功授鷹揚郎將

史臣曰長孫氏爰自代陰來儀京洛門傳鍾鼎家誓山河漢代八王無以方其茂績張氏七葉不能譬此重光覽獨擅雄辨熾早稱爽俊俱司禮閣並統師旅且公且侯文武不墜晟體資英武兼包奇略因機制變懷彼戎夷傾巢盡落屈膝稽顙塞垣絶鳴鏑之旅渭橋有單于之拜惠流邊朔功光王府保茲爵祿不亦宜乎

隋書卷五十一

唐 特 進 臣 魏 徵 上

列傳第十七

韓擒 弟僧壽 洪

韓擒字子通河南東垣人也後家新安父雄以武烈知名仕周官至大將軍洛虞等八州刺史擒少慷慨以膽略見稱容貌魁岸有雄傑之表性又好書經史百家皆略知大旨周太祖見而異之令與諸子遊集後以軍功拜都督新安太守稍遷儀同三司襲爵新義郡公武帝伐齊齊將獨孤永業守金墉城擒說下之進平范陽加上儀同拜永州刺史陳人逼光州擒以行軍總管擊破之又從宇文忻平合州高祖作相遷利州刺史陳將甄慶任蠻奴蕭摩訶等共為聲援頻寇江北前後入界擒屢挫其鋒陳人奪氣開皇初高祖潛有吞并江南之志以擒有文武才用夙著聲名於是拜為廬州總管委以平陳之任甚為敵人所憚及大舉伐陳以擒為先鋒擒率五百人宵濟襲采石守者皆醉擒遂取之進

攻姑熟半日而拔次於新林江南父老素聞其威信來謁軍門晝夜不絕陳人大駭其將樊巡魯世真田瑞等相繼降之晉王廣上狀高祖聞而大悅宴賜羣臣晉王遣行軍總管杜彥與擒合軍步騎二萬陳叔寶遣領軍蔡徵守朱雀航聞擒將至衆懼而潰任蠻奴爲賀若弼所敗棄軍降於擒擒以精騎五百直入朱雀門陳人欲戰蠻奴撝之曰老夫尚降諸君何事衆皆散走遂平金陵執陳主叔寶時賀若弼亦有功乃下詔於晉王曰此二公者深謀大略東南逋寇朕本委之靜地恤民悉如朕意九州不一已數百年以名臣之功成太平之業天下盛事何用過此聞以欣然實深慶快平定江表二人之力也賜物萬段又下優詔於擒弼曰申國威於萬里宣朝化於一隅使東南之民俱出湯火數百年寇旬日廓清專是公之功也高名塞於宇宙盛業光於天壤逖聽前古罕聞其匹班師凱入誠知非遠相思之甚寸陰若歲及至京弼與擒爭功於上前弼曰臣在蔣山死戰破其銳卒擒其驍將震揚威武遂平陳國韓擒略不交陣豈臣之比擒曰本奉明旨令臣與弼同時合勢以取僞都弼乃敢先期逢賊遂戰致

令將士傷死甚多臣以輕騎五百兵不血刃直取金陵降任蠻奴執陳叔寶據其府庫傾其巢穴弼至夕方扣北掖門臣啓關而納之斯乃救罪不暇安得與臣相比上曰二將俱合上勳於是進位上柱國賜物八千段有司劾擒放縱士卒淫汙陳宮坐此不加爵邑先是江東有謠歌曰黃班青驄馬發自壽陽涘來時冬氣末去日春風始皆不知所謂擒本名豹平陳之際又乘青驄馬往反時節與歌相應至是方悟其後突厥來朝上謂之曰汝聞江南有陳國天子乎對曰聞之上命左右引突厥詣擒前曰此是執得陳國天子者擒厲然顧之突厥惶恐不敢仰視其有威容如此別封壽光縣公食邑千戶以行軍總管屯金城禦備胡寇卽拜涼州總管俄徵還京上宴之內殿恩禮殊厚無何其鄰母見擒門下儀衞甚盛有同王者母異而問之其中人曰我來迎王忽然不見又有人疾篤忽驚走至擒家曰我欲謁王左右問曰何王也答曰閻羅王擒子弟欲撻之擒止之曰生爲上柱國死作閻羅王斯亦足矣因寢疾數日竟卒時年五十五子世諤嗣世諤倜儻驍捷有父風楊玄感之作亂也引世諤爲將每戰先登

及玄感敗爲吏所拘時帝在高陽送詣行所世謂曰令守者市酒殽以酣暢揚言曰吾死在朝夕不醉何爲漸以酒進守者守者狎之遂飲令致醉世謂因得逃奔山賊不知所終

僧壽字玄慶擒母弟也亦以勇烈知名周武帝時爲侍伯中旅下大夫高祖得政從韋孝寬平尉迥每戰有功授大將軍封昌樂公邑千戶開皇初拜安州刺史時擒爲廬州總管朝廷不欲同在淮南轉爲熊州刺史後轉蔚州刺史進爵廣陵郡公尋以行軍總管擊突厥於雞頭山破之後坐事免數歲復拜蔚州刺史突厥甚憚之十七年屯蘭州以備胡明年遼東之役領行軍總管還檢校靈州總管事從楊素擊突厥破之進位上柱國改封江都郡公煬帝即位又改封新蔡郡公自是之後不復任用大業五年從幸太原有京兆人達奚通妾王氏能清歌朝臣多相會觀之僧壽亦豫焉坐是除名尋令復位八年卒於京師時年六十五有子孝基

洪字叔明擒季弟也少驍勇善射膂力過人仕周侍伯上士後以軍功拜大都

督高祖爲丞相從韋孝寬破尉迥於相州加上開府甘棠縣侯邑八百戶高祖受禪進爵爲公尋授驃騎將軍開皇九年平陳之役授行軍總管及陳平晉王廣大獵於蔣山有猛獸在圍中衆皆懼洪馳馬射之應弦而倒陳氏諸將列觀於側莫不歎服焉王大喜贈縑百匹尋以功加柱國拜蔣州刺史數歲轉廉州刺史時突厥屢爲邊患朝廷以洪驍勇檢校朔州總管事尋拜代州總管仁壽元年突厥達頭可汗犯塞洪率蔚州刺史劉隆大將軍李藥王拒之遇虜於恆安衆寡不敵洪四面搏戰身被重瘡將士沮氣虜悉衆圍之矢下如雨洪僞與虜和圍少解洪率所領潰圍而出死者大半殺虜亦倍洪及藥王除名爲民隆竟坐死煬帝北巡至長安見白骨被野以問侍臣侍臣曰往者韓洪與虜戰處也帝憫然傷之收葬骸骨命五郡沙門爲設佛供拜洪隴西太守未幾朱崖民王萬昌作亂詔洪擊平之以功加位金紫光祿大夫領郡如故俄而萬昌弟仲通復叛又詔洪討平之師未旋遇疾而卒時年六十三

賀若弼

賀若弼字輔伯河陽雒陽人也父敦以武烈知名仕周爲金州總管宇文護忌而害之臨刑呼弼謂之曰吾必欲平江南然此心不果汝當成吾志且吾以舌死汝不可不思因引錐刺弼舌出血誡以愼口弼少慷慨有大志驍勇便弓馬解屬文博涉書記有重名於當世周齊王憲聞而敬之引爲記室未幾封當亭縣公遷小內史周武帝時上柱國烏丸軌言於帝曰太子非帝王器臣亦嘗與賀若弼論之帝呼弼問之弼知太子不可動搖恐禍及己詭對曰皇太子德業日新未覩其闕帝嘿然弼既退軌讓其背己弼曰君不密則失臣臣不密則失身所以不敢輕議也及宣帝嗣位軌竟見誅弼乃獲免尋與韋孝寬伐陳攻拔數十城弼計居多拜壽州刺史改封襄邑縣公高祖爲丞相尉迥作亂鄴城恐弼爲變遣長孫平馳驛代之高祖受禪陰有幷江南之志訪可任者高熲曰朝臣之內文武才幹無若賀若弼者高祖曰公得之矣於是拜弼爲吳州總管委以平陳之事弼忻然以爲己任與壽州總管源雄並爲重鎭弼遺雄詩曰交河驃騎幕合浦伏波營勿使騏驎上無我二人名獻取陳十策上稱善賜以寶刀

開皇九年大舉伐陳以弼爲行軍總管將渡江酹酒而咒曰弼親承廟略遠振國威伐罪弔民除兇翦暴上天長江鑒其若此如使福善禍淫大軍利涉如事有乖違得葬江魚腹中死且不恨先是弼請緣江防人每交代之際必集歷陽於是大列旗幟營幕被野陳人以爲大兵至悉發國中士馬旣知防人交代其衆復散後以爲常不復設備及此弼以大軍濟江陳人弗之覺也襲陳南徐州拔之執其刺史黃恪軍令嚴肅秋毫不犯有軍士於民間沽酒者弼立斬之進屯蔣山之白土岡陳將魯達周智安任蠻奴田瑞樊毅孔範蕭摩訶等以勁兵拒戰田瑞先犯弼軍弼擊走之魯達等相繼遞進弼軍屢却弼揣知其驕士卒且惰於是督厲將士殊死戰遂大破之麾下開府員明擒摩訶至弼命左右牽斬之摩訶顏色自若弼釋而禮之從北掖門而入時韓擒已執陳叔寶弼至呼叔寶視之叔寶惶懼流汗股慄再拜弼謂之曰小國之君當大國卿拜禮也入朝不失作歸命侯無勞恐懼旣而弼恚恨不獲叔寶功在韓擒之後於是與擒相詢挺刃而出上聞弼有功大悅下詔褒揚語在韓擒傳晉王以弼先期決戰

違軍命於是以弼屬吏上驛召之及見迎勞曰克定三吳公之功也命登御坐
賜物八千段加位上柱國進爵宋國公真食襄邑三千戶加以寶劍寶帶金甕
金盤各一幷雉尾扇曲蓋雜綵二千段女樂二部又賜陳叔寶妹爲妾拜右領
軍大將軍尋轉右武候大將軍弼時貴盛位望隆重其兄隆爲武都郡公弟東
爲萬榮郡公並刺史列將弼家珍玩不可勝計婢妾曳綺羅者數百時人榮之
弼自謂功名出朝臣之右每以宰相自許既而楊素爲右僕射弼仍將軍甚不
平形於言色由是免官弼怨望愈甚後數年下弼獄上謂之曰我以高熲楊素
爲宰相汝每倡言云此二人惟堪啗飯耳是何意也弼曰熲臣之故人素臣之
舅子臣並知其爲人誠有此語公卿奏弼怨望罪當死上惜其功於是除名爲
民歲餘復其爵位上亦忌之不復任使然每宴賜遇之甚厚開皇十九年上幸
仁壽宮讌王公詔弼爲五言詩詞意憤怨帝覽而容之嘗遇突厥入朝上賜之
射突厥一發中的上曰非賀若弼無能當此於是命弼弼再拜祝曰臣若赤誠
奉國者當一發破的如其不然發不中也既射一發而中上大悅顧謂突厥曰

此人天賜我也煬帝之在東宮嘗謂弼曰楊素韓擒史萬歲三人俱稱良將優劣如何弼曰楊素是猛將非謀將韓擒是鬬將非領將史萬歲是騎將非大將太子曰然則大將誰也弼拜曰唯殿下所擇弼意自許爲大將及煬帝嗣位尤被疎忌大業三年從駕北巡至榆林帝時爲大帳其下可坐數千人召突厥啓民可汗饗之弼以爲大侈與高熲宇文弢等私議得失爲人所奏竟坐誅時年六十四妻子爲官奴婢羣從徙邊子懷亮慷慨有父風以柱國世子拜儀同三司坐弼爲奴俄亦誅死

史臣曰夫天地未泰聖哲啓其機疆場尚梗爪牙宣其力周之方邵漢室韓彭代有其人非一時也自晉衰微中原幅裂區宇分隔將三百年陳氏憑長江之地險恃金陵之餘氣以爲天限南北人莫能窺高祖爰應千齡將一函夏賀若弼慷慨申必取之長策韓擒奮發賈餘勇以爭先勢甚疾雷鋒踰駭電隋氏自此一戎威加四海稽諸天道或時有廢興考之人謀實二臣之力其俶儻英略賀若居多武毅威雄韓擒稱重方於晉之王杜勳庸綽有餘地然賀若功成名

立矜伐不已竟顛殞於非命亦不密以失身若念父臨終之言必不及於斯禍矣韓擒累世將家威聲動俗敵國既破名遂身全幸也廣陵甘棠咸有武藝驍勇膽略並爲當時所推赳赳干城難兄難弟矣

隋書卷五十二

隋書卷五十二考證

韓擒傳〇臣映斗按韓擒本名擒虎唐諱虎遂去之宋本皆仍其舊監本或增虎字而本傳俱不增考八代史書諱字甚多隋書如虎賁虎衛虎候虎牙虎牢諱爲武賁武衛武候武牙武牢白虎諱爲白獸騎虎亦諱爲騎獸又如世諱爲代丙諱爲景淵諱爲泉爲深民諱爲人爲萌他如王世充王世積諱爲王充王積既不勝其改保無不必改而誤改者今仍其元本以存固實因考其略以例其餘焉

先是江東有謠歌曰黃班青總馬發自壽陽涘來時冬氣末去日春風始皆不知所謂擒本名豹平陳之際又乘青總馬往反時節與歌相應至是方悟〇

臣映斗按本書五行志引此云擒本名擒虎黃班之謂也北史云禽本名禽武禽擒本通諱虎爲武別見甚多若以虎爲豹於義何居後漢書序班氏之先與楚同姓令尹子文之後也子文初生棄於夢中而虎乳之楚人謂虎班其子以爲號黃班正合虎形韓擒字子通既不聞名豹豹亦不當有黃班之

稱隋書本傳各本皆作豹姑仍其字要當以北史爲正未可稱韓擒虎爲韓豹也

隋書卷五十二考證

隋書卷五十三

唐　特　進　臣　魏　徵　上

列傳第十八

達奚長儒

達奚長儒字富仁代人也祖俟魏定州刺史父慶驃騎大將軍儀同三司長儒少懷節操膽烈過人十五襲爵樂安公魏大統中起家奉車都尉周太祖引為親信以質直恭勤授大都督數有戰功假輔國將軍累遷使持節撫軍將軍通直散騎常侍平蜀之役恆為先鋒攻城野戰所當必破之除車騎大將軍儀同三司增邑三百戶天和中除渭南郡守遷驃騎大將軍開府儀同三司從帝平齊遷上開府進爵成安郡公邑千二百戶別封一子縣公宣政元年除左前軍勇猛中大夫後與烏丸軌圍陳將吳明徹於呂梁陳遣驍將劉景率勁勇七千來為聲援軌令長儒逆拒之長儒於是取車輪數百繫以大石沉之清水連轂相次以待景軍景至舩艦礙輪不得進長儒乃縱奇兵水陸俱發大破之俘數

千人及獲吳明徹以功進位大將軍尋授行軍總管北巡沙塞卒與虜遇接戰大破之高祖作相王謙舉兵於蜀沙氏上柱國楊永安扇動利興武文沙龍等六州以應謙詔長儒擊破之謙二子自京師亡歸其父長儒並捕斬之高祖受禪進位上大將軍封蘄春郡公邑二千五百戶開皇二年突厥沙鉢略可汗并弟葉護及潘那可汗衆十餘萬寇掠而南詔以長儒爲行軍總管率衆二千擊之遇於周槃衆寡不敵軍中大懼長儒慷慨神色愈烈爲虜所衝突散而復聚且戰且行轉鬬三日五兵咸盡士卒以拳毆之手皆見骨殺傷萬計虜氣稍奪於是解去長儒身被五瘡通中者二其戰士死傷者十八九突厥本欲大掠秦隴既逢長儒兵皆力戰虜意大沮明日於戰處焚屍慟哭而去高祖下詔曰突厥猖狂輒犯邊塞犬羊之衆彌亘山原而長儒受任北鄙式遏寇賊所部之內少將百倍以晝通宵四面抗敵凡十有四戰所向必摧兇徒就戮過半不反鋒刃之餘亡魂竄迹自非英威奮發奉國情深撫御有方士卒用命豈能以少破衆若斯之偉言念勳庸宜隆名器可上柱國餘勳迴授一子其戰亡將士皆贈

官三轉子孫襲之其年授寧州刺史尋轉鄜州刺史母憂去職長儒性至孝水漿不入口五日毀悴過禮殆將滅性天子嘉歎起爲夏州總管三州六鎮都將事匈奴憚之不敢窺塞以病免又除襄州總管在職二年轉蘭州總管高祖遣涼州總管獨孤羅原州總管元褒靈州總管賀若誼等發卒備胡皆受長儒節度長儒率衆出祁連山北西至蒲類海無虜而還復轉荊州總管三十六州諸軍事高祖謂之曰江陵要害國之南門今以委公朕無慮也歲餘卒官謚曰威子嵩大業時官至太僕少卿

賀婁子幹

賀婁子幹字萬壽本代人也隨魏氏南遷世居關右祖道成魏侍中太子太傅父景賢右衞大將軍子幹少以驍武知名周武帝時釋褐司水上士稱爲強濟累遷小司水以勤勞封思安縣子俄授使持節儀同大將軍大象初領軍器監尋除秦州刺史進爵爲伯及尉迥作亂子幹與宇文司錄從韋孝寬討之遇賊圍懷州子幹與宇文述等擊破之高祖大悅手書曰逆賊尉迥敢遣蟻衆作寇

懷州公受命誅討應機蕩滌聞以嗟贊不易可言丈夫富貴之秋正在今日善建功名以副朝望也其後每戰先登及破鄭城與崔弘度逐迥至樓上進位上開府封武川縣公邑三千戶以思安縣伯別封子皎開皇元年進爵鉅鹿郡公其年吐谷渾寇涼州子幹以行軍總管從上柱國元諧擊之功最優詔褒美高祖慮邊塞未安卽令子幹鎭涼州明年突厥寇蘭川子幹率衆拒之至可洛峐山與賊相遇賊衆甚盛子幹阻川爲營賊軍不得水數日人馬甚敝縱擊大破之於是冊授子幹爲上大將軍曰於戲敬聽朕命唯爾器量閑明志情強果任經武將勳績有聞往歲凶醜未寧屢驚疆埸拓土靜亂殊有厥勞是用崇茲賞典加此車服往欽哉祗承榮冊可不愼歟徵授營新都副監尋拜工部尙書其年突厥復犯塞以行軍總管從竇榮定擊之子幹別路破賊斬首千餘級高祖嘉之遣通事舍人曹威齎優詔勞勉之子幹請入朝詔令馳驛奉見吐谷渾復寇邊西方多被其害命子幹討之馳驛至河西發五州兵入掠其國殺男女萬餘口二旬而還高祖以隴西頻被寇掠甚患之彼俗不設村塢敕子幹勒民爲

堡營田積穀以備不虞子幹上書曰比者兇寇侵擾蕩滅之期匪朝伊夕伏願聖慮勿以爲懷今臣在此觀機而作不得準詔行事且隴西河右土曠民稀邊境未寧不可廣爲田種比見屯田之所獲少費多虛役人功卒逢踐暴屯田疎遠者請皆廢省但隴右之民以畜牧爲事若更屯聚彌不獲安只可嚴謹斥候豈容集人聚畜請要路之所加其防守但使鎮戍連接烽候相望民雖散居必謂無慮高祖從之俄而虜寇岷洮二州子幹勒兵赴之賊聞而遁去高祖以子幹曉習邊事授榆關總管十鎮諸軍事歲餘拜雲州刺史甚爲虜所憚後數年突厥雍虞閭遣使請降并獻羊馬詔以子幹爲行軍總管出西北道應接之還拜雲州總管以突厥所獻馬百匹羊千口以賜之乃下書曰自公守北門風塵不警突厥所獻還以賜公母憂去職朝廷以榆關重鎮非子幹不可尋起視事十四年以病卒官時年六十高祖傷惜者久之賻縑千匹米麥千斛贈懷魏等四州刺史諡曰懷子善柱嗣官至黔安太守子幹兄詮亦有才器位至銀青光祿大夫鄯純深三州刺史北地太守東安郡公

史萬歲

史萬歲京兆杜陵人也父靜周滄洲刺史萬歲少英武善騎射驍捷若飛好讀兵書兼精占候年十五值周齊戰於芒山萬歲時從父入軍旗鼓正相望萬歲令左右趣治裝急去俄而周師大敗其父由是奇之武帝時釋褐侍伯上士及平齊之役其父戰沒萬歲以忠臣子拜開府儀同三司襲爵太平縣公尉迥之亂也萬歲從梁士彥擊之軍次馮翊見羣鴈飛來萬歲謂士彥曰請射行中第三者既射之應弦而落三軍莫不悅服及與迥軍相遇每戰先登鄴城之陣官軍稍却萬歲謂左右曰事急矣吾當破之於是馳馬奮擊殺數十人衆亦齊力官軍乃振及迥平以功拜上大將軍爾朱勣以謀反伏誅萬歲頗相關涉坐除名配敦煌爲戍卒其戍主甚驍武每單騎深入突厥中掠取羊馬輒大剋獲突厥無衆寡莫之敢當其人深自矜負數罵辱萬歲萬歲患之自言亦有武用戍主試令馳射而工戍主笑曰小人定可萬歲請弓馬復掠突厥中大得六畜而歸戍主始善之每與同行輒久突厥數百里名讋北夷竇榮定之擊突厥也萬

歲詣轅門請自効榮定數聞其名見而大悅因遣人謂突厥曰士卒何罪過令殺之但當各遣一壯士決勝負耳突厥許諾因遣一騎挑戰榮定遣萬歲出應之萬歲馳斬其首而還突厥大驚不敢復戰遂引軍而去由是拜上儀同領車騎將軍平陳之役又以功加上開府及高智慧等作亂江南以行軍總管從楊素擊之萬歲率衆二千自東陽別道而進踰嶺越海攻陷溪洞不可勝數前後七百餘戰轉鬭千餘里寂無聲問者十旬遠近皆以萬歲爲沒萬歲以水陸阻絕信使不通乃置書竹筒中浮之於水汲者得之以言於素素大悅上其事高祖嗟歎賜其家錢十萬還拜左領軍將軍先是南寧夷爨翫來降拜昆州刺史既而復叛遂以萬歲爲行軍總管率衆擊之入自蜻蛉川經弄凍次小勃弄大勃弄至于南中賊前後屯據要害萬歲皆擊破之行數百里見諸葛亮紀功碑銘其背曰萬歲之後勝我者過此萬歲令左右倒其碑而進度西二河入渠濫川行千餘里破其三十餘部虜獲男女二萬餘口諸夷大懼遣使請降獻明珠徑寸於是勒石頌美隋德萬歲遣使馳奏請將翫入朝詔許之爨翫陰有二心

不欲詰闕因賂萬歲以金寶萬歲於是捨翫而還蜀王時在益州知其受賂遣使將索之萬歲聞而悉以所得金寶沉之於江索無所獲以功進位柱國晉王廣虛衿敬之待以交友之禮上知爲所善令萬歲督晉府軍事明年爨翫復反蜀王秀奏萬歲受賂縱賊致生邊患無大臣節上令窮治其事事皆驗罪當死上數之曰受金放賊重勞士馬朕念將士暴露寢不安席食不甘味卿豈社稷臣也萬歲曰臣留爨翫者恐其州有變留以鎮撫臣還至瀘水詔書方到由是不將入朝實不受賂上以萬歲心有欺隱大怒曰朕以卿爲好人何乃官高祿重翻爲國賊也顧有司曰明日將斬之萬歲懼而服罪頓首請命左僕射高熲左衞大將軍元旻等進曰史萬歲雄略過人每行兵用師之處未嘗不身先士卒尤善撫御將士樂爲致力雖古名將未能過也上意少解於是除名爲民歲餘復官爵尋拜河州刺史復領行軍總管以備胡開皇末突厥達頭可汗犯塞上令晉王廣及楊素出靈武道漢王諒與萬歲出馬邑道萬歲率柱國張定和大將軍李藥王楊義臣等出塞至大斤山與虜相遇達頭遣使問曰隋將爲誰

候騎報史萬歲也突厥復問曰得非敦煌戍卒乎候騎曰是也達頭聞之懼而引去萬歲騎追百餘里乃及擊大破之斬數千級逐北入磧數百里虜遁逃而還楊素害其功因譖萬歲云突厥本降初不爲寇來於塞上畜牧耳遂寢其功萬歲數抗表陳狀上未之悟會上從仁壽宮初還京師廢皇太子窮東宮黨與上問萬歲所在萬歲實在朝堂楊素見上方怒因曰萬歲謁東宮矣以激怒上上謂爲信然令召萬歲時所將士卒在朝稱寃者數百人萬歲謂之曰吾今日爲汝極言於上事當決矣既見上言將士有功爲朝廷所抑詞氣憤厲忤於上上大怒令左右㨶殺之既而悔追之不及因下詔罪萬歲曰柱國太平公萬歲拔擢委任每總戎機往以南寧逆亂令其出討而昆州刺史爨翫包藏逆心爲民興患朕備有成勅令將入朝萬歲乃多受金銀違勅令住致爨翫尋爲反逆更勞師旅方始平定所司檢校罪合極刑捨過念功恕其性命年月未久即復本官近復總戎進討蕃裔突厥達頭可汗領其兇衆欲相拒抗既見軍威便即奔退兵不血刃賊徒瓦解如此稱捷國家盛事朕欲成其勳庸復加褒賞而萬

歲定和通簿之日乃懷姦詐妄稱逆面交兵不以實陳懷反覆之方弄國家之法若竭誠立節心無虛罔者乃爲良將至如萬歲懷詐要功便是國賊朝憲難虧不可再捨死之日天下士庶聞者識與不識莫不冤惜之萬歲爲將不治營伍令士卒各隨所安無警夜之備虜亦不敢犯臨陣對敵應變無方號爲良將有子懷義

劉方 馮昱 王撝 李充 楊武通 陳永貴 房兆

劉方京兆長安人也性剛決有膽氣仕周承御上士尋以戰功拜上儀同高祖爲丞相方從韋孝寬破尉迥於相州以功加開府賜爵河陰縣侯邑八百戶高祖受禪進爵爲公開皇三年從衞王爽破突厥於白道進位大將軍其後歷甘瓜二州刺史尚未知名仁壽中會交州俚人李佛子作亂據越王故城遣其兄子大權據龍編城其別帥李普鼎據烏延城左僕射楊素言方有將帥之略上於是詔方爲交州道行軍總管以度支侍郎敬德亮爲長史統二十七營而進方法令嚴肅軍容齊整有犯禁者造次斬之然仁而愛士有疾病者親自撫養

長史敬德亮從軍至尹州疾甚不能進留之州館分別之際方哀其危篤流涕嗚咽感動行路其有威惠如此論者稱爲良將至都隆嶺遇賊二千餘人來犯官軍方遣營主宋纂何貴嚴願等擊破之進兵臨佛子先令人諭以禍福佛子懼而降送於京師其有桀黠者恐於後爲亂皆斬之尋授驩州道行軍總管以尙書右丞李綱爲司馬經略林邑方遣欽州刺史甯長眞驩州刺史李暈上開府秦雄以步騎出越常方親率大將軍張遜司馬李綱舟師趣比景高祖崩煬帝卽位大業元年正月軍至海口林邑王梵志遣兵守險方擊走之師次闍黎江賊據南岸立柵方盛陳旗幟擊金鼓賊懼而潰既度江行三十里賊乘巨象四面而至方以弩射象象中瘡却蹂其陣王師力戰賊奔於柵因攻破之俘馘萬計於是濟區粟度六里前後逢賊每戰必擒進至大緣江賊據險爲柵又擊破之逕馬援銅柱南行八日至其國都林邑王梵志棄城奔海獲其廟主金人汙其宮室刻石紀功而還士卒脚腫死者十四五方在道遇患而卒帝甚傷惜之乃下詔曰方肅承廟略恭行天討飲冰遄邁視險若夷摧鋒直指出其不意

鯨鯢盡殪巢穴咸傾役不再勞肅清海外致身王事誠績可嘉可贈上柱國盧
國公子通仁嗣開皇時有馮昱王㩁李充楊武通陳永貴房兆俱爲邊將名顯
當時昱㩁並不知何許人也昱多權略有武藝高祖初爲丞相以行軍總管與
王誼李威等討叛蠻平之拜柱國開皇初又以行軍總管屯乙弗泊以備胡突
厥數萬騎來掩之昱力戰累日衆寡不敵竟爲虜所敗亡失數千人殺虜亦過
當其後備邊數年每戰常大克捷㩁驍勇善射高祖以其有將帥才每以行軍
總管屯兵江北禦陳寇數有戰功爲陳人所憚伐陳之役及高智慧反攻討皆
有殊績官至柱國白水郡公充隴西成紀人也少慷慨有英略開皇中頻以行
軍總管擊突厥有功官至上柱國武陽郡公拜朔州總管甚有威名爲虜所憚
後有人譖其謀反徵還京師上譴怒之充性素剛遂憂憤而卒武通弘農華陰
人性果烈善馳射數以行軍總管討西南夷每有功封白水郡公拜左武衛大
將軍時党項羌屢爲邊患朝廷以其有威名歷岷蘭二州總管以鎮之後與周
法尚討嘉州叛獠法尚軍初不利武通率數千人爲賊斷其歸路武通於是束

馬懸車出賊不意頻戰破之賊知其孤軍無援傾部落而至武通轉鬭數百里爲賊所拒四面路絶武通輕騎接戰墜馬爲賊所執殺而噉之永貴隴右胡人也本姓白氏以勇烈知名高祖甚親愛之數以行軍總管鎭邊每戰必單騎陷陣官至柱國蘭利二州總管封北陳郡公兆代人也本姓屋引氏剛毅有武略頻爲行軍總管擊胡以功官至柱國徐州總管並史失其事

史臣曰長儒等結髮從戎俱有驍雄之略總統師旅各擅禦侮之功長儒以步卒二千抗十萬之虜師殲矢盡勇氣彌厲壯哉子幹西涉清海北臨玄塞胡夷懾憚烽候無警亦有可稱萬歲實懷智勇善撫士卒人皆樂死師不疲勞北却匈奴南平夷獠兵鋒所指威驚絶域論功杖氣犯忤貴臣偏聽生姦死非其罪人皆痛惜有李廣之風焉劉方號令無私治軍嚴肅克剪林邑遂清南海徼外百蠻無思不服凡此諸將志烈過人出當推轂之重入受爪牙之寄雖馬伏波之威行南裔趙充國之聲動西羌語事論功各一時也

隋書卷五十三

隋書卷五十四

唐　特　進　臣　魏　徵　上

列傳第十九

王長述

王長述京兆霸城人也祖羆魏太尉父慶遠周淮州刺史長述幼有儀範年八歲周太祖見而異之曰王公有此孫足爲不朽解褐員外散騎侍郎封長安縣伯累遷撫軍將軍銀青光祿大夫太子舍人長述早孤少爲祖羆所養及羆薨居喪過禮有詔褒異之免喪襲封扶風郡公邑三千戶除中書舍人修起居注改封龍門郡公從于謹平江陵有功增邑五百戶周受禪又增邑通前四千七百戶拜賓部大夫出爲晉州刺史轉玉壁總管長史尋授司憲大夫出拜廣州刺史甚有威惠吏人懷之在任數年蠻夷歸之者三萬餘戶朝議嘉之就拜大將軍後歷襄仁二州總管並有能名及高祖爲丞相授信州總管部內夷獠猶有未賓長述討平之進位上大將軍王謙作亂益州遣使致書於長述因執其

使上其書又陳取謙之策上大悅前後賜黃金五百兩授行軍總管率衆討謙以功進位柱國開皇初復獻平陳之計修營戰艦爲上流之師上善其能頻加賞勞下書曰每覽高策深相嘉歎命將之日當以公爲元帥也後數歲以行軍總管擊南寧未至道病卒上甚傷惜之令使者弔祭贈上柱國冀州刺史諡曰莊子謨嗣弟軌大業末東郡通守少子文楷起部郎

李衍

李衍字拔豆遼東襄平人也父弼周太師衍少專武藝慷慨有志略周太祖時釋褐千牛備身封懷仁縣公加開府改封普寧縣公遷義州刺史尋從韋孝寬鎮玉璧城數與賊戰敵人憚之及平齊以軍功進授大將軍改封真鄉郡公拜左宮伯賜雜綵三百匹奴婢二十口賜子仲威爵浮陽郡公後歷安鄜二州刺史及王謙作亂高祖以衍爲行軍總管從梁睿擊平之進位上大將軍賜縑二千匹開皇元年又以行軍總管討叛蠻平之進位柱國賜帛二千匹尋檢校利州總管事明年突厥犯塞以行軍總管率衆討之不見虜而還轉介州刺史後

數年朝廷將有事江南詔衍於襄州道營戰船及大舉伐陳授行軍總管從秦王俊出襄陽道以功賜帛三千匹米六百石拜安州總管頗有惠政歲餘以疾還京師卒於家時年五十七子仲威嗣衍弟子長雅尚高祖女襄國公主襲父綸爵爲河陽郡公開皇初拜將軍散騎常侍歷內史侍郎河州刺史檢校秦州總管衍從孫密別有傳

伊婁謙

伊婁謙字彥恭本鮮卑人也其先代爲酋長隨魏南遷祖信中部太守父靈相隆二州刺史謙性忠直善辭令仕魏爲直閤將軍周受禪累遷宣納上士使持節車騎大將軍武帝將伐齊引入內殿從容謂曰朕將有事戎馬何者爲先謙對曰愚臣誠不足以知大事但僞齊僭擅跋扈不恭沈溺倡優耽昏麴櫱其折衝之將斛律明月已斃讒人之口上下離心道路以目若命六師臣之願也帝大笑因使謙與小司寇拓拔偉聘齊觀釁帝尋發兵齊王知之令其僕射陽休之責謙曰貴朝盛夏徵兵馬首何向謙荅曰僕憑式之始未聞興師設復西增

白帝之城東益巴丘之戍人情恆理豈足怪哉謙參軍高遵以情輸於齊遂拘留謙不遣帝克并州召謙勞之曰朕之舉兵本俟卿還不圖高遵中爲叛逆乖朕宿心遵之罪也乃執遵付謙任令報復謙頓首請赦之帝曰卿可聚衆唾面令知愧也謙跪曰以遵之罪又非唾面之責帝善其言而止謙竟待遵如初其寬厚仁恕皆此類也尋賜爵濟陽縣伯累遷前驅中大夫大象中進爵爲侯加位開府高祖作相授亳州總管俄徵還京既平王謙謙恥與逆人同名因爾稱字高祖受禪以彥恭爲左武候將軍俄拜大將軍進爵爲公數年出爲澤州刺史清約自處甚得人和以疾去職吏人攀戀行數百里不絕數歲卒於家時年七十子傑嗣

田仁恭

田仁恭字長貴平涼長城人也父弘周大司空仁恭性寬仁有局度在周以明經爲掌式中士後以父軍功賜爵鶉陰子大冢宰宇文護引爲中外兵曹後數載復以父功拜開府儀同三司遷中外府掾從護征伐數有戰功改封襄武縣

公邑五百戶從武帝平齊加授上開府進封淅陽郡公增邑二千戶拜幽州總管宣帝時進爵鴈門郡公高祖爲丞相徵拜小司馬進位大將軍從韋孝寬破尉遲迥於相州拜柱國高祖受禪進上柱國拜太子太師甚見親重嘗幸其第宴飲極歡禮賜殊厚奉詔營廟社進爵觀國公增邑通前五千戶未幾拜右武衛大將軍歲餘卒官時年四十七贈司空諡曰敬子世師嗣次子德懋在孝義傳時有玉城郡公王景鮮虞縣公謝慶恩並官至上柱國大義公辛遵及其弟韶並官至柱國高祖以其俱佐命功臣特加崇貴親禮與仁恭等事皆亡失云

元亨

元亨字德良一名孝才河南洛陽人也父季海魏司徒馮翊王遇周齊分隔季海遂仕長安亨時年數歲與母李氏在洛陽齊神武帝以亨父在關西禁錮之其母則魏司空李沖之女也素有智謀遂詐稱凍餒請就食於滎陽齊人以其去關西尚遠老婦弱子不以爲疑遂許之李氏陰託大豪李長壽攜亨及孤姪入人潛行草間得至長安周太祖見而大悅以亨功臣子甚優禮之亨年十二

魏恭帝在儲宮引爲交友釋褐千牛備身大統末襲爵馮翊王邑千戶授拜之日悲慟不能自勝俄遷通直散騎常侍歷武衛將軍豳州刺史改封平涼王周閔帝受禪例降爲公明武時歷隴州刺史御正大夫小司馬宣帝時爲洛陽刺史高祖爲丞相遇尉遲迥作亂洛陽人梁康邢流水等舉兵應迥旬日之閒衆至萬餘州治中王文舒潛與梁康相結將圖亨亨陰知其謀乃選關中兵得二千人爲左右執文舒斬之以兵襲擊梁康邢流水皆破之高祖受禪徵拜太常卿增邑七百戶尋出爲衞州刺史加大將軍衞土俗薄亨以威嚴鎮之在職八年風化大洽後以老病表乞骸骨吏人詣闕上表請留臥治上嗟歎者久之其年亨以篤疾重請還京上令使者致醫藥問動靜相望於道歲餘卒於家時年六十九諡曰宣

杜整

杜整字皇甫京兆杜陵人也祖盛魏直閤將軍頴川太守父闢渭州刺史整少有風槩九歲丁父憂哀毀骨立事母以孝聞及長驍勇有膂力好讀孫吳兵法

魏大統末襲爵武鄉侯周太祖引爲親信後事宇文護子中山公訓甚被親遇俄授都督明帝時爲內侍上士累遷儀同三司拜武州刺史從武帝平齊加上儀同進爵平原縣公邑千戶入爲勳曹中大夫高祖爲丞相進位開府及受禪加上開府進封長廣郡公俄拜左武衞將軍在職數年以母憂去職起令視事開皇六年突厥犯塞詔遣魏王爽總戎北伐以整爲行軍總管兼元帥長史至合川無虜而還整密進取陳之策上善之於是以行軍總管鎮襄陽尋病卒時年五十五高祖聞而傷之贈帛四百匹米四百石謚曰襄子楷嗣官至開府整弟肅亦少有志行開皇初爲通直散騎常侍北地太守

李徹

李徹字廣達朔方巖綠人也父和開皇初爲柱國徹性剛毅有器幹偉容儀多武藝大冢宰宇文護引爲親信尋拜殿中司馬累遷奉車都尉護以徹謹厚有才具甚禮之護子中山公訓爲蒲州刺史護令徹以本官從焉未幾拜車騎大將軍儀同三司武帝時從皇太子西征吐谷渾以功賜爵同昌縣男邑三百戶

從帝拔晉州及帝班師徹與齊王憲屯鷄栖原齊王高緯以大軍至憲引兵西
上以避其鋒緯遣其驍將賀蘭豹子率勁騎躡憲戰於晉州城北憲師敗徹與
楊素宇文慶等力戰憲軍賴以獲全復從帝破齊師於汾北乘勝下高壁拔晉
陽擒高湝於冀州俱有力焉錄前後功加開府別封蔡陽縣公邑千戶宣帝即
位從韋孝寬略定淮南每爲先鋒及淮南平即授淮州刺史安集初附甚得其
歡心高祖受禪加上開府轉雲州刺史歲餘徵爲左武衞將軍及晉王廣之鎮
幷州也朝廷妙選正人有文武才幹者爲之寮佐上以徹前代舊臣數持軍旅
詔徹總晉王府軍事進爵齊安郡公時蜀王秀亦鎮益州上謂侍臣曰安得文
同王子相武如李廣達者乎其見重如此明年突厥沙鉢略可汗犯塞上令衞
王爽爲元帥率衆擊之以徹爲長史遇虜於白道行軍總管李充言於爽曰周
齊之世有同戰國中夏力分其來久矣突厥每侵邊諸將輒以全軍爲計莫能
死戰由是突厥勝多敗少所以每輕中國之師今者沙鉢略悉國內之衆屯據
要險必輕我而無備精兵襲之可破也爽從之諸將多以爲疑唯徹奬成其計

請與同行遂與充率精騎五千出其不意掩擊大破之沙鉢略棄所服金甲潛草中而遁以功加上大將軍沙鉢略因此屈膝稱藩未幾沙鉢略爲阿拔所侵上疏請援以徹爲行軍總管率精騎一萬赴之阿拔聞而遁去及軍還復領行軍總管屯平涼以備胡寇封安道郡公開皇十年進位柱國及晉王廣轉牧淮海以徹爲揚州總管司馬改封德廣郡公尋徙封城陽郡公其後突厥犯塞徹復領行軍總管擊破之左僕射高熲之得罪也以徹素與熲相善因被疎忌不復任使後出怨言上聞而召之入臥內賜宴言及平生因遇鴆而卒大業中其妻宇文氏爲孽子安遠誣以呪詛伏誅

崔彭

崔彭字子彭博陵安平人也祖楷魏殷州刺史父謙周荊州總管彭少孤事母以孝聞性剛毅有武略工騎射善周官尚書略通大義周武帝時爲侍伯上士累轉門正上士及高祖爲丞相周陳王純鎮齊州高祖恐純爲變遣彭以兩騎徵純入朝彭未至齊州三十里因詐病止傳舍遣人謂純曰天子有詔書至王

所彭苦疾不能強步願王降臨之純疑有變多將從騎至彭所彭出傳舍迎之察純有疑色恐不就徵因詐純曰王可避人將密有所道純麾從騎彭又曰將宣詔王可下馬純遽下彭顧其騎士曰陳王不從詔徵可執也騎士因執而鎖之彭乃大言曰陳王有罪詔徵入朝左右不得輒動其從者愕然而去高祖見而大悅拜上儀同及踐阼遷監門郎將兼領右衞長史賜爵安陽縣男數歲轉車騎將軍俄轉驃騎恆典宿衞性謹密在省闥二十餘年每當上在仗危坐終日未嘗有怠惰之容上甚嘉之上每謂彭曰卿當上日我寢處自安又嘗曰卿弓馬固以絕人頗知學不彭曰臣少愛周禮尚書每於休沐之暇不敢廢也上曰試爲我言之彭因說君臣戒慎之義上稱善觀者以爲知言後加上開府還備身將軍上嘗宴達頭可汗使者於武德殿有鴿鳴於梁上上命彭射之既發而中上大悅賜錢一萬及使者反可汗復遣使於上曰請得崔將軍一與相見上曰此必善射聞於虜庭所以來請耳遂遣之及至匈奴中可汗召善射者數十人因擲肉於野以集飛鳶遣其善射者射之多不中復請彭射之彭連發數

矢皆應弦而落突厥相顧莫不歎服可汗留彭不遣百餘日上賂以繒綵然後得歸仁壽末進爵安陽縣公邑二千戶煬帝即位遷左領軍大將軍從幸洛陽彭督後軍時漢王諒初平餘黨往往屯聚令彭率衆數萬鎮遏山東復領慈州事帝以其清賜絹五百匹未幾而卒時年六十三帝遣使弔祭贈大將軍諡曰肅子寶德嗣

史臣曰王長述等或出總方岳或入司禁旅咸著聲績以功名終有以取之也伊婁謙志量弘遠不念舊惡請赦高遵之罪有國士之風焉崔彭巡警巖廊毅然難犯禦侮之寄有足稱乎

隋書卷五十四

隋書卷五十四考證

崔彭傳及踐阼○監本阼作祚按曲禮踐阼臨祭祀疏阼主人階天子祭祀升阼階

隋書卷五十四考證

唐　特　進　臣　魏　徵　上

列傳第二十

杜彥

杜彥雲中人也父遷屬葛榮之亂徙家於豳彥性勇果善騎射仕周釋褐左侍上士後從柱國陸通擊陳將吳明徹於土州破之又擊叛蠻剋倉塠白楊二柵斬其渠帥進平郢州賊帥樊志以戰功拜大都督尋遷儀同治隆山郡事明年拜隴州刺史賜爵永安縣伯高祖爲丞相從韋孝寬擊尉迥於相州每戰有功賜物三千段奴婢三十口進位上開府改封襄武縣侯拜魏郡太守開皇初授丹州刺史進爵爲公後六歲徵爲左武衞將軍平陳之役以行軍總管與新義公韓擒相繼而進軍至南陵賊屯據江岸彥遣儀同樊子蓋率精兵擊破其柵獲船六百餘艘度江擊南陵城拔之擒其守將許翼進至新林與擒合軍及陳平賜物五千段粟六千石進位柱國賜子寶安爵昌陽縣公高智慧等之作

亂也復以行軍總管從楊素討之別解江州圍智慧餘黨往往屯聚保投溪洞彥水陸兼進攻錦山陽父若石壁四洞悉平之皆斬其渠帥賊李陁擁衆數千據彭山彥襲擊破之斬陁傳其首又擊徐州宜豐二洞悉平之賜奴婢百餘口拜洪州總管甚有治名歲餘雲州總管賀婁子幹卒上悼惜者久之因謂侍臣曰榆林國之重鎮安得子幹之輩乎後數日上曰吾思可以鎮榆林者莫過杜彥於是徵拜雲州總管突厥來寇彥輒擒斬之北夷畏憚胡馬不敢至塞後數年朝廷復追錄前功賜子寶虔爵承縣公十八年遼東之役以行軍總管從漢王至營州上以彥曉習軍旅令總統五十營事及還拜朔州總管突厥復寇雲州上令楊素擊走之是後猶恐爲邊患以彥素爲突厥所憚復拜雲州總管未幾以疾徵還卒時年六十子寶虔大業末文城郡丞

高勱

高勱字敬德渤海脩人也齊太尉清河王岳之子也幼聰敏美風儀以仁孝聞爲齊祖所愛年七歲襲爵清河王十四爲青州刺史歷右衞將軍領軍大將軍

祠部尚書開府儀同三司改封樂安王性剛直有才幹甚爲時人所重斛律明月雅敬之每有征伐則引之爲副遷侍中尚書右僕射及後主爲周師所敗勱奉太后歸鄴時宦官放縱儀同苟子溢尤稱寵幸勱將斬之以徇太后救之乃釋劉文殊竊謂勱曰子溢之徒言成禍福何得如此勱攘袂曰今者西寇日侵朝貴多叛正由此輩弄權致使衣冠解體若得今日殺之明日受誅無所恨也文殊甚愧既至鄴勱勸後主五品已上家累悉置三臺之上因脅之曰若戰不捷則燒之此輩惜妻子必當死戰可敗也後主不從遂棄鄴東遁勱恆後殿爲周軍所得武帝見之與語大悅因問齊亡所由勱發言流涕悲不自勝帝亦爲之改容授開府儀同三司高祖爲丞相謂勱曰齊所以亡者由任邪佞公父子忠良聞於鄰境宜善自愛勱再拜謝曰勱亡齊末屬世荷恩榮不能扶危定傾以致淪覆既蒙獲宥恩幸已多況復濫叨名位致速官謗高祖甚器之以勱檢校揚州事後拜楚州刺史民安之先是城北有伍子胥廟其俗敬鬼祈禱者必以牛酒至破產業勱歎曰子胥賢者豈宜損百姓乎乃告諭所部自此遂止百

姓賴之七年轉光州刺史上取陳五策又上表曰臣聞夷凶翦暴王者之懋功取亂侮亡往賢之雅誥是以苗民逆命爰興兩階之舞有扈不賓終召六師之伐皆所以寧一寓內匡濟羣生者也自昔晉氏失馭天網絕維羣凶於焉蝟起三方因而鼎立陳氏乘其際運拔起細微蒨頊縱其長蛇竊據吳會叔寶肆其昏虐毒被金陵數年已來荒悖滋甚牝雞司旦昵近姦回尙方役徒積骸千數疆場防守長戍三年或微行暴露沉湎王侯之宅或奔馳駿騎顛墜康衢之首有功不賞無辜獲戮烽燧日警未以爲虞耽淫靡嫚不知紀極天厭亂德妖實人興或空裏時有犬聲或行路共傳鬼怪或刳人肝以祠天狗或自捨身以厭妖訛民神怨憤災異荐發天時人事昭然可知臣以庸才猥蒙朝寄頻歷藩任與其鄰接密邇仇讎知其動靜天討有罪此卽其時若戎車雷動戈船電邁臣雖駑怯請效鷹犬高祖覽表嘉之荅以優詔及大舉伐陳以勤爲行軍總管從宜陽公王世積下陳江州以功拜上開府賜物三千段隴右諸羌數爲寇亂朝廷以勤有威名拜洮州刺史下車大崇威惠民夷悅附其山谷閒生羌相率詣

府稱謳前後至者數千餘戶豪猾屏迹路不拾遺在職數年稱爲治理後遇吐谷渾來寇勱遇疾不能拒戰賊遂大掠而去憲司奏勱亡失戶口又言受羌饋遺竟坐免官後卒於家時年五十六子士廉最知名

尒朱敞

尒朱敞字乾羅秀容契胡人尒朱榮之族子也父彥伯官至司徒博陵王齊神武帝韓陵之捷盡誅尒朱氏敞小隨母養於宮中及年十二自竇而走至于大街見童兒羣戲者敞解所著綺羅金翠之服易衣而遁追騎尋至初不識敞便執綺衣兒比究問知非會日已暮由是得免遂入一村見長孫氏媪踞胡床而坐敞再拜求哀長孫氏愍之藏於複壁三年購之愈急迹且至長孫氏曰事急矣不可久留資而遣之遂詐爲道士變姓名隱高山略涉經史數年之間人頗異之嘗獨坐巖石之下泫然而歎曰吾豈終於此乎伍子胥獨何人也於是間行微服西歸於周太祖見而禮之拜大都督行臺郎中封靈壽縣伯邑千五百戶還通直散騎常侍轉車騎大將軍儀同三司進爵爲侯保定中還使持節驃

騎大將軍開府儀同三司天和中增邑五百戶歷信臨熊潼四州刺史進爵爲公武帝東征上表求從許之攻城陷陣所當皆破進位上開府除南光州刺史入爲護軍大將軍歲餘轉膠州刺史於是迎長孫氏及弟置於家厚資給之高祖受禪改封邊城郡公黔安蠻叛命敞討平之師旋拜金州總管尋轉徐州總管在職數年號爲明肅民吏懼之後以年老上表乞骸骨賜二馬軺車歸於河內卒於家時年七十二子最嗣

周搖

周搖字世安其先與後魏同源初爲普乃氏及居洛陽改爲周氏曾祖拔拔祖右六肱俱爲北平王父恕延歷行臺僕射南荊州總管搖少剛果有武藝性謹厚動遵法度仕魏官至開府儀同三司周閔帝受禪賜姓車非氏封金水郡公歷鳳楚二州刺史吏民安之從帝平齊每戰有功超授柱國進封夔國公未幾拜晉州總管時高祖爲定州總管文獻皇后自京師詣高祖路經搖所主禮甚薄既而白后曰公廨甚富於財限法不敢輒費又王臣無得効私其質直如此

高祖以其奉法每嘉之及爲丞相徙封濟北郡公尋拜豫州總管高祖受禪復姓周氏開皇初突厥寇邊燕薊多被其患前總管李崇爲虜所殺上思所以鎮之臨朝曰無以加周搖者拜爲幽州總管六州五十鎮諸軍事搖修鄣塞謹斥候邊民以安後六載徙爲壽州初自以年老乞骸骨上召之既引見上勞之曰公積行累仁歷仕三代克終富貴保茲遐壽良足善也賜坐褥歸於第歲餘終于家諡曰恭時年八十四

獨孤楷

獨孤楷字修則不知何許人也本姓李氏父屯從齊神武帝與周師戰于沙苑齊師敗績因爲柱國獨孤信所擒配爲士伍給使信家漸得親近因賜姓獨孤氏楷少謹厚便弄馬槊爲宇文護執刀累轉車騎將軍其後數從征伐賜爵廣阿縣公邑千戶拜右侍下大夫周末從韋孝寬平淮南以功賜子景雲爵西河縣公高祖爲丞相進授開府每督親信兵及受禪拜右監門將軍進封汝陽郡公數歲遷右衛將軍仁壽初出爲原州總管時蜀王秀鎮益州上徵之猶豫未

發朝廷恐秀生變拜楷益州總管馳傳代之秀果有異志楷諷諭久之乃就路楷察秀有悔色因勒兵爲備秀至興樂去益州四十餘里將反襲楷密令左右覘所爲知楷不可犯而止楷在益州甚有惠政蜀中父老于今稱之煬帝即位轉幷州總管遇疾喪明上表乞骸骨帝曰公先朝舊臣歷職二代高風素望臥以鎭之無勞躬親簿領也遣其長子凌雲監省郡事其見重如此數載轉長平太守未視事而卒謚曰恭子凌雲平雲彥雲皆不知名楷弟威見誠節傳

乞伏慧

乞伏慧字令和馬邑鮮卑人也祖周魏銀青光祿大夫父纂金紫光祿大夫並爲第一領民酋長慧少慷慨有大節便弓馬好鷹犬齊文襄帝時爲行臺左丞加蕩寇將軍累遷右衞將軍太僕卿自永寧縣公封宜民郡王其兄貴和又以軍功爲王一門二王稱爲貴顯周武平齊授使持節開府儀同大將軍拜佽飛右旅下大夫轉熊渠中大夫高祖爲丞相從韋孝寬擊尉惇於武陟所當皆破授大將軍賜物八百段及平尉迥進位柱國賜爵西河郡公邑三千戶賚物二

千三百段請以官爵讓兄朝廷不許論者義之高祖受禪拜曹州刺史曹土舊俗民多姦隱戶口簿帳恆不以實慧下車按察得戶數萬遷涼州總管先是突厥屢爲寇抄慧於是嚴警烽燧遠爲斥候虜亦素憚其名竟不入境歲餘轉齊州刺史得隱戶數千遷壽州總管其年左轉杞州刺史在職數年還徐州總管時年逾七十上表求致仕不許俄轉荊州總管又領潭桂二州總管三十一州諸軍事其俗輕剽慧躬行樸素以矯之風化大洽曾見人以籠捕魚者出絹買而放之其仁心如此百姓美之號其處曰西河公籠轉秦州總管煬帝卽位爲天水太守大業五年征吐谷渾郡濱西境民苦勞役又遇帝西巡坐爲道不整獻食疎薄帝大怒命左右斬之見其無髮乃釋除名爲民卒於家

張威

張威不知何許人也父琛魏弘農太守威少倜儻有大志善騎射膂力過人在周數從征伐位至柱國京兆尹封長壽縣公邑千戶王謙作亂高祖以威爲行軍總管從元帥梁睿擊之軍次通谷謙守將李三王擁勁兵拒守睿以威爲先

鋒三王初閉壘不戰威令人詈侮以激怒之三王果出陣威令壯士奮擊三王軍潰大兵繼至於是擒斬四千餘人進至開遠謙將趙儼衆十萬連營三十里威鑿山通道自西嶺攻其背儼遂敗走追至成都與謙大戰威將中軍及謙平進位上柱國拜瀘州總管高祖受禪歷幽洛二州總管改封晉熙郡公尋拜河北道行臺僕射後督晉王軍府事數年拜青州總管賜錢八十萬米五百石雜綵三百段威在青州頗治產業遣家奴於民間鬻蘆菔根其奴緣此侵擾百姓上深加譴責坐廢於家後從上祠太山至洛陽上謂威曰自朕之有天下每委公以重鎮可謂推赤心矣何乃不修名行唯利是視豈直孤負朕心亦且累卿名德因問威曰公所執笏今安在威頓首曰臣負罪虧憲無顏復執謹藏於家上曰可持來威明日奉笏以見上曰公雖不遵法度功効實多朕不忘之今還公笏於是復拜洛州刺史後封睆城郡公尋轉相州刺史卒官有子植大業中至武賁郎將

和洪

和洪汝南人也少有武力勇烈過人周武帝時數從征伐以戰功累遷車騎大將軍儀同三司時龍州蠻任公忻李國立等聚衆爲亂刺史獨孤善不能禦朝議以洪有武略代善爲刺史月餘擒公忻國立皆斬首梟之餘黨悉平從帝攻河陰洪力戰陷其西門帝壯之賞物千段復從帝平齊進位上儀同賜爵北平侯邑八百戶拜左勳曹下大夫柱國王軌之擒吳明徹也洪有功焉加位開府遷折衝中大夫尉迥作亂相州以洪爲行軍總管從韋孝寬擊之軍至河陽迥遣兵圍懷州洪與總管宇文述等擊走又破尉惇於武陟及平相州每戰有功拜柱國封廣武郡公邑二千戶前後賜物萬段奴婢五十口金銀各百挺牛馬百匹時東夏初平物情尚梗高祖以洪有威名令領冀州事甚得人和數歲徵入朝爲漕渠總管監轉拜泗州刺史屬突厥寇邊詔洪爲北道行軍總管擊走虜至磧而還後還徐州總管卒時年六十四

侯莫陳穎

侯莫陳穎字遵道代人也與魏南遷世爲列將父崇魏周之際歷職顯要官至

大司空頼少有器量風神警發爲時輩所推魏大統末以父軍功賜爵廣平侯
累遷開府儀同三司周武帝時從滕王逌擊龍泉文城叛胡與柱國豆盧勣各
帥兵分路而進頼懸軍五百餘里破其三柵先是稽胡叛亂輒略邊人爲奴婢
至是詔胡敢有壓匿良人者誅籍沒其妻子有人言爲胡村所隱匿者勣將誅
之頼謂勣曰將在外君命有所不行諸胡固非悉反但相迫脅爲亂耳大兵臨
之首亂者知懼脅從者思降今漸加撫慰自可不戰而定如卽誅之轉相驚恐
爲難不細未若召其渠帥以隱匿者付之令自歸首則羣胡可安勣從之羣胡
感悅爭來降附北土以安還司武加振威中大夫高祖爲丞相拜昌州刺史會
受禪竟不行加上開府進爵昇平郡公俄拜延州刺史數年轉陳州刺史平陳
之役以行軍總管從秦王俊出魯山道屬陳將荀法尙陳紀降頼與行軍總管
段文振度江安集初附尋拜饒州刺史未之官遷瀛州刺史甚有惠政在職數
年坐與秦王俊交通免官百姓將送者莫不流涕因相與立碑頌頼清德未幾
檢校汾州事俄拜邢州刺史仁壽中吏部尙書牛弘持節巡撫山東以頼爲第

一高祖嘉歎優詔褒揚時朝廷以嶺南刺史縣令多貪鄙蠻夷怨叛妙簡清吏以鎮撫之於是徵穎入朝及進見上與穎言及平生以爲歡笑數日進位大將軍拜桂州總管十七州諸軍事賜物而遣之及到官大崇恩信民夷悅服溪洞生越多來歸附煬帝卽位穎兄梁國公芮坐事徙邊朝廷恐穎不自安徵歸京師數年拜恆山太守其年嶺南閩越多不附帝以穎前在桂州有惠政爲南土所信伏復拜南海太守後四歲卒官諡曰定子虔會最知名

史臣曰杜彥東夏南服屢有戰功作鎮朔垂胡塵不起高勱死亡之際志氣懔然疾彼姦邪致茲餘慶尒朱敞幼有權奇終能止足崇基墜而復構不亦仁且智乎周搖以質實見知獨孤以恤人流譽乞伏慧能以國讓侯莫陳所居治理或知牧人之道或踐仁義之路皆有可稱焉慧以供帳不厚至於放黜並結髮登朝出入三代終享祿位不夭性齡蓋其任心而行不爲矯飾之所致也

隋書卷五十五

隋書卷五十六

唐　特　進　臣　魏　徵　上

列傳第二十一

盧愷

盧愷字長仁涿郡范陽人也父柔終於魏中書監愷性孝友神情爽悟略涉書記頗解屬文周齊王憲引爲記室其後襲爵容城伯邑千一百戶從憲伐齊愷說柏杜鎮下之遷小吏部大夫增邑七百戶染工上士王神歡者嘗以賂自進冢宰宇文護擢爲計部下大夫愷諫曰古者登高能賦可爲大夫求賢審官理須詳愼今神歡出自染工更無殊異徒以家富自通遂與搢紳並列實恐惟鵜之刺聞之外境護竟寢其事建德中增邑二百戶歲餘轉內史下大夫武帝在雲陽宮勑諸屯簡老牛欲以享士愷進諫曰昔田子方贖老馬君子以爲美談向奉明勑欲以老牛享士有虧仁政帝美其言而止轉禮部大夫爲聘陳使副先是行人多從其國禮及愷爲使一依本朝陳人莫能屈四年秋李穆攻拔軹

關柏崖二鎮命愷作露布帝讀之大悅曰盧愷文章大進荀景倩故是令君之子尋授襄州總管司錄轉治中大象元年徵拜東京吏部大夫開皇初加上儀同三司除尚書吏部侍郎進爵爲侯仍攝尚書左丞每有敷奏侃然正色雖逢喜怒不改其常帝嘉愷有吏幹賜錢二十萬幷賚雜綵三百匹加散騎常侍八年上親考百寮以愷爲上愷固讓不敢受高祖曰吏部勤幹舊所聞悉今者上考僉議攸同當仁不讓何愧之有皆在朕心無勞飾讓歲餘拜禮部尚書攝吏部尚書事會國子博士何妥與右僕射蘇威不平奏威陰事愷坐與相連上以愷屬吏憲司奏愷曰房恭懿者尉遲迥之黨不當仕進威愷二人曲相薦達累轉爲海州刺史又吏部預選者甚多愷不卽授官皆注色而遣威之從父弟徹肅二人並以鄉正徵詣吏部徹文狀後至而先任用肅左足攣蹇才用無算愷以威故授朝請郎愷之朋黨事甚明白上大怒曰愷敢將天官以爲私惠愷免冠頓首曰皇太子將以通事舍人蘇夔爲舍人夔卽蘇威之子臣以夔未當遷固啓而止臣若與威有私豈當如此上曰蘇威之子朝廷共知卿乃固執以徼

身倖至所不知者便行朋附姦臣之行也於是除名爲百姓未幾卒于家自周氏以降選無清濁及愷攝吏部與薛道衡陸彥師等甄別士流故涉黨固之譖遂及於此子義恭嗣

令狐熙

令狐熙字長熙燉煌人也代爲西州豪右父整仕周官至大將軍始豐二州刺史熙性嚴重有雅量雖在私室終日儼然不妄通賓客凡所交結必一時名士博覽羣書尤明三禮善騎射頗知音律起家以通經爲吏部上士尋授都督輔國將軍轉夏官府都上士俱有能名以母憂去職殆不勝喪其父戒之曰大孝在於安親義不絕嗣吾今見存汝又隻立何得過爾毀頓貽吾憂也熙自是稍加饘粥服闋除小駕部復丁父憂非杖不起人有聞其哭聲莫不爲之下泣河陰之役詔令墨縗從事還授職方下大夫襲爵彭陽縣公邑二千一百戶及武帝平齊以留守功增邑六百戶進位儀同歷司勳吏部二曹中大夫甚有當時之譽高祖受禪之際熙以本官行納言事尋除司徒左長史加上儀同進爵河

南郡公時吐谷渾寇邊以行軍長史從元帥元諧討之以功進位上開府會蜀
王秀出鎮於蜀綱紀之選咸屬正人以熙爲益州總管長史未之官拜滄州刺
史時山東承齊之弊戸口簿籍類不以實熙曉諭之令自歸首至者一萬戸在
職數年風教大洽稱爲良二千石開皇四年上幸洛陽熙來朝吏民恐其遷易
悲泣於道及熙復還百姓出境迎謁歡叫盈路在州獲白烏白麞嘉麥甘露降
於庭前柳樹八年徙爲河北道行臺度支尚書吏民追思相與立碑頌德及行
臺廢授并州總管司馬後徵爲雍州別駕尋爲長史遷鴻臚卿後以本官兼吏
部尚書往判五曹尚書事號爲明幹上甚任之及上祠太山還次汴州惡其殷
盛多有姦俠於是以熙爲汴州刺史下車禁游食抑工商民有向街開門者杜
之船客停於郭外星居者勒爲聚落僑人逐令歸本其有滯獄並決遣之令行
禁止稱爲良政上聞而嘉之顧謂侍臣曰鄴都天下難理處也勑相州刺史豆
盧通令習熙之法其年來朝考績爲天下之最賜帛三百匹頒告天下上以嶺
南夷越數爲反亂徵拜桂州總管十七州諸軍事許以便宜從事刺史以下官

得承制補授給帳內五百人賜帛五百匹發傳送其家累改封武康郡公熙至部大弘恩信其溪洞渠帥更相謂曰前時總管皆以兵威相脅今者乃以手教相諭我輩其可違乎於是相率歸附先是州縣生梗長吏多不得之官寄政于總管府熙悉遣之爲建城邑開設學校華夷感敬稱爲大化時有寧猛力者與陳後主同日生自言貌有貴相在陳日已據南海平陳後高祖因而撫之即拜安州刺史然驕倨恃其阻險未嘗參謁熙手書諭之申以交友之分其母有疾熙復遣以藥物猛力感之詣府請謁不敢爲非熙以州縣多有同名者於是奏改安州爲欽州黃州爲峯州利州爲智州德州爲驩州東寧爲融州上皆從之在職數年上表曰臣忝寄嶺表四載于茲犬馬之年六十有一才輕任重愧懼兼深常願收拙避賢稍免官謗然所管遐曠綏撫尤難雖近能頓革夷風頗亦漸識皇化但臣夙患消渴比更增甚筋力精神轉就衰邁昔在壯齒猶不如人況今年疾俱侵豈可猶當重寄請解所任優詔不許賜以醫藥熙奉詔令交州渠帥李佛子入朝佛子欲爲亂請至仲冬上道熙意在羈縻遂從之有人詣闕

訟熙受佛子賂而捨之上聞而固疑之旣而佛子反問至上大怒以爲信然遣使者鎖熙詣闕熙性素剛鬱鬱不得志行至永州憂憤發病而卒時年六十三上怒不解於是沒其家財及行軍總管劉方擒佛子送於京師言熙實無贓貨上乃悟於是召其四子聽預仕焉少子德棻最知名

薛胄

薛胄字紹玄河東汾陰人也父端周蔡州刺史胄少聰明每覽異書便曉其義常歎訓注者不會聖人深旨輒以意辯之諸儒莫不稱善性慷慨志立功名周明帝時襲爵文城郡公累遷上儀同尋拜司金大夫後加開府高祖受禪擢拜魯州刺史未之官檢校廬州總管事尋除兗州刺史及到官繫囚數百胄剖斷旬日便了囹圄空虛有陳州人向道力者僞作高平郡守將之官胄遇諸塗察其有異將留詰之司馬王君馥固諫乃聽詣郡旣而悔之卽遣主簿追禁道力有部人徐俱羅者嘗任海陵郡守先是已爲道力僞代之比至秩滿公私不悟俱羅遂語君馥曰向道力以經代俱羅爲郡使君豈容疑之君馥以俱羅所陳

又固請胄胄呵君馥曰吾已察知此人詐也司馬容姦當連其坐君馥乃止遂往收之道力懼而引僞其發姦擿伏皆此類也時人謂爲神明先是兗州城東沂泗二水合而南流汎濫大澤中胄遂積石堰之使決令西注陂澤盡爲良田又通轉運利盡淮海百姓賴之號爲薛公豐兗渠胄以天下太平登封告禪帝王盛烈遂遣博士登太山觀古跡撰封禪圖及儀上之高祖謙讓不許後轉郢州刺史前後俱有惠政徵拜衞尉卿尋轉大理卿持法寬平名爲稱職後遷刑部尚書時左僕射高熲稍被疏忌及王世積之誅也熲事與相連上因此欲成熲罪胄明雪之正議其獄由是忤旨械繫之久而得免檢校相州事甚有能名會漢王諒作亂并州遣僞將綦良東略地攻逼慈州刺史上官政請援於胄胄畏諒兵鋒不敢拒良又引兵攻胄胄欲以計却之遣親人魯世範說良曰天下事未可知胄爲人臣去就須得其所何遽相攻也良於是釋去進圖黎陽及良爲史祥所攻棄軍歸胄朝廷以胄懷貳心鎖詣大理相州吏人素懷其恩詣闕理胄者百餘人胄竟坐除名配防嶺南道病卒有子筠獻並知名

宇文弼

宇文弼字公輔河南洛陽人也其先與周同出祖直力覲魏鉅鹿太守父珎周宕州刺史弼慷慨有大節博學多通仕周爲禮部上士嘗奉使鄧至國及黑水龍涸諸羌前後降附三十餘部及還奉詔修定五禮書成奏之賜公田十二頃粟百石累遷少吏部擢八人爲縣令皆有異績時以爲知人轉內史都上士武帝將出兵河陽以伐齊謀及臣下弼進策曰齊氏建國于今累葉雖曰無道藩屏之寄尚有其人今之用兵須擇其地河陽衝要精兵所聚盡力攻圍恐難得志如臣所見彼汾之曲戍小山平攻之易拔用武之地莫過於此願陛下詳之帝不納師竟無功建德五年大舉伐齊卒用弼計弼於是募三輔豪俠少年數百人以爲別隊從帝攻拔晉州身被三瘡苦戰不息帝奇而壯之後從帝平齊以功拜上儀同封武威縣公邑千五百戶賜物千五百段奴婢百五十口馬牛羊千餘頭拜司州總管司錄宣帝嗣位遷左守廟大夫時突厥寇甘州帝令侯莫陳昶率兵擊之弼爲監軍弼謂昶曰黠虜之勢來如激矢去若絕絃若欲追

躡艮爲難及且宜選精騎直趣祈連之西賊若收軍必自蓼泉之北此地險隘兼復下濕度其人馬三日方度緩轡追討何慮不及彼勞我逸破之必矣若邀此路真上策也昶不能用之西取合黎大軍行遲虜已出塞其年弢又率兵從梁士彥攻拔壽陽尋改封安樂縣公增邑六百戶賜物六百段加以口馬除滄州刺史俄轉南司州刺史後司馬消難之奔陳也弢追之不及遇陳將樊毅戰於漳口自旦及午三戰三捷虜獲三千人除黃州刺史尋轉南定州刺史開皇初以前功封平昌縣公加邑一千二百戶入爲尚書右丞時西羌內附詔弢持節安集之置鹽澤蒲昌二郡而還遷尚書左丞當官正色爲百寮所憚三年突厥寇甘州以行軍司馬從元帥竇榮定擊破之還除太僕少卿轉吏部侍郎平陳之役楊素出信州道令弢持節爲諸軍節度仍領行軍總管劉仁恩之破陳將呂仲肅也弢有謀焉加開府擢拜刑部尚書領太子虞候率上營親臨釋奠弢與博士論議詞致清遠觀者屬目上大悅顧謂侍臣曰朕今覩周公之制禮見宣尼之論孝實慰朕心於是頒賜各有差時朝廷以晉陽爲重鎮并州總管

必屬親王其長史司馬亦一時高選前長史王韶卒以弢有文武幹用出為幷州長史俄以父艱去職尋詔起之十八年遼東之役授元帥漢王府司馬仍尋領行軍總管軍還之後歷朔代吳三州總管皆有能名煬帝即位徵拜刑部尚書仍持節巡省河北還除泉州刺史歲餘復拜刑部尚書尋轉禮部尚書弢既以才能著稱歷職顯要聲望甚重物議時談多見推許帝頗忌之時帝漸好聲色尤勤遠略弢謂高熲曰昔周天元好聲色而國亡以今方之不亦甚乎又言長城之役幸非急務有人奏之竟坐誅死時年六十二天下冤之所著辭賦二十餘萬言為尚書孝經注行於時有子儉瑗

張衡

張衡字建平河內人也祖嶷魏河陽太守父光周萬州刺史衡幼懷志尚有骨鯁之風年十五詣太學受業研精覃思為同輩所推周武帝居太后憂與左右出獵衡露髮輿櫬扣馬切諫帝嘉焉賜衣一襲馬一匹擢拜漢王侍讀衡又就沈重受三禮略究大旨累遷掌朝大夫高祖受禪拜司門侍郎及晉王廣為河

北行臺衡歷刑部度支二曹郎後以臺廢拜并州總管掾及王轉牧揚州衡復
爲掾王甚親任之衡亦竭慮盡誠事之奪宗之計多衡所建也以母憂去職歲
餘起授揚州總管司馬賜物三百段開皇中熙州李英林聚衆反署置百官以
衡爲行軍總管率步騎五萬人討平之拜開府賜奴婢一百三十口物五百段
金銀雜畜稱是及王爲皇太子拜衡右庶子仍領給事黃門侍郎煬帝嗣位除
給事黃門侍郎進位銀青光祿大夫俄遷御史大夫甚見親重大業三年帝幸
榆林郡還至太原謂衡曰朕欲過公宅可爲朕作主人衡於是馳至河內與宗
族具牛酒帝上太行開直道九十里以抵其宅帝悅其山泉留宴三日因謂衡
曰往從先皇拜太山之始途經洛陽瞻望於此深恨不得相過不謂今日得諧
宿願衡俯伏辭謝奉觴上壽帝益歡賜其宅傍田三十頃良馬一匹金帶縑綵
六百段衣一襲御食器一具衡固讓帝曰天子所至稱幸者蓋爲此也不足爲
辭衡復獻食於帝帝令頒賜公卿下至衞士無不霑洽衡以藩邸之舊恩寵莫
與爲比頗自驕貴明年帝幸汾陽宮宴從官特賜絹五百匹帝欲大汾陽宮令

衡與紀弘整具圖奏之衡承間進諫曰比年勞役繁多百姓疲敝伏願留神稍加折損帝意甚不平後嘗目衡謂侍臣曰張衡自謂由其計畫令我有天下也時齊王暕失愛於上帝密令人求暕罪失有人譖暕違制將伊闕令皇甫詡從之汾陽宮又錄前幸涿郡及祠恒岳時父老謁見者衣冠多不整帝譴衡以憲司皆不能舉正出爲榆林太守明年帝復幸汾陽宮衡督役築樓煩城因而謁帝帝惡衡不損瘦以爲不念咎因謂衡曰公甚肥澤宜且還郡衡復之榆林俄而勑衡督役江都宮有人詣衡訟宮監者衡不爲理還以訟書付監其人大爲監所困禮部尚書楊玄感使至江都其人詣玄感稱冤玄感固以衡爲不可及與衡相見未有所言又先謂玄感曰薛道衡真爲枉死玄感具上其事江都丞王世充又奏衡頻減頓具帝於是發怒鎖衡詣江都市將斬之久而乃釋除名爲民放還田里帝每令親人覘衡所爲八年帝自遼東還都衡妾言衡怨望謗訕朝政竟賜盡于家臨死大言曰我爲人作何物事而望久活監刑者塞耳促令殺之義寧中以死非其罪贈大將軍南陽郡公謚曰忠有子希玄

楊汪

楊汪字元度本弘農華陰人也曾祖順徙居河東父琛儀同三司及汪貴追贈平鄉縣公汪少凶疎好與人羣鬭拳所毆擊無不顚踣長更折節勤學專精左氏傳通三禮解褐周冀王侍讀王甚重之每曰楊侍讀德業優深孤之穆生也其後問禮於沈重受漢書於劉臻二人推許之曰吾弗如也由是知名累遷夏官府都上士及高祖居相引知兵事遷掌朝下大夫高祖受禪賜爵平鄉縣伯邑二百戶歷尙書司勳兵部二曹侍郎秦州總管長史名爲明幹遷尙書左丞坐事免後歷荆洛二州長史每聽政之暇必延生徒講授時人稱之數年高祖謂諫議大夫王達曰卿爲我覓一好左丞達遂私於汪曰我當薦君爲左丞若事果當以良田相報也汪以達所言奏之達竟以獲罪卒拜汪爲尙書左丞汪明習法令果於剖斷當時號爲稱職煬帝卽位守大理卿汪視事二日帝將親省囚徒其時繫囚二百餘人汪通宵究審詰朝而奏曲盡事情一無遺誤帝甚嘉之歲餘拜國子祭酒帝令百寮就學與汪講論天下通儒碩學多萃焉論難

鋒起皆不能屈帝令御史書其問答奏之省而大悅賜良馬一匹大業中爲銀青光祿大夫及楊玄感反河南贊治裴弘策出師禦之戰不利弘策出還遇汪而屏人交語既而留守樊子蓋斬弘策以狀奏汪帝疑之出爲梁郡通守後李密已逼東都其徒頻寇梁郡汪勒兵拒之頻挫其銳煬帝崩王世充推越王侗爲主徵拜吏部尚書頗見親委及世充僭號汪復用事世充平以兇黨誅死

史臣曰盧愷諫說可稱令狐熙所居而治薛冑執憲平允宇文弢聲望攸歸張衡以鯁正立名楊汪以學業自許然皆有善始鮮克令終九仞之基俱傾於一匱惜哉夫忠爲令德施非其人尚或不可況託足邪徑而又不得其人者歟語曰無爲權首將受其咎又曰無始禍無召亂張衡既召亂源實爲權首動不以順其能不及於此乎

隋書卷五十六考證

史臣贊九仞之基俱傾於一匱○按匱與簣通前漢王莽傳綱紀咸張成在一匱

隋書卷五十六考證

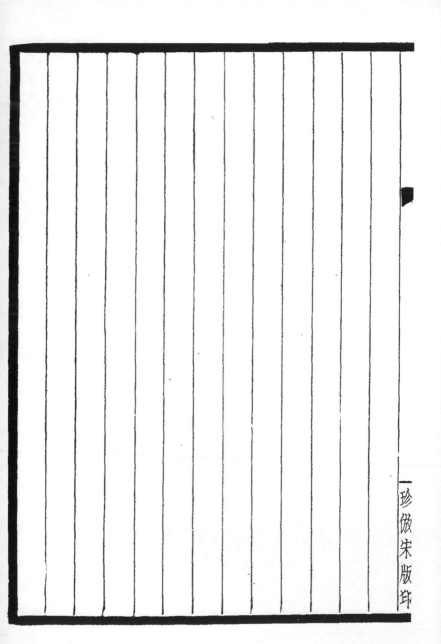

唐　特　進　臣　魏　徵　上

列傳第二十二

盧道思 從父兄昌衡

盧思道字子行范陽人也祖陽烏魏祕書監父道亮隱居不仕思道聰爽俊辯通侻不羈年十六遇中山劉松松爲人作碑銘以示思道思道讀之多所不解於是感激閉戶讀書師事河閒邢子才後思道復爲文以示劉松松又不能甚解思道乃喟然歎曰學之有益豈徒然哉因就魏收借異書數年之閒才學兼著然不持操行好輕侮人齊天保中魏史未出思道先已誦之由是大被笞辱前後屢犯因而不調其後左僕射楊遵彥薦之於朝解褐司空行參軍長兼員外散騎侍郎直中書省文宣帝崩當朝文士各作挽歌十首擇其善者而用之魏收陽休之祖孝徵等不過得一二首唯思道獨得八首故時人稱爲八米盧郎後漏洩省中語出爲丞相西閤祭酒歷太子舍人司徒錄事參軍每居官多被

譴辱後以擅用庫錢免歸於家嘗於薊北悵然感慨爲五言詩以見意人以爲
工數年復爲京畿主簿歷主客郎給事黄門侍郎待詔文林館周武帝平齊授
儀同三司追赴長安與同輩陽休之等數人作聽蟬鳴篇思道所爲詞意清切
爲時人所重新野庾信徧覽諸同作者而深歎美之未幾以母疾還鄉遇同郡
祖英伯及從兄昌期宋護等舉兵作亂思道預焉周遣柱國宇文神舉討平之
罪當法已在死中神舉素聞其名引出之令作露布思道援筆立成文無加點
神舉嘉而宥之後除掌教上士高祖爲丞相遷武陽太守非其好也爲孤鴻賦
以寄其情曰余志學之歲自鄉里遊京師便見識知音歷受羣公之眷年登弱
冠甫就朝列談者過誤遂竊虛名通人楊令君邢特進已下皆分庭致禮倒屣
相接翦拂吹噓長其光價而才本駑拙性實疏懶勢利貨殖淡然不營雖籠絆
朝市且三十載而獨往之心未始去懷抱也攝生舛和有少氣疾分符坐嘯作
守東原洪河之湄沃野彌望嚚務既屏魚鳥爲鄰有離羣之鴻爲羅者所獲野
人馴養貢之於余置諸池庭朝夕賞翫既用銷憂兼以輕疾大易稱鴻漸於陸

羽儀盛也揚子曰鴻飛冥冥騫翥高也淮南云東歸碣石違溽暑也平子賦曰南寓衡陽避祁寒也若其雅步清音遠心高致鵷鸞以降罕見其儔而鎩翮牆陰偶影獨立唼喋粃粺雞鶩爲伍不亦傷乎余五十之年忽焉已至永言身事慨然多緒乃爲之賦聊以自慰云其詞曰惟此孤鴻擅奇羽蟲實稟清高之氣遠生遼碣之東氄毛將落和鳴順風壯冰云厚矯翅排空出島嶼之綿邈犯霜露之溟濛驚維魚之密網畏落鴈之虛弓若其斗柄東指女夷司月乃遙集於寒門遂輕舉於玄闕至如天高氣肅搖落在時既嘯儔於淮浦亦弄吭於江湄摩赤霄以淩厲乘丹氣之威夷遡商飈之嫋嫋翫陽景之遲遲彭蠡方春洞庭初綠理翮整翰羣浮侶浴振雪羽而臨風掩霜毛而候旭饜江湖之菁藻飫原野之菽粟行離離而高逝響嗈嗈而相續潔齊國之冰紈皓密山之華玉若乃晨沐清露安趾徐步夕息芳洲延頸乘流違寒競逐浮沅水宿避暑言歸絕漠雲飛望玄鵠而爲侶比朱鷺而相依倦天衢之冥漠降河渚之芳菲忽值羅人設網虞者懸機永辭寥廓蹈迹重圍始則窘束籠樊憂憚刀俎靡軀絕命恨失

其所終乃馴狎園庭栖託池籞稻粱爲惠恣其容與於是翕羽宛頸屏氣銷聲滅煙霞之高想闕江海之幽情何時驤首奮翼上淩太清騫翥鼓舞遠薄層城惡禽視而不貴小鳥顧而相輕安控地而無恥豈沖天之復榮若夫圖南之羽偉而去羨栖睫之蟲微而不賤各遂性於天壤弗企懷以交戰不聽咸池之樂不饗太牢之薦匹晨雞而共飲偶野鳧以同膳匪揚聲以顯聞寧校體而求見聊寓形乎沼沚且夷心於溏淀齊榮辱以晏如承君子之餘眄開皇初以母老表請解職優詔許之思道自恃才地多所陵轢由是宦塗淪滯既而又著勞生論指切當時其詞曰莊子曰大塊勞我以生誠哉斯言也余年五十羸老云至追惟疇昔勤矣厥生乃著茲論因言時云爾罷郡屏居有客造余者少選之頃盱衡而言曰生者天地之大德人者有生之最靈所以作配兩儀稱貴羣品妍蚩愚智之辨天懸壤隔行己立身之異入海登山今吾子生於右地九葉卿族天授俊才萬夫所仰學綜流略慕孔門之游夏辭窮麗則擬漢日之卿雲行藏有節進退以禮不諂不驕無慍無悸偃仰貴賤之間從容語默之際何其裕也

下走所欣羡焉余莞爾而笑曰未之思乎何所言之過也子其清耳請爲左右陳之夫人之生也皆未若無生在余之生勞亦勤止紈綺之年伏膺教義規行矩步從善而登巾冠之後濯纓受署纏鑠仁義籠絆朝市失翹陸之本性喪江湖之遠情淪此風波溺於倒躓憂勞總至事非一緒何則地胄高華既致嫌於管庫才識美茂亦受嫉于愚庸篤學強記聾瞽於焉側目清言河瀉木訥所以疾心豈徒蠹惜春粱鴟悋腐鼠相江都而永歎傅長沙而不歸固亦魯值臧倉楚逢靳尚趙壹爲之哀歌張升於是慟哭有齊之季不遇休明申胆就鞅屏迹無地段珪張讓金貝是視賈謐郭淮腥臊可餍淫刑以逞禍近池魚耳聽惡來之譏足踐龍逢之血周氏末葉仍值僻王斂笏升階汗流浹背莒客之踵躋焦原匹茲非險齊人之手執馬尾方此未危若乃羊腸句注之道據鞍振策武落雞田之外櫛風沐雨三旬九食不敢稱弊此之爲役蓋其小小者耳今泰運肇開四門以穆冕旒司契於上夔龍佐命於下岐伯善卷恥狥幽憂卞隨務光悔從木石余年在秋方已迫知命情禮宜退不獲晏安一葉從風無損鄧林之攢

植雙鳧退飛不虧渤澥之游泳耕田鑿井晚息晨興候南山之朝雲擥北堂之明月汎勝九穀之書覩其節制崔寔四人之令奉以周旋晨荷簑笠白屋黃冠之伍夕談穀稼霑體塗足之倫濁酒盈罇高歌滿席恍兮惚兮天地一指此野人之樂也子或以是羨余乎客曰吾子之事既聞之矣佗人有心又請論其梗槩余答曰雲飛泥沉卑高異等圓行方止動息殊致是以摩霄運海輕尉羅於藪澤五衢四照忽斤斧於山林余晚值昌辰遂其弱尚觀人事之隕穫覩時路之邅危玄冬修夜靜言長想可以累歎悼心流涕酸鼻人之百年脆促已甚奔駒流電不可為辭顧慕周章數紀之內窮通榮辱事無足道而有識者鮮無識者多褊隘凡近輕險躁薄居家則人面獸心不孝不義出門則諂諛讒佞無愧無恥退身知足忘伯陽之炯戒陳力就列弃周任之格言悠悠遠古斯患已積迄於近代此蠹尤深范卿攜讓之風搢紳不嗣夏書昏墊之罪執政所安朝露未晞小車盈董石之巷夕陽且落皂蓋填閭竇之里皆如脂如韋俯僂匍匐嗽惡求媚舐痔自親美言諂笑助其愉樂詐泣佞哀恤其喪紀近通旨酒遠貢文

蛇豔姬美女委如脫屣金銑玉華弃同遺跡及鄧通失路一簪之賄無餘梁冀就誅五侯之貴將起向之求官買職晚謁晨趨刺促望塵之舊遊伊優上堂之夜客始則亡魂褫魄若牛兄之遇獸心戰色沮似葉公之見龍俄而抵掌揚眉高視闊步結侶弃廉公之第攜手哭聖卿之門華轂生塵來如激矢雀羅暫設去等絕絃飴蜜非甘山川未阻千變萬化鬼出神入爲此者皆衣冠士族或有藝能不恥不仁不畏不義靡愧友朋莫慚妻子外呈厚貌內蘊百心繇是則紆青佩紫牧州典郡冠幘劫人厚自封殖妍歌妙舞列鼎撞鍾耳倦絲桐口飫珍旨雖素論以爲非而時宰之不責末俗蚩蚩如此之敝余則違時薄宦屏息窮居甚恥驅馳深畏乾沒心若死灰不營勢利家無儋石不費囊錢偶影聯官將數十載駑拙致笑輕生所以告勞也真人御宇斲雕爲朴人之榮辱時反邕熙風力上宰內敷文教方邵重臣外揚武節被之大道洽以淳風舉必以才爵無濫授梟斯首鼠不預衣簪阿黨比周掃地俱盡輕薄之儔滅影竄迹礫石變成瑜瑾蕢莠化爲芝蘭曩之扇俗攪時較耳穢目今悉不聞不見莫余敢侮易曰

聖人作而萬物覩斯之謂乎歲餘被徵奉詔郊勞陳使頃之遭母憂未幾起爲散騎侍郎奏內史侍郎事于時議置六卿將除大理思道上奏曰省有駕部寺留太僕省有刑部寺除大理斯則重畜產而賤刑名誠爲未可又陳殿庭非杖罰之所朝臣犯笞罪請以贖論上悉嘉納之是歲卒于京師時年五十二上甚惜之遣使弔祭焉有集三十卷行於時子赤松大業中官至河東長史

昌衡字子均父道虔魏尚書僕射昌衡小字龍子風神澹雅容止可法博涉經史工草行書從弟思道小字釋奴宗中俱稱英妙故幽州爲之語曰盧家千里釋龍奴子年十七魏濟陰王元暉業召補太尉參軍事兼外兵參軍齊氏受禪歷平恩令太子舍人尋爲僕射祖孝徵所薦遷尚書金部郎孝徵每曰吾用盧子均爲尚書郎自謂無愧幽州矣其後兼散騎侍郎迎勞周使武帝平齊授司玉中士與大宗伯斛斯徵修禮令開皇初拜上書祠部侍郎高祖嘗大集羣下令自陳功績人皆競進昌衡獨無所言左僕射高熲目而異之陳使賀徹周濆相繼來聘朝廷每令昌衡接對之未幾出爲徐州總管長史甚有能名吏部尚

書蘇威考之曰德爲人表行爲士則論者以爲美談嘗行至浚儀所乘馬爲佗牛所觸因致死牛主陳謝求還價亘昌衡謂之曰六畜相觸自關常理此其人情也君何謝拒而不受性寬厚不校皆此類也轉壽州總管長史總管宇文述甚敬之委以州務歲餘遷金州刺史仁壽中奉詔持節爲河南道巡省大使及還以奉使稱旨授儀同三司賜物三百段昌衡自以年在懸車表乞骸骨優詔不許大業初徵爲太子左庶子行詣洛陽道卒時年七十二子寶素寶胤

李孝貞

李孝貞字元操趙郡柏人人也父希禮齊信州刺史世爲著姓孝貞少好學能屬文在齊釋褐司徒府參軍事簡靜不妄通賓客與從兄儀曹郎中騷太子舍人季節博陵崔子武范陽盧詢祖爲斷金之契後以射策甲科拜給事中于時黃門侍郎高乾和親要用事求婚於孝貞孝貞拒之由是有隙陰譖之出爲太尉府外兵參軍後歷中書舍人博陵太守司州別駕復兼散騎常侍聘周使副還除給事黃門侍郎周武帝平齊授儀同三司少典祀下大夫宣帝卽位轉吏

部下大夫高祖爲丞相迥尉作亂相州孝貞從韋孝寬擊之以功授上儀同三司開皇初拜馮翊太守爲犯廟諱於是稱字後數歲遷蒙州刺史吏民安之自此不復留意於文筆人問其故慨然歎曰五十之年倏焉而過鬢垂素髮筋力已衰宦意文情一時盡矣悲夫然每暇日輒引賓客絃歌對酒終日爲歡徵拜內史侍郎與內史李德林參典文翰然孝貞無幹劇之用頗稱不理上譴怒之勅御史劾其事由是出爲金州刺史卒官所著文集二十卷行於世有子允玉孝貞弟孝威亦有雅望大業中官至大理少卿

薛道衡從弟孺

薛道衡字玄卿河東汾陰人也祖聰魏濟州刺史父孝通常山太守道衡六歲而孤專精好學年十三講左氏傳見子產相鄭之功作國僑贊頗有詞致見者奇之其後才名益著齊司州牧彭城王浟引爲兵曹從事尚書左僕射弘農楊遵彥一代偉人見而嗟賞授奉朝請吏部尚書隴西辛術與語歎曰鄭公業不亡矣河東裴讞目之曰自鼎遷河朔吾謂關西孔子罕值其人今復遇薛君矣

武成作相召爲記室及卽位累遷太尉府主簿歲餘兼散騎常侍接對周陳二使武平初詔與諸儒修定三禮除尙書左外兵郎陳使傅縡聘齊以道衡兼主客郎接對之縡贈詩五十韻道衡和之南北稱美魏收曰傅縡所謂以蚓投魚耳待詔文林館與范陽盧思道安平李德林齊名友善復以本官直中書省尋拜中書侍郎仍參太子侍讀後主之時漸見親用于時頗有附會之譏後與侍中斛律孝卿參預政事道衡且陳備周之策孝卿不能用及齊亡周武引爲御史二命士後歸鄉里自州主簿入爲司祿上士高祖作相從元帥梁睿擊王謙攝陵州刺史大中定授儀同攝邛州刺史高祖受禪坐事除名河間王弘北征突厥召典軍書還除內史舍人其年兼散騎常侍聘陳主使道衡因奏曰江東蕞爾一隅僭擅遂久實由永嘉已後華夏分崩劉石苻姚慕容赫連之輩妄竊名號尋亦滅亡魏氏自北徂南未遑遠略周齊兩立務在兼并所以江表逋誅積有年祀陛下聖德天挺光膺寶祚比隆三代平一九州豈容使區區之陳久在天網之外臣今奉使請責以稱藩高祖曰朕且含養置之度外勿以言辭相

折識朕意焉江東雅好篇什陳主尤愛雕蟲道衡每有所作南人無不吟誦焉及八年伐陳授淮南道行臺尚書吏部郎兼掌文翰王師臨江高熲夜坐幕下謂之曰今段之舉克定江東已下君試言之道衡答曰凡論大事成敗先須以至理斷之禹貢所載九州本是王者封域後漢之季羣雄競起孫權兄弟遂有吳楚之地晉武受命尋即吞併永嘉南遷重此分割自爾已來戰爭不息否終斯泰天道之恆郭璞有云江東偏王三百年還與中國合今數將滿矣以運數而言其必克一也有德者昌無德者亡自古興滅皆由此道主上躬履恭儉憂勞庶政叔寶峻宇雕牆酣酒荒色上下離心人神同憤其必克二也爲國之體在于任寄彼之公卿備員而已拔小人施文慶委以政事尚書令江總唯事詩酒本非經略之才蕭摩訶任蠻奴是其大將一夫之用耳其必克三也我有道而大彼無德而小量其甲士不過十萬西自巫峽東至滄海分之則勢懸而力弱聚之則守此而失彼其必克四也席捲之勢其在不疑熲忻然曰君言成敗事理分明吾今豁然矣本以才學相期不意籌略乃爾還除吏部侍郎後坐抽

擢人物有言其黨蘇威任人有意故者除名配防嶺表晉王廣時在揚州陰令人諷道衡從揚州路將奏留之道衡不樂王府用漢王諒之計遂出江陵道而去尋有詔徵還直內史省晉王由是銜之然愛其才猶頗見禮後數歲授內史侍郎加上儀同三司道衡每至構文必隱坐空齋蹋壁而臥聞戶外有人便怒其沉思如此高祖每曰薛道衡作文書稱我意然誡之以迂誕後高祖善其稱職謂楊素牛弘曰道衡老矣驅使勤勞宜使其朱門陳戟於是進位上開府賜物百段道衡辭以無功高祖曰爾久勞階陛國家大事皆爾宣行豈非爾功也道衡久當樞要才名益顯太子諸王爭相與交高熲楊素雅相推重聲名籍甚無競一時仁壽中楊素專掌朝政道衡既與素善上不欲道衡久知機密因出檢校襄州總管道衡久蒙驅策一旦違離不勝悲戀言之哽咽高祖愴然改容曰爾光陰晚暮侍奉誠勞朕欲令爾將攝兼撫萌俗今爾之去朕如斷一臂於是賚物三百段九環金帶并時服一襲馬十匹慰勉遣之在任清簡吏民懷其惠煬帝嗣位轉潘州刺史歲餘上表求致仕帝謂內史侍郎虞世基曰道衡將

至當以祕書監待之道衡既至上高祖文皇帝頌其詞曰太始太素荒茫造化之初天皇地皇杳冥書契之外其道絕其迹遠言談所不詣耳目所不追至於入穴登巢鶉居鷇飲不殊於羽族取類於毛羣亦何貴於人靈何用於心識羲軒已降爰暨唐虞則乾象而施法度觀人文而化天下然後帝王之位可重聖哲之道爲尊夏后殷周之國禹湯文武之主功濟生民聲流雅頌然陵替於三五慚德於干戈秦居閏位任刑名爲政本漢執靈圖雜霸道而爲業當塗興而三方峙典午末而四海亂九州封域窟穴鯨鯢之羣五都遺黎蹴踏戎馬之足雖玄行定嵩洛木運據崤函未正滄海之流詎息崑山之燎叶千齡之旦暮當萬葉之一朝者其在大隋乎粵若高祖文皇帝誕聖降靈則赤光照室韜神晦迹則紫氣騰天龍顏日角之奇玉理珠衡之異著在圖籙彰乎儀表而帝系靈長神基崇峻類邠岐之累德異豐沛之勃起俯膺歷試納揆賓門位長六卿望高百辟猶重華之爲太尉若文命之任司空蒼歷將盡率土糜沸玉弩驚天金鉦照野姦雄挺禍據河朔而連海岱猾長縱惡杜白馬而塞城皐庸蜀逆命憑

銅梁之險鄖黃背誕引金陵之寇三川已震九鼎將飛高祖龍躍鳳翔濡足授
手應赤伏之符受玄狐之籙命百下百勝之將動九天九地之師平共工而殄
蚩尤翦猰貐而戮鑿齒不煩二十八將無暇五十二征曾未踰時妖逆咸殄廓
氛霧於區宇出黎元於塗炭天柱傾而還正地維絕而更紐殊方稽顙識牛馬
之內向樂師伏地懼鍾石之變聲萬姓所以樂推三靈於是改卜壇場已備猶
弘五讓之心億兆難違方從四海之請光臨寶祚展禮郊丘舞六代而降天神
陳四圭而饗上帝乾坤交泰品物咸亨酌前王之令典改易徽號因庶萌之子
來移創都邑天文上當朱鳥地理下據黑龍正位辨方揆景於日月內宮外座
取法於辰象懸政教於魏闕朝羣后於明堂除舊布新移風易俗天街之表地
脈之外獯狁孔熾其來自久橫行十萬樊噲於是失辭提步五千李陵所以陷
沒周齊兩盛競結旄頭娉狄后於漠北未足息其侵擾傾珍藏於山東不能止
其貪暴炎靈啓祚聖皇馭寓運天策於帷扆播神威於沙朔柳室氈裘之長皆
為臣隸瀚海蹛林之地盡充沙苑三吳百越九江五湖地分南北天隔內外談

黃旗紫蓋之氣特龍蟠獸據之嶮恆有僭偽之君妄竊帝王之號時經五代年移三百爰降皇情永懷大道愍彼黎獻獨爲匪人今上利建在唐則哲居代地憑宸極天縱神武受脤出車一舉平定於是八荒無外九服大同四海爲家萬里爲宅乃休牛散馬偃武修文自華夏亂離綿積年代人造戰爭之具家習澆偽之風聖人之遺訓莫存先王之舊典咸墜爰命秩宗刊定五禮申勑太子改正六樂玉帛罇俎之儀節文乃備金石匏革之奏雅俗始分而留心政術垂神聽覽早朝晏罷廢寢忘食憂百姓之未安懼一物之失所行先王之道夜思待旦革百王之弊朝不及夕見一善事喜彰於容旨聞一愆犯歎深於在予薄賦輕徭務農重穀倉廩有紅腐之積黎萌無阻飢之慮天性弘慈聖心惻隱恩加禽獸胎卵於是獲全仁霑草木牛羊所以勿踐至於憲章重典刑名大辟申法而屈情決斷於俄頃故能彝倫攸敘上下齊肅左右絕諂諛之路縉紳無勢力之門小心翼翼敬事於天地終日乾乾誠慎於亢極陶黎萌於德化致風俗於太康公卿庶尹遐邇岳牧僉以天平地成千載之嘉會登封降禪百王之盛典

宜其金泥玉檢展禮介丘飛聲騰實常爲稱首天子爲而不恃成而不居沖旨凝邈固辭弗許而雖休勿休上德不德更乃潔誠岱岳遜謝愆咎方知六十四卦謙撝之道爲尊七十二君告成之義爲小巍巍蕩蕩無得以稱焉而深誠至德感達於穹壤和氣薰風充溢於宇宙二儀降福百靈薦社日月星象風雲草樹之祥山川玉石鱗介羽毛之瑞歲見月彰不可勝紀至于振古所未有圖籍所慕載目所不見耳所未聞古語稱聖人作萬物覩神靈滋百寶用此其効矣旣而遊心姑射脫屣之志已深鑄鼎荆山升天之駕遂遠凡在黎獻共惟帝臣慕深考妣哀纏弓劍塗山幽峻無復玉帛之禮長陵寂寞空見衣冠之遊若乃降精熛怒飛名帝籙開運握圖創業垂統聖德也撥亂反正濟國寧人六合八紘同文共軌神功也玄酒陶匏雲和孤竹禋祀上帝尊極配天大孝也偃伯戢戈正禮裁樂納民壽域驅俗福休至政也張四維而臨萬寓侔三皇而並五帝豈直錙銖周漢么麽魏晉而已雖五行之舞每陳於清廟九德之歌無絶于樂府而玄功暢洽不局於形器懿業遠大豈盡於揄揚臣輕生多幸命偶興運趨

事紫宸驅馳丹陛一辭天闕奄隔鼎湖空有攀龍之心徒懷蓐蟻之意庶憑毫翰敢希贊述昔堙海之禽不增于大地泣河之士非益於洪流盡其心之所存忘其力之所及輒緣斯義不覺斐然乃作頌曰悠哉邃古邈矣季世四海九州萬王千帝三代之後其道逾替爰逮金行不勝其弊戎狄猾夏羣凶縱慝竊號淫名十有餘國怙威逞暴悖禮亂德五嶽塵飛三象霧塞玄精啓曆發迹幽方并吞寇僞獨擅雄強載祀二百比祚前王江湖尚阻區域未康句吳閩越河朔渭涘九縣瓜分三方鼎跱狙詐不息干戈競起東夏雖平亂離瘼矣五運叶期千年肇旦赫矣高祖人靈攸贊聖德迥生神謀獨斷癉惡彰善夷凶靜難宗伯撰儀太史練日孤竹之管雲和之瑟展禮上玄飛煙太一珪璧朝會山川望秩占揆星景移建邦畿下憑赤壤上叶紫微布政衢室懸法象魏帝宅天府固本崇威匈河瀚海龍荒狼望種落陸梁時犯亭障皇威遠懾帝德遐暢稽顙歸誠稱臣內向吳越提封斗牛星象積有年代自稱君長大風未繳長鯨漏網授鉞天人豁然清蕩戴日戴斗太平太蒙禮教周被書軌大同復禹之跡成舜之功

禮以安上樂以移風憂勞庶績矜育黔首三面解羅萬方引咎納民軌物驅時仁壽神化隆平生靈熙皞虔心恭己奉天事地協氣横流休徵紹至壇場望幸云亭虛位推而不居聖道彌粹齊跡姬文登發嗣聖道類漢光傳莊寶命知來藏往玄覽幽鏡鼎業靈長洪基隆威崆峒問道汾射窅然御辯遐逝乘雲上仙哀纏率土痛感穹玄流澤萬葉用教百年尚相叡圖永惟聖則道洽幽顯仁霑動植爻象不陳乾坤將息微臣作頌用申罔極帝覽之不悅顧謂蘇威曰道衡致美先朝此魚藻之義也於是拜司隸大夫將置之罪道衡不悟司隸刺史房彥謙素相善知必及禍勸之杜絕賓客卑辭下氣而道衡不能用會議新令久不能決道衡謂朝士曰向使高熲不死令決當久行人有奏之帝怒曰汝憶高熲邪付執法者勘之道衡自以非大過促憲司早斷暨於奏日冀帝赦之勅家人具饌以備賓客來候者及奏帝令自盡道衡殊不意未能引訣憲司重奏縊而殺之妻子徙且末時年七十天下冤之有集七十卷行於世有子五人收最知名出繼族父孺孺清貞孤介不交流俗涉歷經史有才思雖不爲大文所有

詩詠詞致清遠開皇中爲侍御史揚州總管司功參軍每以方直自處府寮多不便之及滿轉清陽令襄城郡掾卒官所經並有惠政與道衡偏相友愛收初生卽以爲孺後養於孺宅至於成長殆不識本生太常丞胡仲操曾在朝堂就孺借刀子割爪甲孺以仲操非雅士竟不與之其不肯妄交清介獨行皆此類也道衡兄子邁官至選部郎從父弟道實官至禮部侍郎離石太守並知名於世從子德音有儁才起家爲游騎尉佐魏澹修魏史史成遷著作佐郎及越王侗稱制東都王世充之僭號也軍書羽檄皆出其手世充平以罪伏誅所有文筆多行於時

史臣曰二三子有齊之季皆以辭藻著聞爰歷周隋咸見推重李稱一代俊偉薛則時之令望握靈蛇以俱照騁逸足以並驅文雅縱橫金聲玉振靜言揚榷盧居二子之右李薛紆青拖紫思道官塗寥落雖窮通有命抑亦不護細行之所致也

隋書卷五十七考證

盧思道傳時人稱爲八米盧郎○一本米作采按西齋叢語關中語歲以六米七米八米分上中下言在穀取八米取數多也

纆鏁仁義○閣本鏁譌巢按漢書敘傳貫仁義之羈絆繫名聲之韁鎖纆鏁與韁鎖同

薛道衡傳兼撫萌俗○按萌與氓通揚雄書願陛下少留意於未亂未戰以遏邊萌之禍曹植魏德論侯民非復漢萌尺土非復漢有

史臣贊思道宦塗寥落○監本宦作官從南監本改

隋書卷五十七考證

隋書卷五十八

唐　特　進　臣　魏　徵　上

列傳第二十三

明克讓

明克讓字弘道平原鬲人也父山賓梁侍中克讓少好儒雅善談論博涉書史所覽將萬卷三禮禮論尤所研精龜筴歷象咸得其妙年十四釋褐湘東王法曹參軍時舍人朱异在儀賢堂講老子克讓預焉堂邊有修竹异令克讓詠之克讓覽筆輒成其卒章曰非君多愛賞誰貴此貞心异甚奇之仕歷司徒祭酒尚書都官郎中散騎侍郎兼國子博士中書侍郎梁滅歸于長安周明帝引為麟趾殿學士俄授著作上士轉外史下大夫出為衞王友歷漢東南陳二郡守武帝即位復徵為露門學士令與太史官屬正定新曆拜儀同三司累遷司調大夫賜爵歷城縣伯邑五百戶高祖受禪拜太子內舍人轉率更令進爵為侯太子以師道處之恩禮甚厚每有四方珍味輒以賜之于時東宮盛徵天下才

學之士至於博物洽聞皆出其下詔與太常牛弘等修禮議樂當朝典故多所
裁正開皇十四年以疾去官加通直散騎常侍卒年七十上甚傷惜焉賻物五
百段米三百石太子又贈絹布二千匹錢十萬朝服一具給棺槨著孝經義疏
一部古今帝代記一卷文類四卷續名僧記一卷集二十卷子餘慶官至司門
郎越王侗稱制爲國子祭酒

魏澹

魏澹字彥深鉅鹿下曲陽人也祖鸞魏光州刺史父季景齊大司農卿稱爲著
姓世以文學自業澹年十五而孤專精好學博涉經史善屬文詞采贍逸齊博
陵王濟聞其名引爲記室及琅邪王儼爲京畿大都督以澹爲鎧曹參軍轉殿
中侍御史尋與尚書左僕射魏收吏部尚書陽休之國子博士熊安生同修五
禮又與諸學士撰御覽書成除殿上郎中中書舍人復與李德林俱修國史周
武帝平齊授納言中士及高祖受禪出爲行臺禮部侍郎尋爲散騎常侍聘陳
主使還除太子舍人廢太子勇深禮遇之屢加優錫令注庾信集復撰笑苑詞

林集世稱其博物數年遷著作郎仍爲太子學士高祖以魏收所撰書褒貶失實平繪爲中興書事不倫序詔澹別成魏史澹自道武下及恭帝爲十二紀七十八傳別爲史論及例一卷幷目錄合九十二卷澹之義例與魏收多所不同其一曰臣聞天子者繼天立極終始絕名故穀梁傳曰太上不名曲禮曰天子不言出諸侯不生名諸侯尚不生名況天子乎若爲太子少須書名良由子者對父生稱父前子名禮之意也是以桓公六年九月丁卯子同生傳曰舉以太子之禮杜預注云桓公子莊公也十二公唯子同是嫡夫人之長子備用太子之禮故史書之於策卽位之日尊成君而不名春秋之義聖人之微旨也至如馬遷周之太子並皆言名漢之儲兩俱沒其諱以尊漢卑周臣子之意也竊謂雖立此理恐非其義何者春秋禮記太子必書名天王不言出此仲尼之褒貶皇王之稱謂非當時與異代遂爲優劣也班固范曄陳壽王隱沈約參差不同尊卑失序至於魏收諱儲君之名書天子之字過又甚焉今所撰史諱皇帝名書太子字欲以尊君卑臣依春秋之義也其二曰五帝之聖三代之英積德累

功乃文乃武賢聖相承莫過周室名器不及后稷追謚止於三王此即前代之茂實後人之龜鏡也魏氏平文以前部落之君長耳太祖遠追二十八帝並極崇高違堯舜憲章越周公典禮但道武出自結繩未師典誥當須南董直筆裁而正之反更飾非言是觀過所謂決渤澥之水復去隄防襄陵之災未可免也但力微天女所誕靈異絕世尊爲始祖得禮之宜平文昭成雄據塞表英風漸盛圖南之業基自此始長孫斤之亂也兵交御座太子授命昭成獲免道武此時后緡方娠宗廟復存社稷有主大功大孝實在獻明此之三世稱謚可也自茲以外未之敢聞其三曰臣以爲南巢桀亡牧野紂滅斬以黃鉞懸首白旗幽王死於驪山厲王出奔於彘未嘗隱諱直筆書之欲以勸善懲惡貽誡將來者也而太武獻文並皆非命前史立紀不異天年言論之間頗露首尾殺主害君莫知名姓逆臣賊子何所懼哉君子之過如日月之食圓首方足孰不瞻仰況復兵交御坐矢及王屋而可隱沒者乎今所撰史分明直書不敢迴避且隱桓之死閔昭殺逐丘明據實敘於經下況復懸隔異代而致依違哉其四曰周道

陵遲不勝其敝楚子親問九鼎吳人來徵百牢無君之心實彰行路夫子刊經皆書曰卒自晉德不競宇宙分崩或帝或王各自署置當其生日聘使來往略如敵國及其終也書之曰死便同庶人存沒頓殊能無懷愧今所撰史諸國凡處華夏之地者皆書曰卒同之吳楚其五曰壺遂發問馬遷答之義已盡矣後之述者仍未領悟董仲舒司馬遷之意本云尚書者隆平之典春秋者撥亂之法興衰理異制作亦殊治定則直敘欽明世亂則辭兼顯晦分路命家不相依放故云周道廢春秋作焉堯舜盛尚書載之是也漢興以來改正朔易服色臣力誦聖德仍不能盡余所謂述故事而君比之春秋謬哉然則紀傳之體出自尚書不學春秋明矣而范曄云春秋者文既總略好失事形今之擬作所以為短紀傳者史班之所變也網羅一代事義周悉適之後學此焉為優故繼而述之觀曄此言豈直非聖人之無法又失馬遷之意旨孫盛自謂鑽仰具體而放之魏收云魯史既修達者貽則子長自拘紀傳不存師表蓋泉源所由地非企及雖復遜辭畏聖亦未思紀傳所由來也澹又以為司馬遷創立紀傳以來述

者非一人無善惡皆爲立論計在身行迹具在正書事既無奇不足懲勸再述乍同銘頌重敘唯覺繁文案丘明亞聖之才發揚聖旨言君子曰者無非甚泰其間尋常直書而已今所撰史竊有慕焉可爲勸戒者論其得失其無損益者所不論也澹所著魏書甚簡要大矯收繪之失上覽而善之未幾卒時年六十五有文集三十卷行於世子信言頗知名澹弟彥玄有文學歷揚州總管府記室洧州司馬有子滿行

陸爽 侯白

陸爽字開明魏郡臨漳人也祖順宗魏南青州刺史父槩之齊霍州刺史爽少聰敏年九歲就學日誦二千餘言齊尚書僕射楊遵彥見而異之曰陸氏代有人焉年十七齊司州牧清河王岳召爲主簿擢殿中侍御史俄兼治書累轉中書侍郎及齊滅周武帝聞其名與陽休之袁叔德等十餘人俱徵入關諸人多將輜重爽獨載書數千卷至長安授宣納上士高祖受禪轉太子內直監尋遷太子洗馬與左庶子宇文愷等撰東宮典記七十卷朝廷以其博學有口辯陳

人至境常令迎勞開皇十一年卒官時年五十三贈上儀同宣州刺史賜帛百匹子法言敏學有家風釋褐承奉郎初爽之爲洗馬嘗奏高祖云皇太子諸子未有嘉名請依春秋之義更立名字上從之及太子廢上追怒爽云我孫製名寧不自解陸爽乃爾多事扇惑於勇亦由此人其身雖故子孫並宜屏黜終身不齒法言竟坐除名爽同郡侯白字君素好學有捷才性滑稽尤辯俊舉秀才爲儒林郎通侻不恃威儀好爲誹諧雜說人多愛狎之所在之處觀者如市楊素甚狎之素嘗與牛弘退朝白謂素曰日之夕矣素大笑曰以我爲牛羊下來邪高祖聞其名召與語甚悅之令於祕書修國史每將擢之高祖輒曰侯白不勝官而止後給五品食月餘而死時人傷其薄命著旌異記十五卷行於世

杜臺卿

杜臺卿字少山博陵曲陽人也父弼齊衞尉卿臺卿少好學博覽書記解屬文仕齊奉朝請歷司空西閣祭酒司徒戶曹著作郎中書黃門侍郎性儒素每以雅道自居及周武帝平齊歸于鄉里以禮記春秋講授子弟開皇初被徵入朝

臺卿嘗采月令觸類而廣之爲書名玉燭寶典十二卷至是奏之賜絹二百匹臺卿患聾不堪吏職請修國史上許之拜著作郎十四年上表請致仕勑以本官還第數載終於家有集十五卷撰齊記二十卷並行於世無子有兄蕤學業不如臺卿而幹局過之仕至開州刺史子公贍少好學有家風卒於安陽令公贍子之松大業中爲起居舍人

辛德源

辛德源字孝基隴西狄道人也祖穆魏平原太守父子馥尚書右丞德源沉靜好學年十四解屬文及長博覽書記少有重名齊尚書僕射楊遵彥殿中尚書辛術皆一時名士見德源並虛襟禮敬因同薦之於文宣帝起家奉朝請後爲兼員外散騎侍郎聘梁使副後歷馮翊華山二王記室中書侍郎劉逖上表薦德源曰弱齡好古晚節逾厲枕藉六經漁獵百氏文章綺豔體調清華恭慎表於閨門謙撝著於朋執實後進之辭人當今之雅器必能效節一官騁足千里由是除員外散騎侍郎累遷比部郎中復兼通直散騎常侍聘于陳及還待詔

文林館除尙書考功郞中轉中書舍人及齊滅仕周爲宣納上士因取急詣相州會尉迥作亂以爲中郞德源辭不獲免遂亡去高祖受禪不得調者久之隱於林慮山鬱鬱不得志著幽居賦以自寄文多不載德源素與武陽太守盧思道友善時相往來魏州刺史崔彥武奏德源潛爲交結恐其有姦計由是謫令從軍討南寧歲餘而還祕書監牛弘以德源才學顯著奏與著作郞王劭同修國史德源每於務隙撰集注春秋三傳三十卷注揚子法言二十三卷蜀王秀聞其名而引之居數歲奏以爲掾後轉諮議參軍卒官有集二十卷又撰政訓內訓各二十卷有子素臣正臣並學涉有文義

柳䛒

柳䛒字顧言本河東人也永嘉之亂徙家襄陽祖惔梁侍中父暉都官尙書䛒少聰敏解屬文好讀書所覽將萬卷仕梁釋褐著作佐郞後蕭詧據荊州以爲侍中領國子祭酒吏部尙書及梁國廢拜開府通直散騎常侍尋遷內史侍郞以無吏幹去職轉晉王諮議參軍王好文雅招引才學之士諸葛頴虞世南王

冑朱瑒等百餘人以充學士而䛒爲之冠王以師友處之每有文什必令其潤
色然後示人嘗朝京師還作歸藩賦命䛒爲序詞甚典麗初王屬文爲庾信體
及見䛒已後文體遂變仁壽初引䛒爲東宮學士加通直散騎常侍檢校洗馬
甚見親待每召入臥內與之宴謔䛒尤俊辯多在侍從有所顧問應答如響性
又嗜酒言雜誹諧由是彌爲太子之所親狎以其好內典令撰法華玄宗爲二
十卷奏之太子覽而大悅賞賜優洽儕輩莫與爲比煬帝嗣位拜秘書監封漢
南縣公帝退朝之後便命入閤言宴諷讀終日而罷帝每與嬪后對酒時逢與
會輒遣命之至與同榻共席恩若友朋帝猶恨不能夜召於是命匠刻木偶人
施機關能坐起拜伏以像於䛒帝每在月下對酒輒令宮人置之於座與相酬
酢而爲歡笑從幸揚州遇疾卒年六十九帝傷惜者久之贈大將軍謚曰康撰
晉王北伐記十五卷有集十卷行於世

許善心

許善心字務本高陽北新城人也祖茂梁太子中庶子始平天門二郡守散騎

常侍父亨仕梁至給事黃門侍郎在陳歷羽林監太中大夫衞尉卿領大著作
善心九歲而孤爲母范氏所鞠養幼聰明有思理所聞輒能誦記多聞默識爲
當世所稱家有舊書萬餘卷皆徧通涉十五解屬文牋上父友徐陵陵大奇之
謂人曰才調極高此神童也起家除新安王法曹太子詹事江總舉秀才對策
高第授度支郎中轉侍郎稱撰史學士禎明二年加通直散騎常侍聘於隋遇
高祖伐陳禮成而不獲反命累表請辭上不許留縶賓館及陳亡高祖遣使告
之善心衰服號哭於西階之下藉草東向經三日勑書唁焉明日有詔就館拜
通直散騎常侍賜衣一襲善心哭盡哀入房改服復出北面立垂涕再拜受詔
明日乃朝伏泣於殿下悲不復興上顧左右曰我平陳國唯獲此人既能懷其
舊君即是我誠臣也勑以本官直門下省賜物千段草馬二十匹從幸太山還
授虞部侍郎十六年有神雀降於含章闥高祖召百官賜讌告以此瑞善心於
座請紙筆製神雀頌其詞曰臣聞觀象則天乾元合其德觀法審地域大表其
尊兩施雲行四時所以生殺川流岳立萬物於是裁成出震乘離之君紀爲司

鳳之后玉鍾玉斗而降金版金縢以傳並陶冶性靈含煦動植眇玄珠於赤水寂明鏡乎虛堂莫不景福氤氳嘉貺鱻集馳聲南董越響雲韶粤我皇帝之君臨闡大方抗太極負鳳邸據龍圖不言行焉攝提建指不肅清焉喉鈴啓閉括地復夏截海翦商就望體其尊登咸昌其會緜區浹宇遐至邇安騰實飛聲直暢傍施無體之禮威儀布政之宮無聲之樂綴兆總章之觀上庠養老躬問百年下土字民心爲百姓月棲日浴爇坂寒門吹鱗沒羽之荒赤蚳青馬之裔解辮請吏削衽承風豈止呼韓北場頓勤狼居之岫熄慎南境近表不耐之城故使天弗愛道地寧吝寶川岳展異幽明効靈狎素游頳圜膏漱醴半景青赤摯暢虧盈足足懷仁般般擾義祥祐之來若此升隆之化如彼而登封盛典云亭佇白檢之儀致治成功柴燎靡玄珪之告雖奉常定禮武騎草文天子抑而未行推而不有允恭克讓其在斯乎七十二君信蔑如也故神禽顯賁玄應特昭白爵主鐵豸之奇赤爵銜丹書之貴班固神爵之頌履武戴文曹植嘉爵之篇棲庭集牖未若未飛武帳來賀文榥刷采青蒲將翶赤罽玉几朝御取翫軒楯

之間金門旦開兼留鞏翟之鑒終古曠世未或前聞福召宜徵得之茲日歲次
上章律諧大呂玄枵會節玄英統時至尊未明求衣晨興於含章之殿爰有瑞
爵翺翔而下載行載止當扆宁而徐前來集來儀承軒墀而顧步夫瑞者符也
明主之休徵雀者爵也聖人之大寶謹案考異郵云軒轅有黃爵赤頭立日傍
占云土精之應又禮稽命徵云祭祀合其宜則黃爵集昔漢集泰時之殿魏下
文昌之宮一見雍丘之祠三入平東之府並旁觀迴矚事陋人微奚足稱矣抑
又聞之不刳胎剖卵則鸞鳳馴鳴不漉浸焚源則螭龍盤蜿是知陛下止殺故
飛走宅心皇慈好生而浮潛育德臣面奉綸綍垂示休祥預承嘉宴不勝藻躍
李虔僻處西土陸機少長東隅微臣慚於往賢逢時感乎曩代輒竭庸瑣敢獻
頌云太素式肇大德資生功玄不器道要無名質文鼎革沿習因成祥圖瑞史
赫赫明明天保大定於鑠我君武義迺武文教惟文橫塞宇宙旁凝射汾軒物
重造姚風再薰煥發王策昭彰帝道御地七神飛天五老山祇吐祕河靈孕寶
黑羽升壇青鱗伏阜丹烏流火白雉從風棲阿德劭鳴岐祚隆未如神爵近賀

王宮五靈何有百福攸同孔圖獻赤萄文表白節節奇音行行端跡化玉黼扆
銜環陛戟上天之命明神所格經應在旃伊臣預焉永緝韋素方流管絃頌歌
不足蹈儛無宣臣拜稽首億萬斯年頌成奏之高祖甚悅曰我見神雀共皇后
觀之今旦召公等入適述此事善心於座始知即能成頌文不加點筆不停毫
常聞此言今見其事因賜物二百段十七年除祕書丞于時祕藏圖籍尚多淆
亂善心放阮孝緒七錄更製七林各爲總敘冠於篇首又於部錄之下明作者
之意區分其類例焉又奏追李文傳陸從典等學者十許人正定經史錯謬仁
壽元年攝黃門侍郎二年加攝太常少卿與牛弘等議定禮樂祕書丞黃門並
如故四年留守京師高祖崩于仁壽宮煬帝祕喪不發先易留守官人出除巖
州刺史逢漢王諒反不之官大業元年轉禮部侍郎奏薦儒者徐文遠爲國子
博士包愷陸德明褚徽魯世達之輩並加品秩授爲學官其年副納言楊達爲
冀州道大使以稱旨賜物五百段左衛大將軍宇文述每旦借本部兵數十人
以供私役常半日而罷攝御史大夫梁毗奏劾之上方以腹心委述初付法推

千餘人皆稱被役經二十餘日法官候伺上意乃言役不滿日其數雖多不合
通計縱令有實亦當無罪諸兵士聞之更云初不被役上欲釋之付議虛實百
寮咸議爲虛善心以爲述於仗衞之所抽兵私役雖不滿日闕於宿衞與常役
所部情狀乃殊又兵多下番散還本府分道追至不謀同辭今殆一月方始翻
覆姦狀分明此何可捨蘇威楊汪等二十餘人同善心之議其餘皆議免罪煬
帝可免罪之奏後數月述譖善心曰陳叔寶卒善心與周羅睺虞世基袁充蔡
徵等同往送葬善心爲祭文謂爲陛下敢於今日加叔寶尊號召問有實自援
古例事得釋而帝甚惡之又太史奏帝卽位之年與堯時符合善心議以國哀
甫爾不宜稱賀述諷御史劾之左遷給事郎降品二等四年撰方物志奏之七
年從至涿郡帝方自御戎以東討善心上封事忤旨免官其年復徵爲守給事
郎九年攝左翊衞長史從度遼授建節尉帝嘗言及高祖受命之符因問鬼神
之事勅善心與崔祖濬撰靈異記十卷初善心父撰著梁史未就而歿善心述
成父志修續家書其序傳末述制作之意曰謹案太素將萌洪荒初判乾儀資

始辰象所以正時巛載厚生品物於焉播氣參三才而育德肖二統而降靈有
人民焉樹之君長有貴賤矣爲其宗極保上天之睠命膺下土之樂推莫不執
太方振長策感召風雲驅馳英俊干戈揖讓取之也殊功鼎玉龜符成之也一
致革命揔制竹素之道稍彰紀事記言筆墨之官漸著炎農以往存其名而漏
其迹黃軒以來晦其文而顯其用登丘納麓具訓誥及典謨貫昴入房傳夏正
與殷祀洎辨方正位論時訓功南北左右兼四名之別檮杌乘車擅一家之稱
國惡雖諱君舉必書故賊子亂臣天下大懼元龜明鏡昭然可察及三郊遞襲
五勝相沿俱稱百谷之王並以四海自任重光累德何世無哉逮有梁之君臨
天下江左建國莫斯爲盛受命在於一君繼統傳乎四主克昌四十八載餘祚
五十六年武皇帝出自諸生爰升寶曆拯百王之弊救萬姓之危反澆季之末
流登上皇之獨道朝多君子野無遺賢禮樂必備憲章咸舉弘深慈於不殺濟
大忍於無刑蕩蕩巍巍可爲稱首屬陰戎入頼羯胡侵洛沸騰墋黷三季所未
聞掃地滔天一元之巨戹廊廟有序翦成狐兔之場珪帛有儀碎夫犬羊之手

福善積而身禍仁義在而國亡豈天道歟豈人事歟嘗別論之在序論之卷先
君昔在前代早懷述作凡撰齊書爲五十卷梁書紀傳隨事勒成及闕而未就
者目錄注爲一百八卷梁室交喪墳籍銷盡冢壁皆殘不準無所盜帷囊同毀
陳農何以求秦儒既坑先王之道將墜漢臣徒請口授之文亦絕所撰之書一
時亡散有陳初建詔爲史官補闕拾遺心識口誦依舊目錄更加修撰且成百
卷已有六帙五十八卷上祕閣訖善心早嬰荼蓼弗荷薪構大建之末頻抗表
聞至德之初蒙授史任方願油素採訪門庭記錄俯勵弱才仰成先志而單宗
少強近虛室類原顏退屏無所交遊棲遲不求進益假班嗣之書徒聞其語給
王隱之筆未見其人加以庸瑣涼能孤陋末學忝職郎署兼撰陳史致此書延
時未即成績禎明二年以臺郎入聘值本邑淪覆佗鄉播遷行人失時將命不
復望都亭而長慟還別館而懸壺家史舊書在後焚蕩今止有六十八卷在又
並缺落失次自入京已來隨見補葺略成七十卷四帝紀八卷后妃一卷三太
子錄一卷爲一帙十卷宗室王侯列傳一帙十卷具臣列傳二帙二十卷外戚

傳一卷孝德傳一卷誠臣傳一卷文苑傳二卷儒林傳二卷逸民傳一卷數術傳一卷藩臣傳一卷合一帙十卷止足傳一卷列女傳一卷權幸傳一卷羯賊傳二卷逆臣傳二卷叛臣傳二卷敘傳論述一卷各一帙十卷凡稱史臣者皆先君所言下稱名案者並善心補闕別爲敘論一篇託于敘傳之末十年又從至懷遠鎮加授朝散大夫突厥圍鴈門攝左親衞武賁郎將領江南兵宿衞殿省駕幸江都郡追敘前勳授通議大夫詔還本品行給事郎十四年化及弒逆之日隋官盡詣朝堂謁賀善心獨不至許弘仁馳告之曰天子已崩宇文將軍攝政合朝文武莫不咸集天道人事自有代終何預於叔而低徊若此善心怒之不肯隨去弘仁反走上馬泣而言曰將軍於叔全無惡意忽自求死豈不痛哉還告唐奉義以狀白化及遣人就宅執至朝堂化及令釋之善心不舞蹈而出化及目送之曰此人大負氣命捉將來罵云我好欲放你敢如此不遜其黨輒牽曳因遂害之時年六十一及越王稱制贈左光祿大夫高陽縣公諡曰文節善心母范氏梁太子中舍人孝才之女少寡養孤博學有高節高祖知之勅

尙食每獻時新常遣分賜嘗詔范入內侍皇后講讀封永樂郡君及善心遇禍范年九十有二臨喪不哭撫柩曰能死國難我有兒矣因臥不食後十餘日亦終

李文博

博陵李文博性貞介鯁直好學不倦至於教義名理特所留心每讀書至治亂得失忠臣烈士未嘗不反覆吟翫開皇中爲羽騎尉特爲吏部侍郎薛道衡所知恆令在聽事帷中披檢書史并察己行事若遇治政善事即抄撰記錄如選用疏謬即委之臧否道衡每得其語莫不欣然從之後直祕書內省典校墳籍守道居貧晏如也雖衣食乏絕而淸操逾厲不妄通賓客恆以禮法自處儕輩莫不敬憚焉道衡知其貧每延于家給以資費文博商略古今治政得失如指諸掌然無吏幹稍遷校書郎後出爲縣丞遂得下考數歲不調道衡爲司隸大夫遇之於東都尙書省甚嗟愍之遂奏爲從事因爲齊王司馬李綱曰今日遂遇文博得奏用之以爲歡笑其見賞知音如此在洛下曾詣房玄齡相送於衢

路玄齡謂之曰公生平志尚唯在正直今既得爲從事故應有會素心比來激濁揚清所爲多少文博遂奮臂厲聲曰夫清其流者必潔其源正其末者須端其本今治源混亂雖日免十貪郡守亦何所益其膂直疾惡不知忌諱皆此類也于時朝政浸壞人多贓賄唯文博不改其操論者以此貴之遭離亂播遷不知所終初文博在內校書虞世基子亦在其內盛飾容服而未有所却文博因從容問之年紀答云十八文博乃謂之曰昔賈誼當此之年議論何事君今徒事儀容故何爲者又秦孝王妃生男高祖大喜頒賜羣官各有差文博家道屢空人謂其悅乃云賞罰之設功過所歸今王妃生男於羣官何事乃妄受賞也其循名責實錄過計功必使賞罰不濫功過無隱者皆爾文博本爲經學後讀史書於諸子及論尤所該洽性長議論亦善屬文著治道集十卷大行於世

史臣曰明克讓魏澹等或博學洽聞詞藻贍逸既稱燕趙之俊實曰東南之美所在見寶咸取祿位雖無往非命蓋亦道有存焉澹之魏書時稱簡正條例詳密足傳於後此外諸子各有記述雖道或小大皆志在立言美矣

隋書卷五十八

唐 特 進 臣 魏 徵 上

列傳第二十四

煬三子

煬帝三男蕭皇后生元德太子昭子燕王倓越王侗齊王暕蕭嬪生趙王杲

元德太子昭煬帝長子也生而高祖命養宮中三歲時於玄武門弄石師子高祖與文獻后至其所高祖適患腰痛舉手憑后昭因避去如此者再三高祖歎曰天生長者誰復教乎由是大奇之高祖嘗謂曰當爲爾娶婦昭應聲而泣高祖問其故對曰漢王未婚時恆在至尊所一朝娶婦便則出外懼將違離是以啼耳上歎其有至性特鍾愛焉年十二立爲河南王仁壽初徙爲晉王拜內史令兼左衞大將軍後三年轉雍州牧煬帝即位便幸雒陽宮昭留守京師大業元年帝遣使者立爲皇太子昭有武力能引強弩性謙沖言色恂恂未嘗忿怒有深嫌可責者但云大不是所膳不許多品帷席極於儉素臣吏有老父母者

必親問其安否歲時皆有惠賜其仁愛如此明年朝於雒陽後數月將還京師
願得少留帝不許拜請無數體素肥因致勞疾帝令巫者視之云房陵王爲祟
未幾而薨詔內史侍郎虞世基爲哀冊文曰維大業二年七月癸丑朔二十三
日皇太子薨于行宮粵三年五月庚辰朔六日將遷座于莊陵禮也蜃綍宵載
鶴關曉闢肅文物以具陳儼賓從其如昔皇帝悼離方之就晦嗟震宮之虧象
顧守器以長懷臨登餕而興想先遠戒日占謀允從庭彝徹祖階卮收重抗銘
旌以啓路動徐輪於振容揆行度名累德彰謚爰詔史冊式遵典志俾濬哲之
徽猷播長久乎天地其辭曰宸基峻極帝緒會昌體元襲聖儀耀重光氣秀春
陸神華少陽居周軼誦處漢韜莊有縱生知誕膺惟睿性道觿日幾深綺歲降
迹大成俯情多藝樹親建國命懿作藩威蕤先路鳥奕渠門庸服有紀分器惟
尊風高楚殿雅盛梁園睿后膺儲天人叶順本茂條遠基崇體峻改王參墟奄
有唐晉在貴能謙居沖益慎封畿千里閭闔九重神州王化禁旅軍容贍言偃
草高視折衝帷扆清祕親賢允屬泛景風瀾飛華螭玉揮翰泉涌敷言藻縟式

是便煩思謀啓沃洪惟積德豐衍繁祉粤自天孫光升元子綠車逮事翠纓奉祀肅穆滿容儀形讓齒禮樂交暢愛敬兼資優游養德恭己承儀南山聘隱東序尊師有粹神儀深穆其度顯顯觀德溫溫審諭烟戒齊箴留連主賦入監出撫日就月將沖情玉裕令問金相宜綏景福永作元良神理冥漠天道難究仁不必壽善或愆祐遽瑤山之頹壞忽桂宮之毀構痛結幽明悲纏宇宙慟皇情之深惻摧具僚其如疚嗚呼哀哉迴環氣朔荏苒居諸沾零露於瑤圃下申霜於玉除夜漏盡兮空階曙曉月懸兮帷殿虛嗚呼哀哉將寧甫竁長違望苑渡渭涘於造舟遵長平之修坂望鶴駕而不追顧龍樓而日遠嗚呼哀哉永隔存歿長分古今去榮華於人世即潛隧之幽深霏夕煙而稍起慘落景而將沈聽哀挽之悽楚雜灌木之悲吟紛徒御而流袂欷纓弁以霑衿嗚呼哀哉九地黄泉千年白日雖金石之能久終天壤乎長畢敢圖芳於篆素永飛聲而騰實帝深追悼有子三人韋妃生恭皇帝大劉良娣生燕王倓小劉良娣生越王侗

燕王倓字仁安敏慧美姿儀煬帝於諸孫中特所鍾愛常置左右性好讀書尤

重儒素非造次所及有若成人良娣早終每至忌日未嘗不流涕嗚咽帝由是益以奇之宇文化及弒逆之際倓覺變欲入奏恐露其事因與梁公蕭鉅千牛宇文皛等穿芳林門側水竇而入至玄武門詭奏曰臣卒中惡命縣俄頃請得面辭死無所恨冀以見帝爲司宮者所遏竟不得聞俄而難作爲賊所害時年十六

越王侗字仁謹美姿儀性寬厚大業二年立爲越王帝每巡幸侗常留守東都楊玄感作亂之際與民部尚書樊子蓋拒之及玄感平朝於高陽拜高陽太守俄以本官復留守東都十三年帝幸江都復令侗與金紫光祿大夫段達太府卿元文都攝民部尚書韋津右武衛將軍皇甫無逸等總留臺事宇文化及之弒逆也文都等議以侗元德太子之子屬最爲近於是乃共尊立大赦改元曰皇泰諡帝曰明廟號世祖追尊元德太子爲孝成皇帝廟號世宗尊其母劉良娣爲皇太后以段達爲納言右翊衛大將軍攝禮部尚書王世充亦納言左翊衛大將軍攝吏部尚書元文都內史令左驍衛大將軍盧楚亦內史令皇甫無

遙兵部尙書右武衞大將軍郭文懿內史侍郎趙長文黃門侍郎委以機務爲
金書鐵券藏之宮掖于時雒陽稱段達等爲七貴未幾宇文化及立秦王子浩
爲天子來次彭城所經城邑多從逆黨侗懼遣使者蓋琮馬公政招懷李密密
遂遣使請降侗大悅禮其使甚厚卽拜密爲太尉尙書令魏國公令拒化及下
書曰我大隋之有天下於茲三十八載高祖文皇帝聖略神功載造區夏世祖
明皇帝則天法地混一華戎東暨蟠木西通細柳前踰丹徼後越幽都日月之
所臨風雨之所至圓首方足稟氣食芼莫不盡入提封皆爲臣妾加以寶貺畢
集靈瑞咸臻作樂制禮移風易俗智周寰海萬物咸受其賜道濟天下百姓用
而不知世祖往因歷試統臨南服自居皇極順茲望幸所以往歲省方展禮肆
覲停鑾駐蹕按駕清道八屯如昔七萃不移豈意釁起非常逮於軒陛災生不
意延及冕旒奉諱之日五情崩隕攀號荼毒不能自勝且聞之自古代有屯剝
賊臣逆子無世無之至如宇文化及世傳庸品其父述往屬時來早霑厚遇賜
以婚媾置之公輔位尊九命祿重萬鍾禮極人臣榮冠世表徒承海嶽之恩未

有涓塵之益化及以此下材夙蒙顧盼出入外內奉望階墀昔陪藩國統領禁衞及從升皇祚陪列九卿但本性兇狠恣其貪穢或交結惡黨或侵掠貨財事重刑篇狀盈獄簡在上不遺簪履恩加草芥應至死辜每蒙恕免三經除解尋復本職再徙邊裔仍即追還生成之恩昊天罔極獎擢之義人事罕聞化及梟鏡爲心禽獸不若縱毒興禍傾覆行宮諸王兄弟一時殘酷痛暴行路世不忍言有窮之在夏時犬戎之於周代釁辱之極亦未是過朕所以刻骨崩心飲膽嘗血瞻天視地無處容身今王公卿士庶寮百辟咸以大寶鴻名不可顛墜元兇巨猾須早夷殄翼戴朕躬嗣守寶位顧惟寡薄志不逮此今者出黼扆而杖旄鉞釋衰麻而擐甲冑銜冤誓衆忍淚治兵指日遄征以平大盜且化及僞立秦王之子幽遏比於囚拘其身自稱霸相專擅擬於九五履踐禁御據有宮闈昂首揚眉初無慚色衣冠朝望外懼兇威志士誠臣內皆憤怨以我義師順彼天道梟夷醜族匪夕伊朝太尉尚書令魏公丹誠內發宏略外舉率勤王之師討違天之逆果毅爭先熊羆競逐金鼓振讋若火焚毛鋒刃縱橫如湯沃雪魏

公志在匡濟投袂前驅朕親御六軍星言繼進以此衆戰以斯順舉擘山可以動射石可以入況擁此人徒皆有離德京都侍衞西憶鄉家江左淳民南思邦邑比來表書駱驛人信相尋若王師一臨舊章暫覩自應解甲倒戈冰消葉散且聞化及自恣天奪其心殺戮不辜挫辱人士莫不道路仄目號天跼地朕今復雠雪恥梟轘者一人拯溺救焚所哀者士庶唯天鑒孔殷祐我宗社億兆感義俱會朕心梟戮元兇策勳飲至四海交泰稱朕意焉兵術軍機並受魏公節度密見使者大悅北面拜伏臣禮甚恭密遂東拒化及七貴頗不協陰有相圖之計未幾元文都盧逸郭文懿趙長文等爲世充所殺皇甫無逸遁歸長安世充詣侗所陳謝辭情哀苦侗以爲至誠命之上殿被髮爲盟誓無貳志自是侗無所關預侗心不能平遂與記室陸士季謀圖世充事不果而止及世充破李密衆望益歸之遂自爲鄭王總百揆加九錫備法物侗不能禁也段達雲定興等十人入見於侗曰天命不常鄭王功德甚盛願陛下揖讓告禪遵唐虞之迹侗聞之怒曰天下者高祖之天下東都者世祖之東都若隋德未衰此言不可

發必天命有改亦何論於禪讓公等或先朝舊臣績宣上代或勤王立節身服軒冕忽有斯言朕復當何所望神色懍然侍衛者莫不流汗既而退朝對長娣而泣世充更使人謂侗曰今海內未定須得長君待四方乂安復子明辟必若前盟義不違負侗不得已遜位於世充遂被幽於含涼殿世充僭僞號封爲潞國公邑五千戶月餘宇文儒童裴仁基等謀誅世充復尊立侗事泄並見害世充兄世惲因勸世充害侗以絕民望世充遣其姪行本齎鴆詣侗所曰願皇帝飲此酒侗知不免請與母相見不許遂布席焚香禮佛呪曰從今以去願不生帝王尊貴之家於是仰藥不能時絕更以帛縊之世充僞謚爲恭皇帝

齊王暕字世朏小字阿孩美容儀疎眉目少爲高祖所愛開皇中立爲豫章王邑千戶及長頗涉經史尤工騎射初爲內史令仁壽中拜揚州總管沿淮以南諸軍事煬帝即位進封齊王增邑四千戶大業二年帝初入東都盛陳鹵簿暕爲軍導尋轉豫州牧俄而元德太子薨朝野注望咸以暕當嗣帝又勑吏部尚書牛弘妙選官屬公卿由是多進子弟明年轉雍州牧尋徙河南尹開府儀同

三司元德太子左右二萬餘人悉隸於暕寵遇益隆自樂平公主及諸戚屬競來致禮百官稱謁塡咽道路暕頗驕恣昵近小人所行多不法遣喬令則劉虔安裴該皇甫諶庫狄仲錡陳智偉等求聲色狗馬令則等因此放縱訪人家有女者輒矯暕命呼之載入暕宅因緣藏隱恣行淫穢而後遣之仲錡智偉二人詣隴西撾炙諸胡責其名馬得數匹以進於暕暕令還主仲錡等詐言王賜將歸於家暕不之知也又樂平公主嘗奏帝言柳氏女美者帝未有所答久之主復以柳氏進於暕暕納之其後帝問主柳氏女所在主曰在齊王所帝不悅暕於東都營第大門無故而崩聽事栿中折識者以爲不祥其後從帝幸榆林暕督後軍步騎五萬恆與帝相去數十里而舍會帝於汾陽宮大獵詔暕以千騎入圍暕大獲麋鹿以獻而帝未有得也乃怒從官皆言爲暕左右所遏獸不得前帝於是發怒求暕罪失時制縣令無故不得出境有伊闕令皇甫詡幸於暕違禁將之汾陽宮又京兆人達奚通有妾王氏善歌貴遊宴聚多或要致於是展轉亦出入王家御史韋德裕希旨劾暕帝令甲士十餘大索暕第因窮治其

事暕妃韋氏者民部尚書沖之女也早卒暕遂與妃姊元氏婦通遂產一女外
人皆不得知陰引喬令則於第內酬宴令則稱慶脫暕帽以爲歡樂召相工令
徧視後庭相工指妃姊曰此產子者當爲皇后王貴不可言時國無儲副暕自
謂次當得立又以元德太子有三子內常不安陰挾左道爲厭勝之事至是事
皆發帝大怒斬令則等數人妃姊賜死暕府寮皆斥之邊遠時趙王杲猶在孩
孺帝謂侍臣曰朕唯有暕一子不然者當肆諸市朝以明國憲也暕自是恩寵
日衰雖爲京尹不復關預時政帝恆令武賁郎將一人監其府事暕有微失武
賁輒奏之帝亦常慮暕生變所給左右皆以老弱備員而已暕每懷危懼心不
自安又帝在江都宮元會暕具法服將朝無故有血從裳中而下又坐齋中見
羣鼠數十至前而死視皆無頭暕意甚惡之俄而化及作亂兵將犯蹕帝聞顧
謂蕭后曰得非阿孩邪其見疎忌如此化及復令人捕暕暕時尚臥未起賊既
進暕驚曰是何人莫有報者暕猶謂帝令捕之因曰詔使且緩兒不負國家賊
於是曳至街而斬之及其二子亦遇害暕竟不知殺者爲誰時年三十四有遺

腹子政道與蕭后同入突厥處羅可汗號爲隋王中國人沒入北蕃者悉配之以爲部落以定襄城處之及突厥滅歸于大唐授員外散騎侍郎

趙王杲小字季子年七歲以大業九年封趙王尋授光祿大夫拜河南尹從幸淮南詔行江都太守事杲聰令美容儀帝有所製詞賦杲多能誦之性至孝常見帝風動不進膳杲亦終日不食又蕭后當灸杲先請試炷后不許之杲泣請曰后所服藥皆蒙嘗之今灸願聽嘗炷悲咽不已后竟爲其停灸由是尤愛之後遇化及反杲在帝側號慟不已裴虔通使賊斬之於帝前血湔御服時年十二

史臣曰元德太子雅性謹重有君人之量降年不永哀哉齊王敏慧可稱志不及遠頗懷驕僭故煬帝疎而忌之心無父子之親貌展君臣之敬身非積善國有餘殃至令趙及燕越皆不得其死悲夫

隋書卷五十九

隋書卷五十九考證

煬三子○監本於下注孫恭皇帝燕王倓越王侗 臣映斗按恭皇帝已入帝紀此本無傳今刪燕王倓越王侗俱係元德太子昭之子亦不當列於前今移注元德太子昭之下乃與傳次相合

越王侗傳化及梟鏡爲心○監本鏡作獍閣本作鏡按史記封禪書祠黃帝用一梟破鏡注梟鳥名食母鏡獸名食父黃帝欲絕其類使百物祠皆用之顏氏家訓吳均集有破鏡賦

隋書卷五十九考證

隋書卷六十

唐　特　進　臣　魏　徵　上

列傳第二十五

崔仲方

崔仲方字不齊博陵安平人也祖孝芬魏荊州刺史父宣猷周小司徒仲方少好讀書有文武才幹年十五周太祖見而異之令與諸子同就學時高祖亦在其中由是與高祖少相款密後以明經爲晉公宇文護參軍事尋轉記室遷司玉大夫與斛斯徵柳敏等同修禮律後以軍功授平東將軍銀青光祿大夫賜爵石城縣男邑三百戶時武帝陰有滅齊之志仲方獻二十策帝大奇之後與少內史趙芬刪定格式尋從帝攻晉州齊之亞將崔景嵩請爲內應仲方與段文振等登城應接遂下晉州語在文振傳又令仲方說翼城等四城下之授儀同進爵范陽縣侯後以行軍長史從鄖公王軌禽陳將吳明徹於呂梁仲方計策居多宣帝嗣位爲少內史奉使淮南而還會帝崩高祖爲丞相與仲方相見

握手極懽仲方亦歸心焉其夜上便宜十八事高祖並嘉納之又見衆望有歸陰勸高祖應天受命高祖從之及受禪上召仲方與高熲議正朔服色事仲方曰晉爲金行後魏爲水周爲木皇家以火承木得天之統又聖躬載誕之初有赤光之瑞車服旗牲並宜用赤又勸上除六官請依漢魏之舊上皆從之進位上開府尋轉司農少卿進爵安固縣公令發丁三萬於朔方靈武築長城東至黃河西拒綏州南至勃出嶺緜亙七百里明年上復令仲方發丁十五萬於朔方已東緣邊險要築數十城以遏胡寇丁父艱去職未期起爲虢州刺史上書論取陳之策曰臣謹案晉太康元年歲在庚子晉武平吳至今開皇六年歲次景午合三百七載春秋寶乾圖云王者三百年一蠲法今三百之期可謂備矣陳氏草竊起於景子至今景午又子午爲衝陰陽之忌昔史趙有言曰陳顓頊之族爲水故歲在鶉火以滅又云周武王克商封胡公滿於陳至魯昭公九年陳災裨竈曰歲五及鶉火而後陳亡楚剋之楚祝融之後也爲火正故復滅陳陳承舜後舜承顓頊雖太歲左行歲星右轉鶉火之歲陳族再亡戊午之年嫣

虞運盡語迹雖殊考事無別皇朝五運相承感火德而王國號爲隋與楚同分楚是火正午爲鶉火未爲鶉首申爲實沈酉爲大梁既當周秦晉趙之分若當此分發兵將得歲之助以今量古陳滅不疑臣謂午未申酉正是數極蓋聞天時不如地利地利不如人和況主聖臣良兵强國富動植迴心人神叶契陳既主昏於上民讟於下險無百二之固衆非九國之師夏癸殷辛尚不能立獨此島夷而稽天討伏度朝廷自有宏謨但芻蕘所見冀申螢爝今唯須武昌已下蘄和滁方吳海等州更帖精兵密營渡計益信襄荊基郢等州速造舟檝多張形勢爲水戰之具蜀漢二江是其上流水路衝要必爭之所賊雖於流頭荊門延州公安巴陵隱磯夏首蘄口盆城置船然終聚漢口峽口以水戰大決若賊必以上流有軍令精兵赴援者下流諸將即須擇便橫渡如擁衆自衞上江水軍鼓行以前雖恃九江五湖之險非德無以爲固徒有三吳百越之兵無恩不能自立上覽而大悅轉基州刺史徵入朝仲方因面陳經略上善之賜以御袍袴并雜綵五百段進位開府而遣之及大舉伐陳以仲方爲行軍總管率兵與

秦王會及陳平坐事免未幾復位後數載轉會州總管時諸羌猶未賓附詔令仲方擊之與賊三十餘戰紫祖四鄰望方涉題千碉小鐵圍山白男王弱水等諸部悉平賜奴婢一百三十口黃金三十斤雜物稱是仁壽初授代州總管在職數年被徵入朝會上崩漢王諒餘黨據呂州不下煬帝令周羅睺攻之中流矢卒乃令仲方代總其衆月餘拔之進位大將軍拜民部尚書尋轉禮部尚書後三載坐事免尋爲國子祭酒轉太常卿朝廷以其衰老出拜上郡太守未幾以母憂去職歲餘起爲信都太守上表乞骸骨優詔許之尋卒於家時年七十六子民壽官至定陶令

于仲文 兄顗 從父弟璽

于仲文字次武建平公義之兄子父寔周大左輔燕國公仲文少聰敏髫齓就學耽閱不倦其父異之曰此兒必興吾宗矣九歲嘗於雲陽宮見周太祖太祖問曰聞兒好讀書書有何事仲文對曰資父事君忠孝而已太祖甚嗟歎之其後就博士李祥受周易三禮略通大義及長倜儻有大志氣調英拔當時號爲

名公子起家爲趙王屬尋遷安固太守有任杜兩家各失牛任得一牛兩家俱認州郡久不能決益州長史韓伯儁曰于安固少聰察可令決之仲文曰此易解耳於是令二家各驅牛羣至乃放所認者遂向任氏羣中又陰使人微傷其牛任氏嗟惋杜家自若仲文於是訶詰杜氏杜氏服罪而去始州刺史屈突尚宇文護之黨也先坐事下獄無敢繩者仲文至郡窮治遂竟其獄蜀中爲之語曰明斷無雙有于公不避強禦有次武未幾徵爲御正下大夫封延壽郡公邑三千五百戶數從征伐累勳授儀同三司宣帝時爲東郡太守高祖爲丞相尉迥作亂遣將檀讓收河南之地復使人誘致仲文仲文拒之迥怒其不同己遣儀同宇文威攻之仲文迎擊大破威衆斬首五百餘級以功授開府迥又遣其將宇文胄渡石濟宇文威鄒紹自白馬二道俱進復攻仲文賊勢逾盛人情大駭郡人郝連僧伽敬子哲率衆應迥仲文自度不能支棄妻子將六十餘騎開城西門潰圍而遯爲賊所追且戰且行所從騎戰死者十七八仲文僅而獲免達於京師迥於是屠其三子一女高祖見之引入臥內爲之下泣賜綵五百段

黃金二百兩進位大將軍領河南道行軍總管給以鼓吹馳傳詣洛陽發兵以討檀讓時韋孝寬拒迴於永橋仲文詣孝寬有所計議時總管宇文忻頗有自疑之心因謂仲文曰公新從京師來觀執政意何如也尉迥誠不足平正恐事寧之後更有藏弓之慮仲文懼忻生變因謂之曰丞相寬仁大度明識有餘苟能竭誠必心無貳仲文在京三日頻見三善以此爲觀非尋常人也忻曰三善如何仲文曰有陳萬敵者新從賊中來即令其弟難敵召募鄉曲從軍討賊此其有大度一也上士宋謙奉使勾檢謙緣此別求他罪丞相責之曰入網者自可推求何須別訪以虧大體此其不求人私二也言及仲文妻子未嘗不潸泫此其有仁心三也忻自此遂安仲文軍至汴州之東倪塢與迥將劉子昂劉浴德等相遇進擊破之軍次蓼隄去梁郡七里讓擁衆數萬仲文以羸師挑戰讓悉衆來拒仲文僞北讓軍頗驕於是遣精兵左右翼擊之大敗讓軍生獲五千餘人斬首七百級進攻梁郡迴守將劉子寬棄城遁走仲文追擊禽斬數千人子寬僅以身免初仲文在蓼隄諸將皆曰軍自遠來士馬疲敝不可決勝仲文

令三軍趣食列陳大戰既而破賊諸將皆請曰前兵疲不可交戰竟而剋勝其計安在仲文笑曰吾所部將士皆山東人果於速進不宜持久乘勢擊之所以制勝諸將皆以爲非所及也進擊曹州獲迥所署刺史李仲康及上儀同房勁檀讓以餘衆屯城武別將高士儒以萬人屯永昌仲文詐移書州縣曰大將軍至可多積粟讓謂仲文未能卒至方椎牛享士仲文知其怠選精騎襲之一日便至遂拔城武迥將席毗羅衆十萬屯於沛縣將攻徐州其妻子在金鄉仲文遣人詐爲毗羅使者謂金鄉城主徐善淨曰檀讓明日午時到金鄉將宣蜀公令賞賜將士金鄉人謂爲信然皆喜仲文簡精兵僞建迥旗幟倍道而進善淨望見仲文軍且至以爲檀讓乃出迎謁仲文執之遂取金鄉諸將皆勸屠之仲文曰此城是毗羅起兵之所當寬其妻子其兵可自歸如卽屠之彼望絶矣衆皆稱善於是毗羅恃衆來薄官軍仲文背城結陣去軍數里設伏於麻田中兩陣纔合伏兵發俱曳柴鼓譟塵埃張天毗羅軍大潰仲文乘之賊皆投洙水而死爲之不流獲檀讓檻送京師河南悉平毗羅歷滎陽人家執斬之傳首闕下

勒石紀功樹於泗上入朝京師高祖引入卧內宴享極歡賜雜綵千餘段妓女十人拜柱國河南道大行臺屬高祖受禪不行未幾其叔父太尉翼坐事下獄仲文亦爲吏所簿於獄中上書曰臣聞春生夏長天地平分之功子孝臣誠人倫不易之道曩者尉迥逆亂所在影從臣任處關河地居衝要嘗膽枕戈誓以必死迥時購臣位大將軍邑萬戶臣不顧妻子不愛身命冒白刃潰重圍三男一女相繼淪沒披露肝膽馳赴闕庭蒙陛下授臣以高官委臣以兵革于時河南兇寇狼顧鴟張臣以羸兵八千掃除氛祲摧劉寬於梁郡破檀讓於蓼隄平曹州復東郡安城武定永昌解亳州圍殄徐州賊席毗十萬之衆一戰土崩河南蟻聚之徒應時戡定當羣兇問鼎之際黎元乏主之辰臣第二叔翼先在幽州總馭燕趙南鄰羣寇北捍旄頭內外安撫得免罪戾臣第五叔智建旟黑水與王謙爲鄰式遏蠻陬鎮綏蜀道臣兄顗作牧淮南坐制勍敵乘機勦定傳首京師王謙竊據二江叛換三蜀臣第三叔義受脤廟庭龔行天討自外父叔兄弟皆當文武重寄或銜命危難之間或侍衞鉤陳之側合門誠款冀有可明伏

顧下泣辜之恩降雲雨之施追草昧之始錄涓滴之功則寒灰更然枯骨生肉不勝區區之至謹冒死以聞上覽表弃翼俱釋之未幾詔仲文率兵屯白狼塞以備胡明年拜行軍元帥統十二總管以擊胡出服遠鎮遇虜破之斬首千餘級六畜巨萬計於是從金河出白道遣總管辛明瑾元滂賀蘭志呂楚段諧等二萬人出盛樂道趣那頡山至護軍川北與虜相遇可汗見仲文軍容齊肅不戰而退仲文率精騎五千踰山追之不及而還上以尚書文簿繁雜吏多姦計令仲文勘錄省中事其所發擿甚多上嘉其明斷厚加勞賞焉上每憂轉運不給仲文請決渭水開漕渠上然之使仲文總其事及伐陳之役拜行軍總管以舟師自章山出漢口陳郢州刺史荀法尚魯山城主誕法澄鄧沙彌等請降秦王俊皆令仲文以兵納之高智慧等作亂江南復以行軍總管討之時三軍乏食米粟踊貴仲文私糶軍糧坐除名明年復官爵率兵屯馬邑以備胡數旬而罷晉王廣以仲文有將領之才每常屬意至是奏之乃令督晉王軍府事後突厥犯塞晉王爲元帥以仲文將前軍大破賊而還仁壽初拜太子右衛率煬帝

即位遷右翊衛大將軍參掌文武選事後帝討吐谷渾進位光祿大夫甚見親幸遼東之役仲文率軍指樂浪道軍次烏骨城仲文簡羸馬驢數千置於軍後既而率衆東過高麗出兵掩襲輜重仲文迴擊大破之至鴨綠水高麗將乙支文德詐降來入其營仲文先奉密旨若遇高元及文德者必擒之至是文德來仲文將執之時尚書右丞劉士龍爲慰撫使固止之仲文遂捨文德尋悔遣人紿文德曰更有言議可復來也文德不從遂濟仲文選騎渡水追之每戰破賊文德遺仲文詩曰神策究天文妙算窮地理戰勝功既高知足願云止仲文答書諭之文德燒柵而遁時宇文述以糧盡欲還仲文議以精銳追文德可以有功述固止之仲文怒曰將軍仗十萬之衆不能破小賊何顏以見帝且仲文此行也固無功矣述因厲聲曰何以知無功仲文曰昔周亞夫之爲將也見天子軍容不變此決在一人所以功成名遂今者人各其心何以赴敵初帝以仲文有計畫令諸軍諮稟節度故有此言由是述等不得已而從之遂行東至薩水宇文述以餧兵退歸師遂敗績帝以屬吏諸將皆委罪於仲文帝大怒釋諸將

獨繫仲文仲文憂恚發病困篤方出之卒於家時年六十八撰漢書刊繁三十
卷略覽二十卷有子九人欽明最知名
顗字元武身長八尺美鬚眉周大冢宰宇文護見而器之妻以季女尋以父勳
賜爵新野郡公邑三千戶授大都督遷車騎大將軍儀同三司其後累以軍功
授上開府歷左右宫伯郢州刺史大象中以水軍總管從韋孝寬經略淮南顗
率開府元紹貴上儀同毛猛等以舟師自頼口入淮陳防主潘深棄柵而走進
與孝寬攻拔壽陽復引師圍硤石守將許約懼而降顗乃拜東廣州刺史尉迥
之反也時總管趙文表與顗素不協顗將圖之因臥閤內詐得心疾謂左右曰
我見兩三人至我前者輙大驚卽欲斫之不能自制也其有賓客候問者皆令
去左右顗漸稱危篤文表往候之令從者至大門而止文表獨至顗所顗欻然
而起抽刀斫殺之因唱言曰文表與尉迥通謀所以斬之其麾下無敢動者時
高祖以尉迥未平慮顗復生邊患因而勞勉之卽拜吳州總管陳將錢茂和率
數千人襲江陽顗逆擊走之陳復遣將陳紀周羅睺燕合兒等襲顗顗拒之而

退賜綵數百段高祖受禪文表弟詣闕稱兄無罪上令案其事大傅竇熾等議顗當死上以門著勳績特原之貶爲開府後襲爵燕國公邑萬六千戶尋以疾免開皇七年拜澤州刺史數年免職卒於家子世虔嗣

璽字伯符父翼仕周爲上柱國幽州總管任國公高祖爲丞相尉迥作亂遣人誘翼翼鎖其使送之長安高祖甚悅及高祖受禪翼入朝上爲之降榻握手極歡數日拜爲太尉歲餘卒謚曰穆璽少有器幹仕周起家右侍上士尋授儀同領右羽林遷少胥附武帝時從齊王憲破齊師於洛陽以功賜爵豐寧縣子邑五百戶尋從帝平齊加開府改封黎陽縣公邑千二百戶授職方中大夫及宣帝嗣位轉右勳曹中大夫尋領右忠義高祖爲丞相加上開府及受禪進位大將軍拜汴州刺史甚有能名上聞而善之優詔褒揚賜帛百匹尋加上大將軍進爵郡公轉邵州刺史在州數年甚有恩惠後檢校江陵總管州人張願等數十人詣闕上表請留璽上嘉歎良久令還邵州父老相賀尋還洛州刺史復爲熊州刺史並有惠政以疾徵還京師仁壽末卒于家謚曰靜有子志本

段文振

段文振北海期原人也祖壽魏滄州刺史父威周洮河甘渭四州刺史文振少有膂力膽氣過人性剛直明達時務初爲宇文護親信護知其有幹用擢授中外府兵曹後武帝攻齊海昌王尉相貴於晉州其亞將侯子欽崔景嵩爲內應文振杖槊登城與崔仲方等數十人先登文振隨景嵩至相貴所拔佩刀劫之相貴不敢動城遂下帝大喜賜物千段進拔文侯華谷高壁三城皆有力焉及攻并州陷東門而入齊安德王延宗懼而出降錄前後勳將拜高秩以讒毀獲譴因授上儀同賜爵襄國縣公邑千戶進平鄴都又賜綺羅二千匹後從滕王逌擊稽胡破之歷相州別駕揚州總管長史入爲天官都上士從韋孝寬經略淮南俄而尉迥作亂時文振老母妻子俱在鄴城迥遣人誘之文振不顧歸於高祖高祖引爲丞相掾領宿衞驃騎司馬消難之奔陳也高祖令文振安集淮南還除衞尉少卿兼內史侍郎尋以行軍長史從達奚震討叛蠻平之加上開府歲餘遷鴻臚卿衞王爽北征突厥以文振爲長史坐勳簿不實免官後爲石

河二州刺史甚有威惠遷蘭州總管改封龍崗縣公突厥犯塞以行軍總管擊破之逐北至居延塞而還九年大舉伐陳以文振爲元帥秦王司馬別領行軍總管及平江南授揚州總管司馬尋轉幷州總管司馬以母憂去職未幾起令視事固辭不許後數年拜雲州總管尋爲大僕卿十九年突厥犯塞文振以行軍總管拒之遇達頭可汗於沃野擊破之文振先與王世積有舊初文振北征世積遺以駝馬北還世積以罪被誅文振坐與交關功遂不錄明年率衆出靈州道以備胡無虜而還越巂蠻叛文振擊平之賜奴婢二百口仁壽初嘉州獠作亂文振以行軍總管討之引軍山谷間爲賊所襲前後阻險不得相救軍遂大敗文振復收散兵擊其不意竟破之文振性素剛直無所降下初軍次益州謁蜀王秀貌頗不恭秀甚銜之及此奏文振師徒喪敗右僕射蘇威與文振有隙因而譖之坐是除名及秀廢黜文振上表自申理高祖慰諭之授大將軍尋拜靈州總管煬帝即位徵爲兵部尚書待遇甚重從征吐谷渾文振督兵屯雪山連營三百餘里東接楊義臣西連張壽合圍渾主於覆袁川以功進位右光

祿大夫帝幸江都以文振行江都郡事文振見高祖時容納突厥啓民居于塞內妻以公主賞賜重疊及大業初恩澤彌厚文振以狼子野心恐爲國患乃上表曰臣聞古者遠不間近夷不亂華周宣外攘戎狄秦帝築城萬里蓋遠圖良算弗可忘也竊見國家容受啓民資其兵食假以地利如臣愚計竊又未安何則夷狄之性無親而貪弱則歸投強則反噬蓋其本心也臣學非博覽不能遠見且聞晉朝劉曜梁代侯景近事之驗衆所共知以臣量之必爲國患如臣之計以時喻遣令出塞外然後明設烽候緣邊鎮防務令嚴重此乃萬歲之長策也時兵曹郎斛斯政專掌兵事文振知政險薄不可委以機要屢言於帝帝竝弗納及遼東之役授左候衞大將軍出南蘇道在道疾篤上表曰臣以庸微幸逢聖世濫蒙獎擢榮冠儕伍而智能無取叨竊已多言念國恩用忘寢食常思効其鳴吠以報萬分而攝養乖方疾患遂篤抱此深愧永歸泉壤不勝餘恨輕陳管穴竊見遼東小醜未服嚴刑遠降六師親勞萬乘但夷狄多詐深須防擬口陳降款心懷背叛詭伏多端勿得便受水潦方降不可淹遲唯願嚴勒諸軍

星馳速發水陸俱前出其不意則平壤孤城勢可拔也若傾其本根餘城自剋如不時定脫遇秋霖深爲艱阻兵糧又竭強敵在前靺鞨出後遲疑不決非上策也後數日卒於師帝省表悲歎久之贈光祿大夫尚書右僕射北平侯謚曰襄賜物一千段粟麥二千石威儀鼓吹送至墓所有子十人長子詮官至武牙郎將次綸少以俠氣聞文振弟文操大業中爲武賁郎將性甚剛嚴帝令督祕書省學士時學士頗存儒雅文操輒鞭撻之前後或至千數時議者鄙之

史臣曰仲方兼資文武雅有籌算伐陳之策信爲深遠矣聲績克舉夫豈徒言哉仲文博涉書記以英略自許尉迥之亂遂立功名自茲厥後屢當推轂遼東之役實喪師徒斯乃大樹將顛蓋亦非戰人之罪也文振少以膽略見重終懷壯夫之志時進讜言頻稱諒直其取高位厚秩良有以也

隋書卷六十

西元二〇二〇年十一月一日重製一版

隋書（附考證）冊三（唐魏徵撰）

平裝四冊基本定價參仟元正
（郵運匯費另加）

發行人　張敏君
發行處　中華書局
臺北市內湖區舊宗路二段一八一巷八號五樓（5FL., No. 8, Lane 181, JIOU-TZUNG Rd., Sec 2, NEI HU, TAIPEI, 11494, TAIWAN）
客服電話：886-2-8797-8396
公司傳真：886-2-8797-8909
匯款帳戶：華南商業銀行西湖分行
179100026931
印刷：維中科技有限公司
海瑞印刷品有限公司

No. N1050-3

國家圖書館出版品預行編目(CIP)資料

隋書/(唐)魏徵撰. -- 重製一版. -- 臺北市 : 中
華書局, 2020.11
冊 ;　公分
ISBN 978-986-5512-30-9(全套 : 平裝)

1.隋史

623.701　　109016718